Die Vögel Europas

Hayman   **Der Pocketband**
Hume   **Über 430 Arten**

KOSMOS

Aus dem Englischen übersetzt von Detlef Singer und Angelika Lang.

Titel der Originalausgabe:
„The New Birdwatcher's Pocket Guide". Erschienen bei Mitchell
Beazley, Imprint of Octopus Publishing Group Ltd. Group Ltd.
2-4 Heron Quays, Docklands, London E14 4JP
unter der ISBN 9781845334352

© 2002, 2009 Octopus Publishing Group Ltd.
The author has asserted his moral rights.
All rights reserved.

Mit 3523 Farbzeichnungen von Peter Hayman und 19 Farbfotos von FLPA/Tony Hamblin (S. 68, 100), John Hawkins (S. 220), Mike Lane (S.6), Anton Luhr/Imagebroker (S. 174), Michael Weber/Imagebroker (S. 56), Jari Peltomaki (S. 42), David Tipling (S. 32, 48, 108, 138, 164, 184, 196, 214, 234, 262, 272, 274).

Umschlaggestaltung von eStudio Calamar unter Verwendung von vier Farbillustrationen von Peter Hayman. Die Vorderseite zeigt einen Bienenfresser. Auf der Umschlagrückseite sind oben ein Stieglitz (l.) und eine Kohlmeise (r.) abgebildet, unten ein Graureiher.

Unser gesamtes lieferbares Programm und viele weitere Informationen zu unseren Büchern, Spielen, Experimentierkästen, DVDs, Autoren und Aktivitäten finden Sie unter www.kosmos.de

Gedruckt auf chlorfrei gebleichtem Papier

Zweite, komplett überarbeitet Auflage
Für die deutschsprachige Ausgabe:
© 2009, Francksh-Kosmos Verlags-GmbH & Co. KG, Stuttgart
Alle Rechte vorbehalten
ISBN 978-3-440-11796-5
Projektleitung der Neuauflage: Stefanie Tommes
Redaktion: Rainer Gerstle
Satz: Angelika Lang
Produktion: Markus Schärtlein
Printed in China / Imprimé en Chine

Erläuterung der Symbole

- In Mitteleuropa Jahresvogel
- In Mitteleuropa Sommervogel
- In Mitteleuropa Wintergast
- In Mitteleuropa Sommergast
- Die Art kommt nicht in Mitteleuropa vor.
- Städte, Industrieanlagen
- Sümpfe, Moore, Röhricht
- Küste, Meer
- Kulturlandschaft
- niedriger Bewuchs
- hohes Gebüsch
- Seen, Stauseen
- Fließgewässer
- Klippen, Inseln
- Gebirge, Hochland
- Laubwald
- Nadelwald
- Mischwald
- Parks, Gärten
- Fütterungen
- ♂ Männchen
- ♀ Weibchen

PK	Prachtkleid
SK	Schlichtkleid
JK	Jugendkleid
ad.	adult (erwachsen)
subad.	subadult (noch nicht erwachsen)
immat.	nicht ausgefärbt
1er W/S	Erster Winter/Sommer
2er W/S	Zweiter Winter/Sommer
1es KJ	Erstes Kalenderjahr

Einführung

Dieses Buch möchte dem Leser unsere Begeisterung für die Vogelwelt nahebringen und gleichzeitig Hilfestellung zur Bestimmung der einzelnen Arten geben. Wir hoffen, dass es dazu beiträgt, neue Erkenntnisse über die Vielfalt und die komplexen Verwandtschaftsverhältnisse der europäischen Vögel zu vermitteln.

Das Werk behandelt die in Europa brütenden Vogelarten und die regelmäßig erscheinenden Gastvögel. Ein Führer dieser Größe, der in einer Hemd- oder Jackentasche Platz finden soll, kann naturgemäß nicht jede Vogelart Nordafrikas und des Nahen Ostens enthalten, auch nicht jeden Ausnahmegast, der Europa nur gelegentlich besucht. Selbst in Großbritannien oder auf Helgoland erscheinen manche Arten nur ein paar Mal pro Jahr oder sie treten sogar in Abständen von ein paar Jahren auf. Wir haben daher mehr Wert auf solche Arten gelegt, die man häufiger zu sehen bekommt – auf Kosten dieser unregelmäßigen Ausnahmegäste. Wir sind uns auch bewusst, dass Lebensraum, Verbreitung und Jahreszeit wichtige Informationen für die Bestimmung eines Vogels sind, aber in einem Vogelführer dieser kompakten Abmessungen leider nur gestreift werden können. Wir entschieden uns für mehr Detailzeichnungen und gegen Verbreitungskarten auf Kosten von Abbildungen.

Wir haben versucht, das Buch auch für fortgeschrittene Beobachter informativ und spannend zu gestalten, indem wir ein paar knifflige Details anbieten; aber genauso liegen uns die Leser am Herzen, die gerade erst mit diesem unterhaltsamen, aber anspruchsvollen Hobby begonnen haben und Unterstützung bedürfen. Wir empfehlen allen Lesern die großformatige Ausgabe „Vögel". Sie bietet mehr Raum für Verhalten, Verbreitung und Lebensweise der europäischen Vogelwelt. Das große Werk bietet sich für das entspannte Studium daheim an, während der Kompaktführer als Feldführer gedacht ist. Mit ihm können Sie die wichtigsten Bestimmungsmerkmale eines entdeckten Vogels auf einen Blick prüfen.

Es gibt auch bei den uns allen vertrauten Vogelarten noch eine Menge zu entdecken. Viele neue Erkenntnisse in diesem Buch erwuchsen aus unzähligen Stunden, die der Künstler in der Sammlung des Naturhistorischen Museums in Tring, Herfordshire, verbracht hat. Trotzdem kann noch so sorgfältiges Studium von Museumsmaterial die Beobachtung des wild lebenden Vogels keineswegs ersetzen. Das eigene Entdecken und Bestimmen frei lebender Vögel ist eine beglückende und faszinierende Tätigkeit: Wenn dieses Buch zu neuen Erkenntnissen über das Leben der Vögel führt, sind wir sehr erfreut; wenn es weiterhin das Interesse der Leser fördert, die noch nicht so vertraut sind mit den Auswirkungen beispielsweise der Abnutzung und Bleichung auf das Gefieder, den regulären Mauserabläufen und den Veränderungen der Färbung in Abhängigkeit von Alter und Jahreszeit, so haben wir unser Ziel erreicht.

Erfreuen Sie sich an diesem Feldführer, erfreuen Sie sich aber vor allem an der Vogelwelt. Lassen Sie sich durch Schwierigkeiten und Probleme, die auftreten können, nicht entmutigen. Wenn Sie nicht jeden gesehenen Vogel bestimmen können, ist das nicht weiter schlimm, sondern Teil eines lebenslangen Lernprozesses, an dessen Ende Sie mit Ausdauer und Erfahrung Erfolg haben werden. Vogelbeobachtung lohnt sich immer, egal ob Sie bereits Erfahrung besitzen oder noch Neuling auf diesem Gebiet sind.

EINFÜHRUNG

Körperteile und Gefiederpartien

Soweit möglich, wurde in diesem Buch auf die Verwendung von Fachausdrücken verzichtet, manche präzisen Details eines Vogels lassen sich jedoch nicht auf andere Art beschreiben. Man sollte sich also die Zeit nehmen, die grundlegende Anatomie eines typischen Vogels kennen zu lernen, und sich mit den Bezeichnungen für die verschiedenen Gefiederbereiche und Kopfmuster vertraut machen. Diese Angaben sind als nützliche Nachschlaghilfe beim Lesen der Artentexte gedacht.

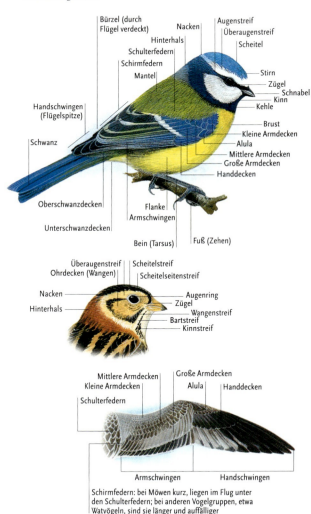

Schirmfedern: bei Möwen kurz, liegen im Flug unter den Schulterfedern; bei anderen Vogelgruppen, etwa Watvögeln, sind sie länger und auffälliger

Inhalt

Erläuterung der Symbole 2

Einführung 3

Körperteile und Gefiederpartien 4

Entenvögel 6

Hühnervögel 32

Seetaucher und Lappentaucher 42

Röhrennasen und Kormoranvögel 48

Reiher, Pelikanvögel und andere 56

Greifvögel und Falken 68

Rallen und Trappen 100

Watvögel 108

Möwen- und Alkenvögel 138

Flughühner, Tauben und Kuckucke 164

Eulen 174

Segler, Rackenvögel, Spechte und andere 184

Lerchen, Schwalben und Stelzenverwandte 196

Zaunkönige, Braunellen und andere 214

Drosseln und Kleindrosseln 220

Zweigsänger, Schnäpper und andere 234

Meisen, Baumläufer, Kleiber und andere 262

Würger, Stare und Krähenverwandte 272

Sperlinge, Finken und Ammernverwandte 288

Register 316

Entenvögel

Schwäne, Gänse und Enten gehören alle zu einer Familie, den **Entenverwandten**, innerhalb der eine große Bandbreite von Anpassungen besteht.

Schwäne sind große, meist weiße Wasservögel mit kurzen Beinen und langem Hals, die im Wasser oder an Land nach Nahrung suchen.

Gänse sind gedrungener als Schwäne, aber in der Regel größer als Enten; mit ihren vergleichsweise langen Beinen können sie an Land recht gut laufen. Sie gehen oft in großen Verbänden der Nahrungssuche nach, Trupps fliegen meist in V-Formation oder in Bändern. Die „Halbgänse" nehmen mehr oder weniger eine Zwischenstellung zwischen Enten und Gänsen ein.

Enten unterteilt man in Gründel- und Tauchenten: Die „Gründelenten" ernähren sich, indem sie die Wasseroberfläche mit ihrem lamellenbesetzten Schnabel nach kleinen Nahrungspartikeln durchseihen; im Flachwasser gründeln sie mit „Schwänzchen in die Höh'". Einige Arten sind Meeresvögel („Meeresenten"), andere wiederum vorwiegend im Süßwasser anzutreffen. Zu den Meeresenten gehören beispielsweise die Eiderenten. Die „Säger" schließlich sind überwiegend fischfressende Entenvögel, deren Schnabelränder mit Hornzähnchen besetzt sind.

Höckerschwan
Cygnus olor

L 145–160 cm | SP 200–240 cm | G 10–12 kg

Hals im Flug ausgestreckt, breite Flügel erzeugen im Flug ein singend-wummerndes Geräusch

▼ **ad., ♀** Schnabel orange; schwarzer Höcker, beim ♂ größer

◄ **immat.** Grauer Schnabel, wird immer heller

▼ Schnabel meist abwärts gehalten; Flügel und spitzer Schwanz oft aufgestellt

► **JK** Braun, Flügel heller

Ein imposanter, weißer Wasservogel. Gefieder bei ad. ganz weiß, Schnabel orange mit schwarzer Spitze und schwarzem Höcker. Immat. zunächst matt graubraun mit grauem Schnabel, werden später fleckig. Schwimmt mit s-förmig geschwungenem oder erhobenem Hals und gesenktem Kopf mit abwärts gehaltenem Schnabel; Schwanz spitz, oft erhoben.

Zwergschwan
Cygnus bewickii

L 115–130 cm | SP 180–210 cm | G 5–6,5 kg

ad. Hals kräftig oder schlank, Kopf horizontal, Schwanz kurz, breit

Hals kürzer als bei anderen Schwänen; kein rhythmisches Flügelgeräusch

▼ **ad.** Rundlicher, gelber Schnabelfleck

JK Schlicht, hell bräunlich grau

Ganz weiß; recht kurzer Hals

JK Schnabel rosa, schwarz und weißlich

Kleinster Schwan, wirkt aber trotzdem auf dem Wasser und bei der Nahrungssuche an Land groß. Ad. weiß bis auf schwarzen Schnabel mit gelber Basis; Gelb typischerweise als beidseitiger rundlicher Fleck. Immat. schlicht aschgrau; Schnabel grau, weißlich und rosa, spiegelt das Muster der ad. wider. Wohlklingende, hupende Rufe, kein lautes Flügelgeräusch.

Kanadagans
Branta canadensis

L 90–110 cm | SP 150–180 cm | G 4,3–5 kg

Die **Kanadagans** ist eine große, schwarz-braun-weiße Gans mit schwarzem Hals, weißem Kopffeld, weißer Brust und weißem Heck. Oft truppweise beim Grasen an Land und im Flug. Laute, trompetende Rufe. **Nilgans** *(Alopochen aegyptiacus)* kleiner, langbeiniger, mit kleinem, rosa Schnabel, grauer Augenpartie, grau- bis rostbrauner Oberseite und weißem Vorderflügelfeld.

Singschwan
Cygnus cygnus

L 145–160 cm | SP 200–240 cm | G 9–11 kg

Großer Schwan mit gerade gehaltenem Hals; Flügel nie aufgestellt wie beim Höckerschwan; hält den Kopf horizontal; kurzer, breiter Schwanz. Schnabel im Vergleich zu Zwergschwan länger, mehr keilförmig, gelbe Seiten reichen weiter und schmaler nach vorn. Immat. aschgrau mit hellem Schnabel, nehmen schrittweise Alterskleid an. Laute, klangvolle Rufe.

Graugans
Anser anser

L 75–90 cm | SP 150–170 cm | G 2,9–3,7 kg

Eine große, helle Gans, kontrastreich nur in starkem Sonnenlicht. Kopf groß, Schnabel dick, orange bis rosa; Beine rosa. Oberseite braun mit gleichmäßigen Reihen heller Federspitzen. Manchmal mit etwas Weiß im Gesicht und mit dunklen Bauchflecken, beides aber nicht auffällig. Rufe laut und nasal. Stammform der Hausgans.

Saatgans
Anser fabalis

L 66–88 cm | SP 140–180 cm | G 2,6–3,2 kg

Große, stattliche Gans mit komplexer Variation. Ad. überwiegend dunkelbraun mit schmaler, heller Bänderung oberseits. Kopf tief leberbraun, kontrastiert zur helleren Brust, aber weniger stark als bei der Kurzschnabelgans. Schnabel orange und schwarz oder schwarz mit schmaler, orangefarbener Binde, Beine gelborange. Tiefe, zwei- bis dreisilbige Rufe.

Blässgans
Anser albifrons

L 65–78 cm | SP 130–170 cm | G 1,9–2,5 kg

Hübsch gezeichnete Gans. Altvögel mit auffälliger weißer Blesse und kräftiger schwarzer Bauchfleckung; beides fehlt immat. Vögeln. Sibirische Unterart *(albifrons)* mit rosa Schnabel, grönländische Unterart *(flavirostris)* mit orangefarbenem Schnabel. Beine kräftig orangefarben. Vorderflügel im Flug unauffälliger als bei der Graugans. Rufe hoch, jodelnd bis bellend.

Kurzschnabelgans
Anser brachyrhynchus

L 60–75 cm | SP 140–170 cm | G 2,5–2,7 kg

Eine ansprechend gefärbte Gans mit rundlichem Kopf und kurzem Schnabel, starker Kontrast zwischen dunklem Kopf/Hals und heller Brust. Oberseite variabel bräunlich bis hellgrau mit schmaler, weißer Bänderung. Schnabel klein, schwarz mit rosa Binde. Beine hell schmutzig rosa bis tief rosarot. Viele Rufe tief und nasal, andere hoch „uing-uing".

Zwerggans
Anser erythropus

L 53–66 cm | SP 110–140 cm | G 1,5–2 kg

Eine kleine, hübsche, langflügelige Gans mit rundlichem Kopf, steiler Stirn und kleinem Schnabel sowie gelbem Lidring. Heute sehr selten. Ad. mit weißer Blesse bis zum Scheitel, kleine dunkle Bauchflecken. Oberseite recht dunkel, einfarbig. Immat. ohne Blesse und schwarze Bauchfleckung; Lidring kennzeichnend. Rufe hoch, quietschend.

Weißwangengans
Branta leucopsis

L 58–70 cm | SP 130–140 cm | G 1,5–2 kg

Eine sehr gesellige Gans, Nahrungssuche und Flug in dichten, unregelmäßigen Trupps. Hals und Brust schwarz; graue Oberseite schwarz und weiß gebändert; Unterseite seidig weiß. Gesichtsfärbung weiß bis hell gelblich, reicht bis über das Auge. Immat. Vögel schlichter und mit weniger gleichmäßiger Oberseitenbänderung. Rufe kurz „gäk", im Chor bellend.

ENTENVÖGEL

Ringelgans
Branta bernicla

L 56–61 cm | SP 110–120 cm | G 1,3–1,6 kg

Ringelgans Dunkle, einfarbige Flügel, weißes Heck
Ringelgans, JK Weiße Flügelbänder
Ringelgans, JK Hellbäuchig; weiße Bänder ▼
◄ ▼ **Ringelgans** Dunkelbäuchig
Ringelgans Hellbäuchig
Ringelgans Dunkelbäuchig
JK Ohne Weiß am Hals bis Mitwinter
▲ **Ringelgans, JK** Dunkelbäuchig
▼ **Ringelgans** Pazifische Form
▼ **Rothalsgans, ad.**
JK
▲ Breiter, weißer Halsring, Flanken weiß, Bauch schwarz
Rothalsgans
Im 1en W manchmal ohne roten Wangenfleck

Ringelgans: Eine kleine, dunkle Gans; Kopf, Hals und Brust schwarz. Ad. mit kleinem, weißem Halsfleck, Jungvögel mit hellerer Flügelbänderung. Schnabel und Beine schwarz. Dunkelbäuchige Form mit dunkel graubrauner Oberseite, Bauch etwas heller. Trupps rufen in dunklem, klangvollem Chor.
Rothalsgans *(Branta ruficollis)*: Ansprechend gefärbte Gans mit sehr kleinem, schwarzem Schnabel. Schwer in dichten Trupps anderer Gänse zu entdecken, bildet aber große Verbände im östlichen Europa; im westlichen Europa dagegen ausgesprochen selten. Ad. zeigen ein komplexes Muster aus Rot, Schwarz und Weiß; immat. sind weniger sauber gemustert. Auffälliger, weißer Flankenstreif. Ruft scharf „pik-wik".

ENTENVÖGEL

Brandgans
Tadorna tadorna

L 58–71 cm | SP 110–130 cm | G 0,85–1,4 kg

Eine große, aufrecht stehende Ente mit langem Körper, starken Gefiederkontrasten und rotem Schnabel. Breites, kastanienbraunes Brustband. Immat. Vögel mit weißem Gesicht, ohne Orangetöne und oberseits brauner. Schnabel des ♂ kräftig scharlachrot mit großem Höcker; ♀ ohne Schnabelhöcker. Beine rosa. Ruft laut „gäg-äg-äg-äg ..." und dünn pfeifend.

Rostgans
Tadorna ferruginea

L 61–67 cm | SP 110–140 cm | G 0,75–1,2 kg

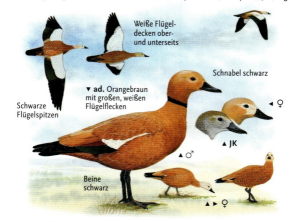

Eine große, gänseähnliche Ente mit rundlichem Kopf, massigem Körper und langen Beinen. Gefieder überwiegend orangebraun, im Flug großes, weißes Vorderflügelfeld. Schnabel und Beine schwarz. ♂ mit rahmfarbenem Kopf und schmalem, schwarzem Halsring, ♀ ohne Halsring und mit hellerem Gesicht. Ruft gänseartig „äh-onk", im Flug rollend „porr-porr ...".

Pfeifente
Anas penelope

L 45–51 cm | SP 75–86 cm | G 500–900 g

Eine gesellige Ente, auf dem Wasser und bei der Nahrungssuche an Land oft in dichten Trupps. Typisch der kurze, graue Schnabel, spitze Schwanz, die kurzen, dunklen Beine und im Flug abgewinkelten Flügel. Wirkt am Boden untersetzt, in der Luft sehr elegant und wendig. ♂ im PK leuchtend blaugrau, Brust rosa, breites, weißes Band entlang der Flügel, Kopf rotbraun, cremegelbes Stirn- und Scheitelabzeichen. ♂ im SK rotbraun mit kastanienbraunem Kopf. Ad. ♂ mit großem, weißem Flügelfeld; ♂ im 1en W ohne weißes Flügelfeld. ♀ rotbraun bis graubraun, stärker gefleckt als ♂, weniger gestrichelt als Stockenten-♀; weißer Bauchfleck deutlich abgegrenzt; Vorderflügel gräulich. ♂ rufen laut, hoch pfeifend „wii-u", ♀ ärgerlich „krrr-krrr-krrr".

Stockente
Anas platyrhynchos

L 51–62 cm | SP 81–95 cm | G 0,75–1,5 kg

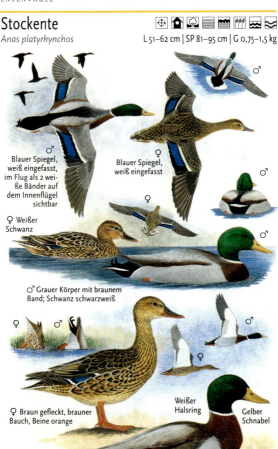

Blauer Spiegel, weiß eingefasst, im Flug als 2 weiße Bänder auf dem Innenflügel sichtbar

Blauer Spiegel, weiß eingefasst

♀ Weißer Schwanz

♂ Grauer Körper mit braunem Band; Schwanz schwarzweiß

♀ Braun gefleckt, brauner Bauch, Beine orange

Weißer Halsring

Gelber Schnabel

▶ Kennzeichnende „Locke"

♂ Hellgraue Flanken, Beine orange

Eine häufige, große Ente mit langem Schnabel und kurzen, orangefarbenen Beinen. ♂ grau mit glänzend grünem Kopf, weißem Halsring, brauner Brust und schwarzweißem Heck; Schnabel grünlich gelb. Im SK dunkler, Kopf ohne Grün und mehr gestreift. ♀ braun, rahmfarben gefleckt und gestrichelt, Schwanz fast weiß; Schnabel oliv oder braun mit matt orangefarbener Markierung. Im Flug weißer Unterflügel, aber dunkler Bauch, anders als Pfeif- oder Schnatterente; 2 weiße Bänder auf dem Innenflügel sichtbar. Mischlinge mit Hausenten unterschiedlich gescheckt, jedoch meist mit dem Grundmuster und oft blauem Spiegel sowie der „Erpellocke" der Wildform. ♂ ruft weich „rhääb", ♀ abfallend.

ENTENVÖGEL

Schnatterente
Anas strepera

L 46–56 cm | SP 84–95 cm | G 650–900 g

♂ Weißer Spiegel, schwarzes Heck
♀ Weißer Spiegel
JK Wenig Weiß im Flügel
▲ ♂ Weißer Unterflügel
▲ ♀ Weißer Unterflügel, deutliches, weißes Bauchfeld
▼ ♂ Weißer Spiegel, grauer Körper, schwarzes Heck
Schnabel schwärzlich
♂   ♀
▲ ♀ Schnabel außen mit orangefarbenem Band
Steile Stirn, langer, schmaler Schnabel
JK, ♂ Weißer Spiegel, Beine orange
♂

Eine recht unscheinbare Ente, die von Nahem eine sehr aparte Zeichnung offenbart. Gewöhnlich recht selten und nur lokal. Langer, schmaler Schnabel und steile Stirn bewirken anderes Aussehen als bei der Stockente. ♂ dunkler grau als Stock- oder Pfeifente, Kopf und Schirmfedern heller, brauner, Heck einheitlich schwarz; Schnabel schwarz. ♀ bräunlich gefleckt und gestrichelt mit deutlich abgegrenztem, weißem Bauchfeld; Gesicht heller, Schnabel dunkel mit orangefarbenen Seiten. Stets mit gelblich orangefarbenen Beinen und viereckigem Flügelspiegel, der beim Schwimmen manchmal verborgen ist, aber im Flug meist auffällt und breiter ist als bei Pfeifenten-♀. Ruf des ♂ laut, tief „ärb", des ♀ hoch quakend.

ENTENVÖGEL

Löffelente
Anas clypeata

L 48–52 cm | SP 70–84 cm | G 400–1000 g

Eine große, frontlastige Ente mit großem Kopf, riesigem Schnabel und orangefarbenen Beinen; schwimmt manchmal in dichten Trupps; sitzt oder steht häufig an schlammigen Ufern. ♂ auffällig mit grünschwarzem Kopf und weißer Brust, gelben Augen und langem, vorn stark verbreitertem, schwarzem Schnabel. Körper blaugrau, weiß und schwarz mit tief rostbrauner Unterseite. ♂ im SK dunkel rötlich braun mit schmutzig weißlichem Halbmond zwischen Auge und Schnabel. ♀ erinnert eher an Stockenten-♀, Gesicht etwas mehr gestrichelt; Schnabel lang, breit und mit orangefarbenen Seiten, kurzer Schwanz; lange Flügelspitzen beim Gründeln auffallend. Im Flug mit hell blaugrauem Vorderflügel. ♂ rufen heiser „tuk-tuk", ♀ tief quakend.

ENTENVÖGEL

Spießente
Anas acuta

L ♂ 61–76 cm, ♀ 51–57 cm | SP 80–95 cm | G 550–1200 g

♂ Kopf, Hals und Schwanz lang; Flügel lang mit hellem Hinterrand

♀ Längliche Gestalt, breiter, weißer Flügelhinterrand

▲ ♀ Grauer Schnabel, heller Kopf, schlanker Hals

♂ Weißer Streif von der Brust zum Hals, Körper grau mit gelblichem Steißfleck

Beine und Schnabel grau

Eine elegante, langhalsige Ente mit langem Schwanz, dunkelgrauen Beinen und schlankem, grauem Schnabel. Meist selten, außer an einigen traditionellen Rastplätzen auf küstennahen Gewässern. ♂ mit dunkelbraunem Kopf und weißer Brust, das Weiß setzt sich als schmaler Streif auf den Kopfseiten fort. Rahmfarbene Steißseiten vor dem schwarzen Unterschwanz; lange, bewegliche Schwanzspieße. Die ähnliche Eisente ist gedrungener, mit kürzerem Schnabel, dunklen Flügeln und eher auf dem Meer anzutreffen. Spießenten-♀ grauer als Stockenten-♀, Gesicht einheitlicher, graubeige, dunkler Schnabel. Im Flug langer, weißlicher Hinterrand des Innenflügels, langer, spitzer Schwanz, schlanke Flügel. ♀ quakt gedämpft, ♂ pfeifend „krrü".

Krickente
Anas crecca

L 34–38 cm | SP 58–64 cm | G 250–400 g

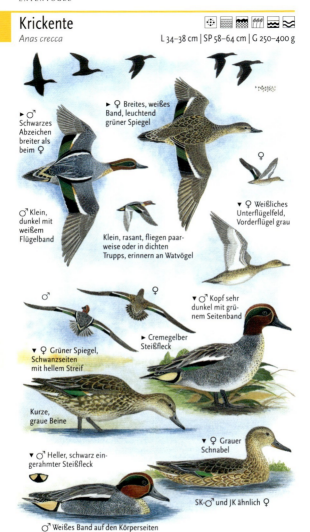

Eine kleine Ente mit dunklem Schnabel und dunklen Beinen. Fliegt oft in rasanten Trupps mit abrupten Wendungen. ♂ wirken dunkel, weniger blaugrau als Pfeifenten; Kopf dunkelbraun mit breitem, tiefgrünem Band auf den Seiten; Körper grau mit langem, weißschwarzem Körperseitenstreif und gelblichem, schwarz eingerahmtem Steißfleck. ♀ graubraun gefleckt, kennzeichnendes helles Abzeichen auf den Schwanzseiten. ♂ und ♀ mit leuchtend grünem Flügelspiegel, vorn breit weiß eingefasst, schmaler, weißer Flügelhinterrand. ♂ im SK und JK im Herbst schwer bestimmbar; beide zeigen dunkle Kappe und helles Gesicht; dann sind Größe, Spiegel und graue Beine wichtig. Rufe des ♂ klangvoll, hell „krrück", ♀ quaken hoch und rau.

Knäkente
Anas querquedula

L 37–41 cm | SP 60–63 cm | G 250–500 g

Eine kleine Ente mit grauem Schnabel und grauen Beinen. ♂ im Frühjahr rosabraun und grau mit braunem Kopf und breitem, weißem Überaugenstreif. ♀ ähnlich Krickenten-♀, aber mit grauem Vorderflügel, Hinterflügel mit 2 parallelen weißen Bändern, aber ohne Grün. ♀ und SK-♂ mit weißlichem Überaugenstreif und weißem Zügelfleck. ♂ ruft hölzern „knärrk".

Marmelente
Marmaronetta angustirostris

L 39–42 cm | SP 63–70 cm | G 400–500 g

Eine bedrohte Ente Südeuropas. Von Weitem klein, gedrungen, unscheinbar, aus der Nähe große, helle Flecken und Brustbänderung erkennbar. Schlanker, schwärzlicher Schnabel. Dunkle Augenpartie, Gesicht heller, kurzer Schopf; helles Schirmfedernfeld. Wirkt im Flug hell, oberseits ist der hintere Innenflügel die hellste Partie. Unterflügel weißlich, Schwanz hell.

Tafelente
Aythya ferina

L 42–49 cm | SP 72–82 cm | G 700–1000 g

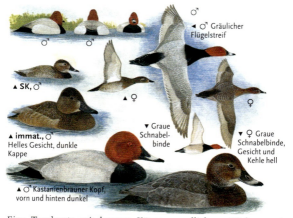

Eine Tauchente mit langem Körper, rundlichem Rücken und rundem Kopf. ♂ mit kastanienbraunem Kopf, roten Augen und hellgrauem Körper, Brust und Steiß schwarz. ♀ mit ähnlichem Muster, aber viel schlichter gefärbt: brauner Kopf, Gesicht und Kehle weißlich, diffuse helle Linie hinter dem Auge. ♀ rufen im Flug schnarrend; ♂ balzen mit wiehernden Rufen.

Kolbenente
Netta rufina

L 53–57 cm | SP 85–90 cm | G 0,9–1,4 kg

Eine große, prächtige Ente mit großem Kopf, kräftigem Körper und breiten Flügeln. ♂ mittelbraun mit weißen Flanken; Hals und Brust schwarz, unteres Gesicht rostbraun, Scheitel fuchsrot, Schnabel rot. ♀ mittelbraun mit dunklem Schnabel, Kappe und Hinterhals braun, Gesicht matt weißlich. ♂ und ♀ mit weißem Flügelstreif und überwiegend weißen Unterflügeln.

Schwarzkopf-Ruderente
Oxyura jamaicensis

L 35–43 cm | SP 53–62 cm | G 350–800 g

Das ♂ der **Schwarzkopf-Ruderente** ist rötlicher als das der Weißkopf-Ruderente, Scheitel mit mehr Schwarz, weißer Unterschwanz. ♀ schlichter, Kopfmuster weniger kontrastreich als bei der Schwesterart. ♂ der **Mandarinente** *(Aix galericulata)* unverwechselbar; ♀ dunkel gräulich, feiner, weißer Lidstrich. **Brautente** *(Aix sponsa)* ähnlich bunt, ♀ mit breitem Lidstrich.

Weißkopf-Ruderente
Oxyura leucocephala

L 43–48 cm | SP 60–70 cm | G 600–900 g

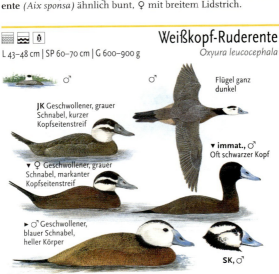

Eine breit gebaute, untersetzte, dickköpfige Ente mit steifem, spitzem Schwanz und eigenartig geschwollener Schnabelbasis. ♂ rötlich braun, sehr fein gebändert; Kopf weiß mit schmalem, schwarzem Scheitel, dunklem Hals und blauem Schnabel; junge ♂ oft mit schwarzem Kopf. ♀ braun gebändert mit dunklem Kopfseitenstreif, heller Kehle und grauem Schnabel.

Moorente
Aythya nyroca

L 38–42 cm | SP 60–67 cm | G 500–600 g

Eine hübsche Tauchente mit schlankem, dunkelgrauem Schnabel, flacher Stirn, hohem Scheitel und langem, weißem Flügelstreif. ♂ aus der Ferne dunkel, von Nahem tief mahagonibraun mit weißem, dunkel eingerahmtem Unterschwanz. ♀ schlichter, mit braunen Augen, aber ähnlichem Unterschwanzmuster. Schnabel mit diffus heller Binde vor der schwarzen Spitze.

Bergente
Aythya marila

L 42–51 cm | SP 67–73 cm | G 0,8–1,3 kg

Eine große Tauchente mit rundem Scheitel und Nacken, ohne Schopf; langer Schnabel, steile Stirn. Beim ♂ Kopf und Brust schwarz, Oberseite grau, Flanken weiß, Steiß schwarz. ♀ dunkelbraun, weißer Schnabelgrund, oft heller Ohrfleck sowie graue Oberseitenbänderung; ♂ und ♀ mit langem, weißem Flügelstreif. Schnabel grau mit wenig Schwarz an der Spitze.

ENTENVÖGEL

Reiherente
Aythya fuligula

L 40–47 cm | SP 67–73 cm | G 450–1000 g

♀ Langer, weißer Flügelstreif

♂ Schwarz mit Schopf, weiße Flanken

▲ **SK und immat.**, ♂ Bräunliche Flanken

◀ ▲ **PK**, ♀

◀ ♀ Oft weißer Unterschwanz

◀ **SK**, ♀ Einheitlich braun, Weiß im Gesicht variabel, kurzer Schopf

PK, ♀

Nackenschopf

▼ **Reiherente**, ♀ Weiße Blesse, manchmal scharf abgesetzt, dunkle Schnabelspitze

Reiherente, Schnabel schmal

Kein Schopf

▼ **Bergente**, ♀ Große, weiße Blesse, Nagel schwarz

Bergente, Breiter Schnabel, kleine schwarze Spitze

Eine Tauchente mit dickem Kopf; kleiner und schmaler als Bergente sowie mit kleinerem Schnabel; im Binnenland viel häufiger. Typischer Wasservogel der meisten Seen und Stauseen, auch vieler Flüsse; oft zusammen mit Tafelenten. ♂ schwarz mit weißen Flanken, hängendem Schopf am Hinterkopf sowie gelben Augen. ♀ dunkelbraun mit variablem Weiß an Schnabelgrund und Unterschwanz; weiße Blesse nicht so ausgedehnt wie bei der Bergente. Dunkler als Tafelente, aber ohne Grau im Gefieder. Schnabel grau mit breiter, schwarzer Spitze. ♂ und ♀ mit langem, weißem Flügelstreif – auffällig, aber schmaler als bei der Moorente. ♀ ruft beim Auffliegen tief und rau „kärr kärr kärr"; ♂ äußern bei der Balz vibrierend-pfeifende Laute.

ENTENVÖGEL

Mittelsäger
Mergus serrator

L 51–62 cm | SP 70–85 cm | G 0,85–1,3 kg

Eine lange, schlanke Ente mit dünnem, rotem Schnabel. ♂ mit auffällig schwarz, weiß und grau gemustertem Körper, rotbrauner Brust, schwarzem Kopf und stacheligem „Doppelschopf". ♀ verwaschen braungrau, rötlicher Kopf, struppiger Schopf, ohne scharfe Farbgrenze an Kehle und Vorderhals. Im Flug lang gestreckt, großes, weißes Flügelfeld. Manchmal knarrende Rufe.

Gänsesäger
Mergus merganser

L 58–66 cm | SP 82–98 cm | G 1–1,6 kg

Eine große, auffällige, lang gestreckte Ente. ♂ überwiegend weiß mit lachsrosa Anflug, Kopf grünschwarz, Augen dunkel, kräftiger, tiefroter Schnabel. Hinterkopf „ausgebeult", hängender Schopf. ♀ grau mit dunkel rotbraunem Kopf, weißem Kehlfleck und scharfer Farbgrenze am Vorderhals. Im Flug lang gestreckt, kreuzförmiger Umriss; großes, weißes Innenflügelfeld.

ENTENVÖGEL

Zwergsäger
Mergellus albellus

L 38–44 cm | SP 55–69 cm | G 500–800 g

◄ ♂ Schwarzweiß, Hals und Brust weiß

▼ ♀ Weißes Flügelfeld

JK wie ♀

▲ ♀ Weißes Gesicht, dunkle Kappe, weiße Unterseite

▼ ♀ Dunkelgrau, weißes Wangenabzeichen

▼ Scheitel und Schopf weiß

♂ Grau und weiß mit schwarzer Musterung

Eine kleine, gedrungene, tauchende Ente mit kleinem Kopf; gesellig und lebhaft. ♂ auffällig weiß, zart gelblich (Schellente dunkler) mit grauen Flanken und feinen, schwarzen Streifen; schwarze Maske. ♀ dunkler grau mit weißer Brust, tief rotbraunem Kopf, kleinem, auffälligem Wangenfeld und weißem Flügelfeld. ♂ während der Balz anschwellend „gig-gig-gigarar".

Schellente
Bucephala clangula

L 42–50 cm | SP 65–80 cm | G 600–1200 g

► JK Wenig Weiß im Flügel

► ♀ Viel Weiß im Flügel

► ♂ Im Flug schwarz-weiß

Großer, weißer Zügelfleck, weiße Brust

▼ ♂ Kopf und Schnabel dreieckig

♀ Grau mit großem, dunklem Kopf

Eine gedrungene Tauchente mit großem Kopf und hohem Scheitel; taucht häufig. ♂ mit überwiegend dunkler Oberseite und dunklem Kopf sowie mit großem, weißem Zügelfleck. ♀ dunkelgrau mit weißem Halsring und dunkelbraunem Kopf; kurzer, dreieckiger Schnabel mit mehr oder weniger viel Gelb. Flug rasant, klingelnd-pfeifendes Flügelgeräusch.

ENTENVÖGEL

Trauerente
Melanitta nigra

L 45–54 cm | SP 79–90 cm | G 1,2–1,4 kg

Eine große, gesellige Meeresente mit schlankem Hals und spitzem, oft angehobenem Schwanz. ♂ schwarz, Unterflügel außen heller, Schnabel schwarz mit gelbem Fleck. ♀ dunkelbraun (im SK hellere Oberseite) mit dunklem Schnabel, dunklem Oberkopf und hellgrauem Gesicht. ♀ weniger kontrastreich gemustert als Zwergsäger, Oberkopf dunkler als bei der Kolbenente.

Samtente
Melanitta fusca

L 51–58 cm | SP 90–99 cm | G 1,1–2 kg

Eine schwere Meeresente, Schnabel keilförmig; gewöhnlich in kleineren Trupps als Trauerente. ♂ schwarz mit auffälligem weißem Flügelabzeichen, weißem Fleck unter dem Auge und gelben Schnabelseiten. ♀ dunkelbraun, weißes Flügelabzeichen sowie zwei variable weißliche oder weiße Gesichtsflecken. Beine dunkelrot. Fällt in Trauerentetrupps durch Weiß im Flügel auf.

ENTENVÖGEL

Brillenente
Melanitta perspicillata

L 45–56 cm | SP 85–95 cm | G 650–1100g

Große Meeresente Nordamerikas, selten in Europa, gewöhnlich in Trupps von Trauerenten. ♂ bei guter Sicht kennzeichnend mit weißem Nackenfleck, kleinerem Stirnfleck, auffälligem Schnabel und ohne Weiß im Flügel; aus der Ferne achte man auf weißen Nackenfleck. ♀ schwieriger zu bestimmen, ähnlich Samtente mit dicker Schnabelbasis, aber ohne Weiß im Flügel.

Scheckente
Polysticta stelleri

L 42–48 cm | SP 68–77 cm | G 500–900 g

♂ der **Scheckente** mit grünlichem Federbüschel am Hinterkopf; ♀ dunkel mit grauem Schnabel; 2 breite, weiße Streifen auf dem Innenflügel ähnlich Stockente. ♂ der **Prachteiderente** *(Somateria spectabilis)* unverwechselbar durch orangefarbenen Schnabelhöcker. ♀ ähnlich Eiderenten-♀, aber mit kleinerem Schnabel und schuppenförmiger Flankenbänderung.

ENTENVÖGEL

Eiderente
Somateria mollissima

L 50–71 cm | SP 80–108 cm | G 1,2–2,8 kg

♀ Schwer, dunkel, Hinterflügel dunkel

Kopf und Schnabel keilförmig

▲ SK, ♂
▶ immat., ♂

♂ ♀

JK ♀

▼ ♂ Grüne Halsseiten

▲ ♀ Braun, dicht gebändert

Eine große und schwere, sehr gesellige Meeresente mit großem, keilförmigem Schnabel; Schwanz kurz, oft angehoben. ♂ im PK oberseits weiß, unterseits schwarz, Brust rosa; Kopf weiß mit schwarzem Scheitel, grüne Halsseiten. Immat. und SK-♂ scheckig oder sehr dunkel mit dunklem Kopf und hellem Überaugenstreif bis zur Schnabelbasis. ♀ olivbraun bis rötlich braun mit dichter, dunkler Bänderung; Schnabel hellgräulich, Spitze heller. JK grauer mit deutlichem, hellem Überaugenstreif. Im Flug zeigen ♀ und JK-Vögel dunklen Hinterflügelrand, durch 2 schmale, weiße Bänder eingefasst. Flug niedrig, direkt und schnell, wirkt trotzdem schwerfällig. ♂ rufen während der Balz uhuähnlich „ohuo"; ♀ tief „gogogog …".

ENTENVÖGEL

Eisente
Clangula hyemalis

L ♂ 58–60 cm, ♀ 37–41 cm | SP 73–79 cm | G 520–950 g

Eine ziemlich kleine, rundliche Meeresente mit dunklen Flügeln und kurzem Schnabel. ♂ im PK (Winter) überwiegend weiß, Augenbereich, Brustpartie und Flügel dunkel, lange, biegsame Schwanzspieße; Schnabel dunkel mit rosa Binde. Im SK (Sommer) Oberseite dunkel, Kopf dunkel mit weißem Augenfleck. ♀ oberseits dunkel, unterseits hell, Kopf weißlich mit tränenartigem, dunklem Wangenfleck. ♀ im SK an den Kopfseiten eher schwarzbraun. Im JK dunkel mit graubraunem Gesicht und dunklem Wangenfleck sowie hellem Bereich über und hinter dem Auge; Schnabel und Schwanz kurz und dunkel. Häufig gemeinsame Verbände mit anderen Enten. Trupps sind sehr stimmfreudig, balzende ♂ rufen klangvoll jodelnd „a-a-auli".

Hühnervögel

Die **Glatt- und Raufußhühner** sind eine kleine Gruppe recht unterschiedlicher, stets aber gedrungener Vögel, in deren Ernährung Samen eine große Rolle spielen. Die Jungen fressen Insekten. Die Gestalt der Hühnervögel entspricht in etwa der des Haushuhns – kurzer, kräftiger, gebogener Schnabel und kurze, kräftige Beine mit je einem scharfen, nach hinten gerichteten Sporn.

Die Raufußhühner haben befiederte Läufe und Zehen, sie bewohnen vor allem die Bergregionen und die kargen nördlichen Breiten mit kaltem Klima, einige Arten wie das Auerhuhn leben jedoch ganzjährig in Wäldern.

Zu den Glattfußhühnern, deren Läufe und Zehen unbefiedert sind, zählen Rebhühner und Steinhühner, Fasane und Wachteln. Sie kommen eher im Flachland und meist in südlichen Breiten vor. Reb- und Steinhühner sind gedrungen und kurzschwänzig, Fasane hingegen größer, besonders die Männchen besitzen lange oder sehr lange Schwanzfedern. Wachteln sind sehr kleine, gedrungene Hühner, die zurückgezogen und nahezu unsichtbar in dichter Hochgrasvegetation leben; jedes Jahr wandern sie weit bis Afrika.

Jagdfasan

Phasianus colchicus L ♂ 75–90 cm, ♀ 52–64 cm | SP 70–90 cm | G 0,9–1,4 kg

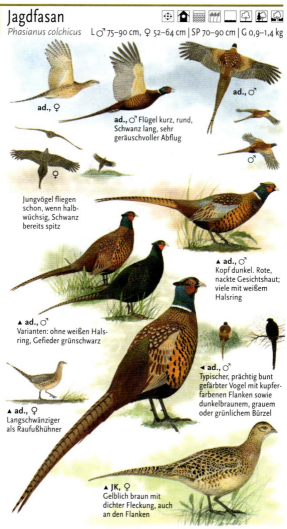

ad., ♀

ad., ♂ Flügel kurz, rund, Schwanz lang, sehr geräuschvoller Abflug

ad., ♂

♀

♂

Jungvögel fliegen schon, wenn halbwüchsig, Schwanz bereits spitz

▲ **ad., ♂**
Kopf dunkel. Rote, nackte Gesichtshaut; viele mit weißem Halsring

▲ **ad., ♂**
Varianten: ohne weißen Halsring, Gefieder grünschwarz

◀ **ad., ♂**
Typischer, prächtig bunt gefärbter Vogel mit kupferfarbenen Flanken sowie dunkelbraunem, grauem oder grünlichem Bürzel

▲ **ad., ♀**
Langschwänziger als Raufußhühner

▲ **JK, ♀**
Gelblich braun mit dichter Fleckung, auch an den Flanken

Ein auffallend langschwänziger Hühnervogel mit kräftigem Körper; bewohnt offene, deckungsreiche Landschaft und lichte Waldgebiete. ♂ sehr variabel, prächtig gefärbt, meist überwiegend rostbraun mit kupferfarbenen, dunkel gefleckten Flanken, Bürzel rostbraun oder hell grünlich; Kopf grünschwarz, um das Auge rote, nackte Haut; oft mit weißem Halsring. ♀ kleiner und mit etwas kürzerem, aber spitzem Schwanz; Gefieder gelblich braun bis graubraun, oberseits mit dunklen Federmitten, unterseits mit v-förmigen Flecken. Jungvögel sind bereits halbwüchsig flugfähig, dann sind Körper, Hals und Schwanz schon lang, was sie von den Steinhühnern unterscheidet. ♂ rufen laut „gögöck", zusätzlich Flügelburren.

HÜHNERVÖGEL

Auerhuhn
Tetrao urogallus

L 60–86 cm | SP 87–125 cm | G 1,5–4,4 kg

▶ ad., ♂
Flug kraftvoll, direkt

▶ ad., ♀
Braun mit rostfarbener Brust, Schwanz breit und gerundet

▶ JK, ♀

▶ ad., ♀
Oberseits grauer als JK

Balz mit gesträubten Halsfedern und gefächertem Schwanz

Ruht auf Bäumen

◀ Brust rostfarben, ungemustert

▲ immat.

▶ ad., ♂
Sehr groß und sehr dunkel; weiß an den Flanken, weißer Schulterfleck; gerundeter Schwanz

Ein großer Vogel des Waldes, ♂ truthahngroß, ♀ viel kleiner – ein brauner, rundschwänziger Vogel mit rostfarbener Brust. Selten und sehr zurückgezogen; oft in Kiefern oder am Rand von Mooren und Lichtungen. Bei Störung lautes, polterndes Abfluggeräusch. ♂ schwarzgrau, Flügeldecken dunkelbraun, Schnabel hell, gebogen, sehr kräftig; weißer Schulterfleck, weißer Flankenstreif, schmale, weiße Schwanzbinden. ♀ oberseits grau, dicht braun, schwarz und beigefarben gebändert, unterseits rahmfarben mit schwarzer und rostfarbener Bänderung; Brust und Vorderhals rostfarben, Schnabel dunkelgrau, Schwanz gerundet, rostfarben und schwarz gebändert. Balz des ♂ mit schleifenden, wetzenden, knallenden und glucksenden Lauten.

HÜHNERVÖGEL

Alpenschneehuhn
Lagopus muta

L 34–36 cm | SP 54–60 cm | G 400–600 g

Ein kleines, hübsches, tarnfarbenes Raufußhuhn der Gebirge und der hochnordischen, steinigen Tundren; stets mit ganz weißen Flügeln. ♂ im Sommer gewöhnlich grauer als ♀, beige und schwarz meliert; ♀ im Sommer eher gelblich braun mit dichter, dunkler Bänderung. Das Weiß von Bauch und Füßen ist bei geduckten Vögeln oft nicht zu sehen; nicht selten entsteht der Eindruck eines mit Flechten übersäten Felsens. Im Frühjahr und Herbst intermediäre Kleider zwischen Sommer- und Wintergefieder mit großen, weißen Partien, Kopf und Brust dunkel. Im Winter bis auf schwarze Steuerfedern, schwarzen Zügelstreif (nur ♂) und dunklen Schnabel weiß. Stimme laut und trocken knarrend, danach eine tief ratternde Tonfolge.

Birkhuhn
Tetrao tetrix

L 40–55 cm | SP 65–80 cm | G 0,75–1,4 kg

Ein recht großes Raufußhuhn der Moor- und Heidelandschaften sowie Krummholzzone in den Alpen. ♂ glänzend blauschwarz, leierförmiger Schwanz, breiter, weißer Flügelstreif, weiße Unterschwanzdecken, bei der Balz auffällig zur Schau gestellt. ♀ graubraun, dicht dunkel gebändert, Flügel mit schmalem, weißem Streif. Bei der Balz an- und abschwellendes Kullern.

Moorschneehuhn
Lagopus lagopus

L 37–42 cm | SP 55–66 cm | G 650–750 g

Ein gedrungenes, weißflügeliges, überwiegend rostbraunes Raufußhuhn der Moore und Tundren. ♂ im Sommer rostbraun, Bauch und Steiß weiß. ♀ heller, gelblicher, im Frühjahr oft scheckig mit weißen Partien, später dicht gebändert. Im Winter bis auf schwarze Steuerfedern weiß; Schnabel dicker als beim Alpenschneehuhn. Nasal gackernd-bellender Reviergesang.

Schottisches Moorschneehuhn
Lagopus lagopus scoticus

L 37–42 cm | SP 55–66 cm | G 650–750 g

Britische und irische Unterart des Moorschneehuhns: Flügel dunkel, kein weißes Winterkleid. ♂ rotbraun mit roter, nackter Hautstelle über dem Auge („Rosen"), Flügel dunkelbraun, Steuerfedern schwärzlich. ♀ heller, mit gelblicher Bänderung, ohne rote „Rosen"; unterscheidet sich von Rebhuhn und Birkhenne durch dunkle Flügel und dunklen Schwanz.

Steinhuhn
Alectoris graeca

L 32–35 cm | SP 46–53 cm | G 500–750 g

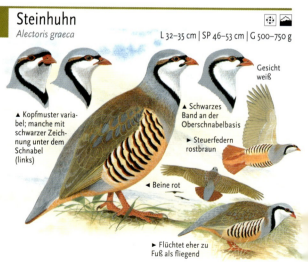

Ein gedrungenes, kurzschwänziges, kräftig gemustertes Huhn der Felsregion; vorwiegend in Südosteuropa, selten in den Alpen. Überwiegend grau, Flanken schwarz und weiß gebändert, Bauch gelblich braun. Schnabel rot, Scheitel grau; schwarzer Streif beginnt an der Schnabelbasis, rahmt das reine Weiß von Gesicht und Kehle ein. Ruft rau „pitschi-pitschi-pitschi witu".

HÜHNERVÖGEL

Chukarhuhn
Alectoris chukar

L 32–34 cm | SP 46–52 cm | G 500–600 g

Chukarhuhn: Ein helles Huhn Südosteuropas; ähnlich Steinhuhn, aber mit breitem Überaugenstreif hinter dem Auge und nur kleinem, schwarzem Fleck an der Schnabelbasis. Ruft laut „gakschakera-gschakera-gschakera ...". **Felsenhuhn** *(Alectoris barbara)* Sardiniens und Gibraltars mit hellem Streif an Scheitel und Nackenseiten und rotbraunem, weiß gefleckten Halsring.

Rothuhn
Alectoris rufa

L 32–34 cm | SP 45–50 cm | G 400–550 g

Ein elegantes Huhn West- und Südwesteuropas. Gesicht weiß, schwarz eingerahmt, Hals und Brust gefleckt; größer und schwerer als Rebhuhn, mit einfarbigem Rücken und anderer Flankenbänderung, Beine und Schnabel rot. Ehemaliger Brutvogel in Südwestdeutschland und der Schweiz. Ruft „tschok-tschokorr", Hähne balzen „kok-tschek-kok-tschek-kok ...".

Rebhuhn
Perdix perdix

L 29–31 cm | SP 45–48 cm | G 350–450 g

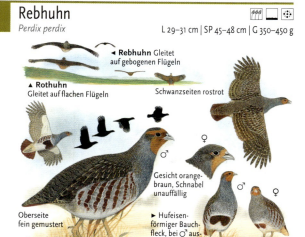

◄ **Rebhuhn** Gleitet auf gebogenen Flügeln
▲ **Rothuhn** Gleitet auf flachen Flügeln
Schwanzseiten rostrot
Gesicht orangebraun, Schnabel unauffällig
Oberseite fein gemustert
► Hufeisenförmiger Bauchfleck, bei ♂ ausgeprägter
Beine hell

Ein kleines, rundliches, gedrungenes Feldhuhn, Schnabel und Beine matt gefärbt; Gesicht orangebraun, Hals und Brust grau, fein gebändert; Oberseite braun mit schwarzen und cremefarbenen Stricheln; Schwanzseiten rostrot; Flanken grob braun gebändert. Brauner Hufeisenfleck bei ♂ größer. Flügel braun gebändert. Reviergesang heiser „girrek", oft in der Dämmerung.

Haselhuhn
Tetrastes bonasia

L 35–37 cm | SP 48–54 cm | G 350–490 g

Oft in Bäumen; scheu, fliegt schon von Weitem auf
Kleines Waldhuhn, fliegt mit gebogenen, steif gehaltenen Flügeln und gespreiztem Schwanz
Schwanz grau mit schwarzer Endbinde
Schwarzer Kehlfleck

Ein kleines Raufußhuhn dichter Wälder, scheu und zurückgezogen. Gefieder grau und braun gemustert, auffällige, weiße Zickzack-Linie an den Kehl- und Brustseiten und auf den Flügeldecken. ♂ mit schwarzem Kehlfleck. Breiter, gerundeter Schwanz grau mit schwarzer Endbinde. Laute Flügelgeräusche beim Auffliegen. Reviergesang des ♂ goldhähnchenartig hoch.

Laufhühnchen
Turnix sylvatica

L 15–16 cm | SP 25–30 cm | G 60–70 g

▼ Helles Flügelfeld oberseits

ad., ♀

♂

♀

Sehr klein, Schnabel blaugrau; lebt zurückgezogen

Ein kleiner, wachtelähnlicher Bodenvogel Südspaniens mit zurückgezogener Lebensweise; Status unklar. Schnabel schlank, blaugrau, Beine hell. Oberseite dicht schwärzlich gebändert; Brust hell orangebraun, Flanken schwarz gefleckt. Im Flug helle Flügeldecken (ähnlich kleiner Zwergdommel) auffallend. Singt in der Abenddämmerung, klingt wie entferntes Nebelhorn.

Wachtel
Coturnix coturnix

L 16–18 cm | SP 32–35 cm | G 70–135 g

Winziger, gedrungener Körper, recht lange, spitze Flügel

Auf dem Zug kräftige, fast schwirrende Flügelschläge

♂ an Kinn und Kehle schwarz

Weißliche Längsstreifen auf Oberseite und Flanken

♀

Ein winziges, gedrungenes Huhn mit langen, spitzen Flügeln; gern in Klee- und Luzernefeldern, sehr schwer zu beobachten. Gefieder hellbraun mit dunkelbrauner Musterung, unterseits rahmfarben und braun gestreift; Kopf gestreift. ♂ mit schwarzer Kehlmitte. Reviergesang weittragend, ein rhythmisch wiederholtes „pick-werwick"; ♀ ruft nasal und dumpf „mau-wau".

See- und Lappentaucher

Seetaucher und Lappentaucher sind zwei kleine Familien von Wasservögeln; die Seetaucher sind auf die Nordhalbkugel beschränkt, die Lappentaucher zeigen eher kosmopolitische Verbreitung. Beide sind perfekt an das Leben auf dem Wasser und unter Wasser angepasst und nur selten an Land zu sehen – selbst während des Brutgeschäfts.

Seetaucher wählen ihren Neststandort so, dass sie von dort aus unmittelbar ins Wasser gleiten können. **Lappentaucher** hingegen bauen aus abgestorbenem Pflanzenmaterial schwimmende Nester und verankern sie an Wasserpflanzen. Sie können an Land nur unbeholfen watscheln, sind aber hervorragende Schwimmer über und unter Wasser, indem sie ihre kurzen, kräftigen, mit Schwimmlappen versehenen Zehen für den Vortrieb einsetzen. Die meisten Arten können gleichermaßen auf Süß- und Salzwasser leben; meist brüten sie am Süßwasser und verbringen die übrigen Monate des Jahres an der Küste. Ihre Schnäbel sind schlank, von mittlerer Länge und mehr oder weniger spitz oder dolchförmig – sie besitzen weder einen Haken an der Spitze noch Sägezähne an den Schneidekanten.

Eistaucher
Gavia immer

L 70–80 cm | SP 130–150 cm | G 3–4 kg

Großer Taucher mit Dolchschnabel und massigem Körper; im PK oberseits mit gleichmäßigem Schachbrettmuster, Halsseiten mit Band aus weißen Streifen; JK und SK oberseits bräunlich. **Eistaucher** mit dunklerem Kopf und dunklem, halbem Halsring, Schnabel mit dunklem First. **Gelbschnabeltaucher** *(Gavia adamsii)* im JK und SK am Kopf brauner, Schnabel aufgeworfen.

Prachttaucher
Gavia arctica

L 60–70 cm | SP 110–130 cm | G 2–3 kg

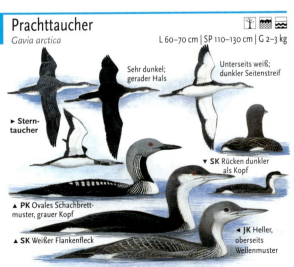

Im Vergleich zum Eistaucher mit schmalerem Körper, kleinerem Schnabel. Im PK mit grauem Kopf, streifigem Halsfleck und recht unauffälligem Schachbrettmuster auf dem Rücken. SK und JK graubraun und weiß, Rücken dunkler als der etwas grauere Nacken; angedeutete z-förmige Grenzlinie am dunklen Hinterhals; Schnabel gerade, schlank, bläulich, Spitze dunkler.

SEETAUCHER UND LAPPENTAUCHER

Sterntaucher
Gavia stellata

L 55–69 cm | SP 110–120 cm | G 1,2–1,6 kg

Der kleinste Seetaucher. Schnabel leicht aufgeworfen, wird beim Schwimmen meist schräg aufwärts gehalten. Im PK mit grauem Kopf, gestreiften Halsseiten, dunkler Kehle und oberseits ohne Weiß. Im SK und JK brauner, oberseits fein gesprenkelt, Gesicht hell (am hellsten von allen Seetauchern). Im Flug mit tiefen Flügelschlägen und leicht gesenktem Kopf.

Haubentaucher
Podiceps cristatus

L 46–51 cm | SP 85–90 cm | G 0,8–1 kg

Ein Wasservogel mit langem Hals und spitzem Schnabel, Vorderhals und Brust schneeweiß. Im PK schwarze, zu „Ohren" aufrichtbare Scheitelfedern, Gesicht weiß mit breitem, kastanienbraunem Saum. Im SK graubraun und weiß mit schmaler Kappe und Weiß über dem dunklen Zügelstreif. Fliegt niedrig und schnell; große, weiße Flügelfelder.

Rothalstaucher
Podiceps grisegena

L 40–50 cm | SP 77–85 cm | G 700–900 g

Ein großer, gedrungener Lappentaucher, der oft dunkel und unscheinbar wirkt. Im PK mit dunkler Kappe, dunkelrotem Hals; mittel- bis dunkelgraues Gesicht mit weißlichem Oberrand. SK und immat.: Weißliches bis graues Gesicht unter der tiefschwarzen Kappe und ohne Weiß über den Augen, dunkler Vorderhals (nur Brust weiß). Schnabel gelb und schwarz.

Ohrentaucher
Podiceps auritus

L 31–38 cm | SP 59–65 cm | G 375–450 g

Ein mittelgroßer Lappentaucher mit kleinem, geradem Schnabel. Im PK Flanken und Hals rostrot (aus der Ferne dunkel), Kopf schwarz mit keilförmigen, goldgelben Büscheln hinter dem Auge. Im SK mit schneeweißem Vorderhals und silbergrauen Flanken. Kopf flacher als beim Schwarzhalstaucher, Kappe schärfer gegen das weiße Gesicht abgesetzt.

Zwergtaucher
Tachybaptus ruficollis

L 25–29 cm | SP 40–45 cm | G 100–120 g

Sehr kleiner, rundlicher, nahezu schwanzloser Wasservogel. Im PK mit Ausnahme des hellen Schnabelwinkels dunkel, Gesicht von Nahem tief kastanienbraun. Im Winter brauner mit beigefarbenem Gesicht, Kappe und Hinterhals dunkler; ohne Weiß. Schnabel kurz und kräftig mit hellem Winkel. Kein Weiß im Flügel. Häufig laute, vibrierende Trillerfolgen.

Schwarzhalstaucher
Podiceps nigricollis

L 28–34 cm | SP 56–60 cm | G 250–350 g

Ein kleiner Lappentaucher mit langem Hals, der bei Gefahr noch länger wird. Schnabel schlank, dunkel, etwas aufgeworfen. Im PK dunkel mit rötlich kupferfarbenen Flanken, schwarzem, spitzem Kopf, schwarzem Hals und gelben oder goldgelben, herabhängenden Ohrbüscheln. Im SK dunkelbraun und weiß mit verwaschen dunklen Wangen und spitzem Scheitel.

Röhrennasen und Kormoranvögel

Sturmvögel sind eine nah mit den Albatrossen verwandte Familie von Meeresvögeln mit schwachen Beinen, die nur an Land gehen, um dort in Höhlen oder Spalten zu brüten. Sie besitzen röhrenförmig verlängerte äußere Nasenöffnungen an der Schnabelbasis. Auf dem Meer können sie ausdauernd und über große Distanzen gleitfliegen, indem sie die Aufwinde über den Wellen effektiv nutzen; ihr hoch entwickelter Orientierungssinn weist ihnen dabei den richtigen Weg. Die schlanken Sturmtaucher sieht man bei starkem Wind oft hoch über die Wellen steigen. **Sturmschwalben** sind kleine Verwandte der Sturmtaucher, die ebenfalls die meiste Zeit ihres Lebens auf der Hochsee verbringen. Sie halten sich aber nahe der Wasseroberfläche auf, wo sie unruhig flatternd und mit den Füßen platschend Nahrung suchen. Der möwenähnliche Eissturmvogel ist viel größer und kräftiger gebaut; er nistet auf offenen Simsen an steilen Klippen.

Tölpel und **Kormorane** sind ebenfalls Seevögel, Kormorane leben aber auch an Seen des Binnenlandes. Tölpel haben sehr schmale Flügel, sie fliegen über dem offenen Meer und ernähren sich stoßtauchend, während Kormorane weniger geschickte Flieger sind und von der Wasseroberfläche aus tauchen.

Eissturmvogel
Fulmarus glacialis

L 45–50 cm | SP 100–112 cm | G 700–900 g

Ein möwenähnlicher Seevogel, der zu den Röhrennasen gehört. Im Sommer auf Vogelfelsen. Oberflügel grau, dunkelgrauer Außenflügel mit hellem Feld, anders als bei Möwen. Großer, runder Kopf, aus der Ferne auffallend weiß. Fliegt mit steifen, gerade gehaltenen Flügeln und flachen Flügelschlägen; bei Wind rasante, elegante Flugweise. Am Nest lautes Gackern.

Sepiasturmtaucher
Puffinus diomedea

L 45–55 cm | SP 100–125 cm | G 700–800 g

Größer und langflügeliger als der Eissturmvogel; fliegt bei leichtem Wind mit lässigen Schlägen auf mehr oder weniger gebogenen Flügeln, steigt bei Sturm hoch auf. An der Schwanzbasis variabler weißer Fleck. Der hellgelbliche Schnabel ist gegen das helle Meer oft schwer zu sehen, aber aus größerer Entfernung vor dunklem Wasser sehr auffällig.

Großer Sturmtaucher
Puffinus gravis

L 43–51 cm | SP 105–122 cm | G 720–950 g

Großer Hochseevogel. **Großer Sturmtaucher** oberseits dunkelbraun mit auffälliger dunkler Kappe, weißem Halsring und viel Weiß auf der Schwanzbasis; Unterseite weiß, dunkle Markierung auf Unterflügeln und Bauch. **Dunkler Sturmtaucher** *(P. griseus)* fliegt oft mit angewinkelten Flügeln, ist dickbäuchig und schmalflügelig; dunkel bis auf helles Unterflügelfeld.

Mittelmeer-Sturmtaucher
Puffinus yelkouan

L 30–36 cm | SP 76–89 cm | G 350–420 g

Kleiner, oberseits dunkler Sturmtaucher des Mittelmeers, ähnlich Atlantiksturmtaucher; recht kurzschwänzig und weißbäuchig. Oft nahe an der Küste zu beobachten. **Balearensturmtaucher** *(P. mauretanicus)* eher braun, unterseits dunkler und langschwänziger. Balearen, im Winter auch im Atlantik. Nur bei idealen Bedingungen anhand der Proportionen unterscheidbar.

Atlantiksturmtaucher
Puffinus puffinus

L 35 cm | SP 76–82 cm | G 350–450 g

Unterseite bis auf dunklen „Rahmen" an den Flügeln rein weiß

▶ Oberseits schwärzlich, durch Abnutzung brauner

Flügelspitzen beim Gleiten abwechselnd schwarz und weiß

Lange Flügel, steife, flache Flügelschläge

Schnabel schlank, schwarz

▼ Liegt beim Schwimmen tief, Schwanz erhoben

Ein kleiner, ansprechend schwarzweißer Sturmtaucher. Fliegt typischerweise niedrig über dem Meer, kreuzförmige Gestalt. Zeigt beim „Gleiten auf der Flügelspitze" über den Wellen abwechselnd die dunkle Oberseite und die rein weiße Unterseite. Flügelhaltung beim Gleiten gerade und steif. Das Schwarz der Oberseite wird durch Abnutzung brauner.

Wellenläufer
Oceanodroma leucorhoa

L 19–22 cm | SP 43–48 cm | G 40–50 g

▼ Wellenläufer, ♂

▶ Sturmschwalbe Gerundeter Schwanz, weißer Bürzel

▶ Sturmschwalbe Weißes Unterflügelband

▶ Wellenläufer, ♀ Gekerbter Schwanz, helles Flügelband

Dunkle Flügeloberseite

◀ ▲ Wellenläufer Flug unruhig flatternd, ähnlich Seeschwalbe

Sturmschwalbe Flügel runder, Flug schwalbenartig

Kleiner Meeresvogel. **Wellenläufer** nach Herbststürmen manchmal an der Küste oder sogar im Binnenland. Bürzelfleck eher v-förmig, Schwanz gekerbt. Fliegt recht unruhig und eher mit angewinkelten Flügeln. **Sturmschwalbe** *(Hydrobates pelagicus)* deutlich kleiner, eher Hochseevogel; sehr dunkel mit auffallendem weißem Bürzel und breitem, rundem Schwanz.

Basstölpel
Sula bassana

L 90–100 cm | SP 170–180 cm | G 2,8–3,2 kg

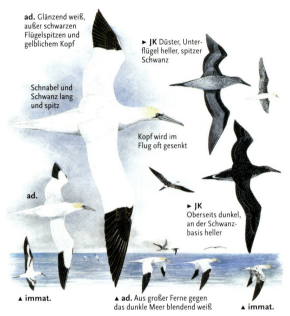

ad. Glänzend weiß, außer schwarzen Flügelspitzen und gelblichem Kopf

Schnabel und Schwanz lang und spitz

▶ **JK** Düster, Unterflügel heller, spitzer Schwanz

Kopf wird im Flug oft gesenkt

▶ **JK** Oberseits dunkel, an der Schwanzbasis heller

ad.

▲ **immat.**

▲ **ad.** Aus großer Ferne gegen das dunkle Meer blendend weiß

▲ **immat.**

ad.

JK

Größter Seevogel des Nordatlantiks. Im Flug dicker Kopf und Hals sowie dolchförmiger Schnabel auffälliger als der spitze Schwanz. Flügel lang, schlank, oft angewinkelt. Altvögel gegen das dunkle Meer blendend weiß, auch aus großer Entfernung; Flügelspitzen schwarz; gelbliche Kopffärbung oft aus mittlerer Entfernung zu sehen. Im JK sehr dunkel mit feiner, weißer Fleckung, wirkt über dem Meer gräulich und schwach gemustert; erinnert an immat. Mantelmöwe oder Skua, Schnabel- und Schwanzform sind jedoch kennzeichnend. Wird in den nächsten 2–3 Jahren scheckig mit gelblichem Kopf und schwarzen Flügelspitzen. Fliegt oft in 20–30 m Höhe über dem Meer. Atemberaubende Sturzflüge mit deutlich sichtbarem Platsch.

Kormoran
Phalacrocorax carbo

L 80–100 cm | SP 130–160 cm | G 2–2,5 kg

Gänsegroß mit langem Körper und breitem Schwanz. Schnabel dick mit Hakenspitze, Stirn niedrig und flach, anders als bei der Krähenscharbe. Ad. schwärzlich, oberseits bräunlicher, Kinn weißlich. Im Frühjahr an Kopf und Hals variabel weiß gestrichelt, auffällige weiße Kehle; weißer Schenkelfleck kennzeichnend. Immat. brauner, unterseits kontrastreich weiß, viel heller als junge Krähenscharben. Liegt tief im Wasser; taucht häufig von der Wasseroberfläche. Steht oft auf Pfosten, Felsen, Bäumen, nicht selten mit geöffneten Flügeln. Flugweise kraftvoll, fliegt häufig in V-Formation oder in langen Linien. Brütet auf Bäumen und im Schilf des Binnenlands oder auf Klippen an der Küste. Am Nest tief krächzende und gackernde Laute.

Krähenscharbe
Phalacrocorax aristotelis

L 65–80 cm | SP 90–105 cm | G 1,7–2,3 kg

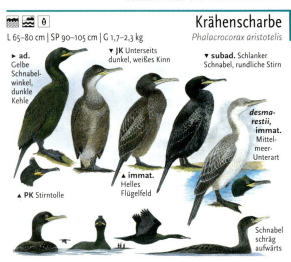

Ein großer Seevogel mit langem Körper und dünnem Hals; im PK mit kleiner, schwarzer Stirntolle. Ad. ölig grün, aus der Ferne schwarz, leuchtend gelber Schnabelwinkel. Im JK dunkel braun, unterseits etwas heller, nur an der Kehle weiß. Kopf ziemlich rundlich, steile Stirn. Fliegt oft niedrig über das Meer; taucht gut, auch in der Brandung.

Zwergscharbe
Phalacrocorax pygmeus

L 45–55 cm | SP 75–90 cm | G 570–870 g

Kleiner, gedrungener und dickhalsiger als Kormoran, Schnabel kürzer; Kopf dunkel und rundlich, auffallend langer Schwanz. Fliegt rasch, erinnert aus der Ferne an Sichler, von Nahem aber dicker Hals und breiter Schwanz erkennbar. Fliegt oft in langen Bändern oder im Pulk. Ruht truppweise; brütet oft in gemischten Kolonien mit Reihern, Sichlern oder Löfflern.

Reiher, Pelikanvögel u. a.

Die **Reiher** sind mittelgroße bis große Vögel mit langem Schnabel, langem Hals und langen Beinen. Manche von ihnen sind an der offenen Küste zu Hause, andere leben zurückgezogen in üppig bewachsenen Feuchtgebieten; sie benötigen für Ihre Suche nach Nahrung (meistens Fische) jedoch Gewässer – mit Ausnahme des Kuhreihers, der vor allem Insekten über trockenerem Boden fängt. Viele Reiherarten nisten kolonieweise in Bäumen und bauen große, auffällige Horste.

Kraniche (mit Rallen verwandet) sind sehr groß und ähneln den Reihern, sie sind aber kräftiger gebaut und haben kleinere Schnäbel. Kraniche brauchen weite Flächen naturnaher Landschaft zur Brutzeit und im Winterquartier.

Die ebenfalls sehr großen und langbeinigen **Störche** wirken am Boden bedächtig, in der Luft aber elegant und kraftvoll; sie wandern weite Strecken im Kräfte sparenden Gleitflug.

Die **Ibisse**, zu denen auch die Löffler gezählt werden, sind mit den Störchen nah verwandt und auch mit den Flamingos, die wie die Löffler an die Nahrungssuche im Seichtwasser hervorragend angepasst sind.

Pelikane stehen den Tölpeln und Kormoranen nahe, sie haben die gleiche Fußstruktur: Alle Zehen sind durch Schwimmhäute verbunden. Ihre Flugkünste sind fantastisch, vor allem, wenn sie wie schwerelos in aufsteigenden Luftmassen segeln.

Rohrdommel
Botaurus stellaris

L 70–80 cm | SP 120–140 cm | G 0,9–1,1 kg

Körper gelbbraun, stark gemustert

▲ Dicker, dolchartiger Schnabel, schwärzlicher Wangenstreif

◄ Breite, gebogene Flügel mit hellem Feld

◄ Kopf zurückgezogen, schwarzer Scheitel

Beim Fischen stark nach vorn geneigt

Ein großer, gedrungener Reiher mit dickem Hals. Steht zusammengekauert oder aufrecht mit hoch gerecktem Hals. Bei Gefahr „Pfahlstellung" mit nach oben gerichtetem Kopf und Schnabel. Erinnert im Flug an eine große Eule. Gefieder gelbbraun mit schwarzer Fleckung, am Hals gestreift. Im Frühjahr dumpfe, nebelhornartige Rufe. Lebt verborgen im Schilf.

Rallenreiher
Ardeola ralloides

L 44–47 cm | SP 71–86 cm | G 230–350 g

► **PK** Lange Schmuckfedern, Gefieder leuchtend rosabeige

▼ **immat.** Oberseits dunkel

Im Flug glänzend weiße Flügel

▼ **SK** Gefieder unscheinbarer

Gedrungen, dickhalsig, dolchartiger Schnabel

▲ **JK** Dunkel, kräftige Halsstreifung

Ein kleiner, kompakter, im Stehen unscheinbarer Reiher, im PK Kopf und Halsseiten ockergelb, lange Schmuckfedern vom Nacken herabhängend. Im JK oberseits viel dunkler und mit gestreiftem Vorderhals. Steht meist bewegungslos und nach vorn geneigt im dichten Uferbewuchs oder auf Schwimmpflanzen. Beim Abflug plötzliches Aufleuchten der weißen Flügel.

Zwergdommel
Ixobrychus minutus

L 33–38 cm | SP 49–58 cm | G 140–150 g

Ein sehr kleiner Reiher, den man meist niedrig und schnell über dem Schilf fliegen sieht; erscheint aber manchmal deckungslos am Schilfrand. Großes, ovales Feld auf dem Oberflügel kennzeichnend. ♂ kontrastreich gefärbt: warm gelblich braun und grünlich schwarz. ♀ am Hals bräunlich gestreift, Rücken mit gelblichen Federsäumen. Im JK noch bräunlicher.

Nachtreiher
Nycticorax nycticorax

L 58–65 cm | SP 90–100 cm | G 600–800 g

Mittelgroßer, untersetzter Reiher mit dickem Schnabel und breiten, gebogenen Flügeln. Ad. schwarz und grau mit einheitlich hellgrauen Flügeln; im Frühjahr 2 lange, weiße Schmuckfedern; gelbe Beine werden im PK für kurze Zeit rötlich. Im JK oberseits braun mit hellen Tropfenflecken. Fliegt häufig in der Dämmerung. Ruft froschartig „quoark".

Silberreiher
Casmerodius albus

L 85–102 cm | SP 140–170 cm | G 1–1,5 kg

Ein stattlicher, reinweißer Reiher, fast Graureihergröße; Schnabel gewöhnlich gelb, im Frühjahr schwarz. Beine schwärzlich bis matt gelblich (meist über dem Gelenk), im Frühjahr kurz rötlich. Gesichtsfärbung im PK leuchtender. Schmuckfedern als breiter, feiner „Umhang" auf dem Hinterrücken. Im Flug etwas eckiger Hals, Flügelschläge langsam, lang ausgestreckte Beine.

Seidenreiher
Egretta garzetta

L 55–65 cm | SP 88–106 cm | G 400–600 g

Mittelgroßer, rein weißer Reiher mit langem, schlankem Hals, dünnem, dunklem Schnabel und grauem Gesicht. Im PK lange Schmuckfedern an Kopf, Brust und Rücken. Beine schwarz mit kennzeichnend leuchtend bis matt gelblichen oder grünlich gelben Zehen, im Flug auffallend. Oft in Feuchtgebieten und an der Küste zu sehen. Flug schnell, Flügel gebogen.

Kuhreiher
Bubulcus ibis

L 48–53 cm | SP 82–95 cm | G 300–400 g

Ein kleiner, weißer Reiher mit kurzem, dickem Schnabel; rundlicher Scheitel, recht kurzer Hals. Überwiegend weiß, im Frühjahr auf Scheitel, Brust und Mantel leuchtend gelborange. Schnabel gelb; Beine unscheinbar dunkel, werden im Frühjahr rötlicher. Häufig in kleinen Trupps zwischen Weidetieren oder an Müllkippen; an den Ruheplätzen in größeren Schwärmen.

Löffler
Platalea leucorodia

L 80–90 cm | SP 120–140 cm | G 1–1,5 kg

Großer, weißer, reiherartiger Vogel des Flachwassers. Im Frühjahr mit herabhängendem Nackenschopf und orangegelbem Brustfleck. Schnabel einzigartig geformt, lang, flach, von der Seite gesehen etwas gebogen, vorne löffelartig verbreitert; Schnabel bei Ad. schwarz mit gelber Spitze, im JK rosa, bei immat. schwarz. Flügel im Flug flach.

Purpurreiher
Ardea purpurea

L 78–90 cm | SP 110–150 cm | G 1–1,5 kg

Lange Füße

Tief durchhängender, eckiger Hals; schmale Flügel mit s-förmigem Hinterrand und schmaler Basis

ad.

Schlangenartig wirkender Hals, Schnabel lang und schlank; langer, dünner, gestreifter Hals; grauer Rücken mit sandgelblichen Schmuckfedern

Beine lebhaft orangegelb

Hals hell rostbraun

immat.
Ir starkem Licht sehr hell

immat., 2. Jahr

Großer, dunkler, schlanker Reiher mit langem, dünnem Schnabel, dünnem, schlangenartigem Hals sowie langen Beinen und Zehen. Fliegt oft niedrig über Feuchtgebieten und verschwindet im Schilf. Bei der Nahrungssuche unauffällig, steht aber gelegentlich gut sichtbar am Schilfrand. Ad. dunkel graubraun mit kastanienbraunem, dunkel gestreiftem Hals; am Flügelvorderrand und auf den Unterflügeldecken rostfarben (im Flug sichtbar); Oberflügeldecken grauer, jedoch nicht so hell wie beim Graureiher. Immat. matter gefärbt und heller, gelbbraun mit hellerer Halsstreifung. Fliegt mit stark gewölbten Flügeln, die langen Zehen oft gespreizt; der Hals hängt tiefer durch und wirkt eckiger als beim Graureiher.

Graureiher
Ardea cinerea

L 90–98 cm | SP 175–195 cm | G 1–2,3 kg

SK Kürzere Beine als Purpurreiher

Breite Flügel, gerundete Halsschlinge

◀ Weiße Flecken am Flügelvorderrand

Langsame Flügelschläge, stark gebogene Flügel

Nistet in Bäumen

PK Schmuckfedern am Nacken schwarz, Rücken silbergrau

Schnabel im Frühjahr orangegelb

Kopf oft auf die Schultern zurückgezogen

SK

immat. Scheitel und Nacken dunkelgrau, Gesicht zeichnungslos

Großer, heller Reiher mit kräftigem, dolchartigem Schnabel und langem Hals, der oft eingezogen ist; steht aufrecht, aber meist zusammengekauert. Häufig auf trockenem Boden abseits des Wassers, manchmal in Gruppen. Ad. hellgrau, weiß und grauschwarz, Gesicht weiß mit schwarzem Augenstreif; Hals und Brust weiß mit schwarzer Fleckung auf dem Vorderhals; Flanken schwärzlich. Immat. grauer und matter gefärbt. Schnabel gelblich bis grünlich, wird im Frühjahr kräftig orangegelb. Flug schwerfällig mit stark gebogenen Flügeln und auf die Schultern zurückgezogenem Kopf; fliegt manchmal kurze Strecken mit ausgestrecktem Hals. Koloniebrüter, großes Zweignest in Baumkronen. Ruft im Flug häufig heiser krächzend „kraich".

Kranich
Grus grus

L 115–130 cm | SP 230 cm | G 4,5–6 kg

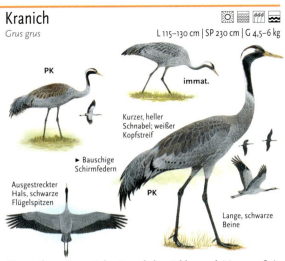

Ein großer, grauer Schreitvogel der Felder und Moore, oft in Trupps. Bauschiger „Schwanz" aus stark verlängerten Schirmfedern. Ad. mit schwarzem Kopf und breitem, weißem Streif vom Auge zum Nacken, Hinterscheitel rot, oft schwer zu sehen; schwarzes, schmal rechteckiges Halsfeld. Fliegt mit ausgestrecktem Hals. Laute trompetende Rufe, weit hörbar.

Jungfernkranich
Grus virgo

L 90–100 cm | SP 200 cm | G 4–5 kg

Eleganter Kranich mit kleinem Schnabel, steiler Stirn (manchmal im Flug erkennbar) und verlängerten, spitzen (nicht bauschigen) Schirmfedern. Schwarz des Vorderhalses reicht weiter herab als beim Kranich und setzt sich fort in locker herabhängenden Brustfedern. Immat. mit angedeutetem Kopfmuster der Ad. Im Flug schmalere Flügel als Kranich.

Weißstorch
Ciconia ciconia

L 100–115 cm | SP 180–220 cm | G 2,5–4,5 kg

Ein großer, langbeiniger Bodenvogel mit dolchartigem Schnabel. Gefieder weiß bis schmutzig graubräunlich, Schwungfedern schwarz. Kräftig roter Schnabel, rote Beine (oft durch weißlichen Kot verschmutzt). Immat. Vögel mit schwarzem Schnabel. Majestätischer Flug auf langen, flachen, stark gefingerten Flügeln, Hals lang ausgestreckt.

Schwarzstorch
Ciconia nigra

L 95–100 cm | SP 160–180 cm | G 2,5–3 kg

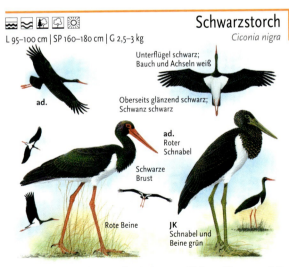

Ein großer, schlanker Storch mit dünnem Hals und langem, tiefrotem Schnabel sowie langen, roten Beinen. Ad. an Kopf, Hals, Brust und Oberseite glänzend schwarz; Bauch und Achseldreieck des Unterflügels weiß. Immat. matter gefärbt, dunkel olivbraun, Schnabel und Beine dunkel grünlich. Fliegt mit flachen oder gebogenen Flügeln, ähnlich Weißstorch. Waldbewohner.

Krauskopfpelikan
Pelecanus crispus

L 160–180 cm | SP 290 cm | G 11 kg

▼ Dunkle Flügelspitzen ▼ Unterflügel schlicht, helleres Mittenfeld

Helle Augen, Gesicht schlicht

▲ SK Beine grau

▼ PK Grauer Schopf

Ein imposanter, überwiegend schlicht grauer Wasservogel, gewöhnlich einzeln oder in kleinen Gruppen. Helle Augen in grauem Gesicht wenig auffallend; Kehlsack im PK rötlich. Schopf aus krausen Nackenfedern. Gefieder ohne auffallende Rosatöne. Unterflügel hellgrau mit breitem, hellerem Mittenfeld. Flugweise kraftvoll, Kopf auf die Schultern gezogen.

Rosapelikan
Pelecanus onocrotalus

L 140–170 cm | SP 240–300 cm | G 10–11 kg

Unterflügel schwarz-weiß, Beine rosa

PK

SK Augen dunkel

▲ JK Unterflügel dunkel mit heller Mitte

Sehr großer, rosa und weißer Wasservogel, oft in Trupps, die im Frühjahr aus der Ferne einheitlich rosa aussehen. Gesicht rosa mit auffällig dunklen Augen, Kehlsack gelb. Unterflügel weiß mit schwarzen Schwungfedern, erinnert an Weißstorch. Im JK oberseits schlicht bräunlich, Unterflügel dunkel mit heller Mitte. Flugweise kraftvoll, Trupps fliegen oft in Formation.

Rosaflamingo
Phoenicopterus roseus

L 120–140 cm | SP 140–170 cm | G 3–4 kg

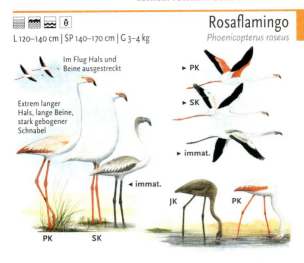

Ein bemerkenswert langbeiniger und langhalsiger Stelzvogel des Flachwassers. Schwimmt gelegentlich in tieferen Lagunen. Altvögel hellrosa bis weißlich mit karmesinroten Flügeldecken und schwarzen Schwungfedern. Immat. schlichter, überwiegend schmutzig grau. Schnabel abwärts gebogen, kräftig rosa mit schwarzer Spitze. Im Flug extrem lang und schlank.

Sichler
Plegadis falcinellus

L 55–65 cm | SP 88–105 cm | G 550–750 g

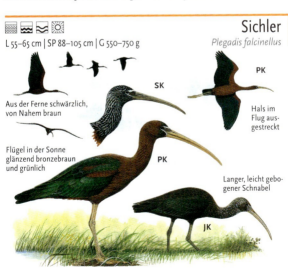

Ein großer, schlanker Wasservogel mit langem Hals, langen Beinen und leicht gebogenem Schnabel. Wirkt aus der Ferne und im Flug schwärzlich; von Nahem kupferbraune Färbung sichtbar; im SK Kopf und Hals weiß gesprenkelt. Im Sonnenlicht grüner und bronzefarbener Glanz auf den Flügeln. Nahrungssuche in dichten Trupps. Fliegt in Linien und V-Formation.

Greifvögel und Falken

Die im Volksmund auch als „Raubvögel" bezeichneten Greifvögel haben einen kräftigen Hakenschnabel und oft sehr scharfe, gebogene Krallen. Sie fangen entweder lebende Tiere oder ernähren sich von Aas oder Abfällen. Zu den **Habichtverwandten** gehören mehrere Gruppen: Die Geier sind Aasfresser, die sich von Luftströmungen tragen lassen, während sie den Boden nach geeigneter Nahrung absuchen. Milane fliegen ebenfalls sehr elegant, sie schlagen lebende Beutetiere oder ernähren sich von Aas und Abfällen. Weihen haben lange, schmale Flügel und recht lange Beine sowie scharfe Krallen, mit denen sie in offener Landschaft aus dem niedrigen Gaukelflug heraus Kleintiere am Boden ergreifen. Auf Vogeljagd spezialisierte Greifvögel wie der Sperber haben ebenfalls recht lange Beine und nadelscharfe Krallen; kurzflügelig und langschwänzig, sind sie wendige Jäger. Bussarde segeln häufig und rütteln. Die größten Greifvögel findet man bei den Adlern. Die meisten sind kräftig gebaut und exzellente Flieger, die meist lebende Beutetiere schlagen. Die **Fischadler**, hervorragend an die Fischjagd angepasst, bilden eine eigene Familie.

Die **Falken** formen eine weitere Gruppe; sie sind langflügelige und langschwänzige Beutegreifer, deren kleinere Arten Insekten und kleine Vögel jagen, während die Großfalken kraftvolle Jäger von größeren Vögeln und sogar mittelgroßen Säugetieren sind.

Gänsegeier
Gyps fulvus

L 95–105 cm | SP 250–270 cm | G 7–10 kg

Ein imposanter, riesiger Greifvogel. Kurzer, heller Kopf, sehr kurzer, gerade abgeschnittener Schwanz; Flügel lang, breit, stark gefingert, Hinterrand s-förmig geschwungen. Oberseite hellbraun mit dunklen Schwungfedern, Unterflügel zweifarbig mit hellen Linien entlang der Flügeldecken. Im JK kräftiger braun, Schwungfedern weniger abgetragen als bei ad.

Mönchsgeier
Aegypius monachus

L 100–110 cm | SP 260–280 cm | G 7–11,5 kg

Ein riesiger Greifvogel mit sehr langen, gleich breiten, brettartigen Flügeln, die beim Segeln flach gehalten werden; Flügelhinterrand sägezahnartig, Schwanz keilförmig. Kopf hell mit dunkler Augenpartie; Körper und Flügeldecken einheitlich schwarzbraun. Flügelunterseite schwach zweifarbig mit sehr dunklen Flügeldecken, Schwungfedern heller und grauer; Füße hell.

Bartgeier
Gypaetus barbatus

L 100–115 cm | SP 220–240 cm | G 5–7 kg

Ein sehr großer Greifvogel, der meist im Gleitflug zu sehen ist, aber manchmal tiefe Flügelschläge zeigt. Kopf kurz, Schwanz lang und keilförmig, Flügel sehr lang. Ad. oberseits schwärzlich, Schwungfedern etwas heller; Kopf sehr hell, schwarzer Schnabelbart. Unterseite variabel beigefarben bis orange. Im JK grau mit dunklerem Kopf. Immat. unterseits fleckig oder hell.

Schmutzgeier
Neophron percnopterus

L 60–70 cm | SP 150–170 cm | G 1,6–2,1 kg

Ein kleiner Geier mit spitzem Kopf und keilförmigem Schwanz. Segelt mit flach gehaltenen Flügeln. ad. schmutzig gelblich oder grauweiß mit gelbem Gesicht. Im Flug bei kräftigem Licht blendend weiß, aber Körper oft gelblich; Schwungfedern schwarz. JK dunkelbraun mit keilförmigem Schwanz und dünnem Schnabel. Immat. Vögel selten in Europa, fast ausschließlich in Afrika.

Rotmilan
Milvus milvus

L 60–65 cm | SP 140–170 cm | G 750–1300 g

Ein eleganter, langflügeliger, langschwänziger Greifvogel, im Flug sehr agil und lebhaft, verdreht oft den rostbraunen Schwanz. Gefieder rostbraun und schwärzlich, Kopf heller. Oberseits breites, helles Diagonalband über den Innenflügel, unterseits großes, weißliches Feld auf dem Außenflügel. Schwanz tief gegabelt, rotbraun, leuchtet im Sonnenlicht. Im JK matter gefärbt.

Schwarzmilan
Milvus migrans

L 55–60 cm | SP 130–150 cm | G 650–1100 g

Ein matt brauner Greifvogel mit langem, gekerbtem Schwanz. Flügel im Flug gewinkelt, etwas durchgebogen, nicht angehoben wie bei den Weihen. Kopf hell, Körper graubraun bis leicht rotbraun. Oberseits mit breitem, hellerem Diagonalband auf den Flügeldecken, anders als bei der Rohrweihe. Unterflügel außen mit hellerem Feld. Schwanz dunkel graubraun, fein gebändert.

GREIFVÖGEL UND FALKEN

Rohrweihe
Circus aeruginosus

L 48–55 cm | SP 110–120 cm | G 400–800 g

Weihen sind schlanke Greifvögel, die in niedrigem, gaukelndem Flug über offener Landschaft, oft Feuchtgebieten, jagen. Flügel, Schwanz und Beine lang. Im Segelflug leicht mit Bussarden zu verwechseln. ♂ kleiner als ♀, braun mit gelblicher Färbung von Kopf und Brust, mit grauem Flügelband, schwarzen Flügelspitzen und grauem Schwanz. ♀ einheitlich dunkelbraun – dunkler, zeichnungsloser als Schwarzmilan, Oberkopf, Kehle und Flügelvorderrand rahmweiß. Im JK oberseits mit hellspitzigen Flügeldecken, Unterflügeldecken dunkler. Schwanz schmal, gerade abgeschnitten, aber beim hohen Segeln durch Spreizen der Steuerfedern gerundet. Flügel weniger gewinkelt als bei Milanen, beim Gleiten v-förmig angehoben.

Kornweihe
Circus cyanus

L 43–50 cm | SP 100–120 cm | G 300–700 g

Gleitet mit angehobenen Flügeln

ad., ♂

◀ ad., ♀

◀ ad., ♂ Schwarze Flügelspitzen, dunkler Flügelhinterrand

◀ JK, ♂

JK, ♂

◀ JK, ♀ Breitere Flügel als ♂

♂ und ♀ stets mit weißem Bürzelfleck

▶ ad., ♀ Hellbraun, Unterflügel rahmfarben mit dunkler Bänderung

▲ ad., ♂

ad., ♀

Eine ziemlich große Weihe, ♂ und ♀ sehen ganz verschieden aus; JK ähnlich ♀. Stets mit auffälligem, weißem Bürzelfleck. ♂ hellgrau, unterseits noch heller; Kopf und Brust dunkler abgesetzt, Flügelspitzen schwarz, unterseits dunkler Flügelhinterrand. Immat. ♂ mit eher brauner Oberseite. ♀ oberseits dunkelbraun mit weißem Bürzelfleck, Schwanz dunkel gebändert; Unterseite gelblich, dunkel gestrichelt, Unterflügel graugelblich, dunkel gebändert. JK ähnlich ♀, Unterflügel aber dunkler, Körperfärbung rostgelblich. Fliegt niedrig, recht schnell, bei der Jagd aber langsam und gaukelnd – abwechselnd mit mehreren tiefen Flügelschlägen und gleitend mit angehobenen Flügeln. Am Nest keckernde Rufreihen.

Wiesenweihe
Circus pygargus

L 35–50 cm | SP 100–120 cm | G 225–450 g

Eine kleine, anmutige, langflügelige Weihe. ♂ grau, oft vorn dunkler als hinten; mit schwarzer Binde auf der Oberflügelmitte. Unterflügel gebändert, Flanken gestrichelt. ♀ ähnlich Kornweihe, weißer Bürzelfleck aber kleiner, Flügel länger, schmaler und mehr nach hinten gewinkelt. Im JK unterseits rostfarben, weiß über und unter dem Auge sowie mit dunklen Ohrdecken.

Steppenweihe
Circus macrourus

L 40–48 cm | SP 97–118 cm | G 300–500 g

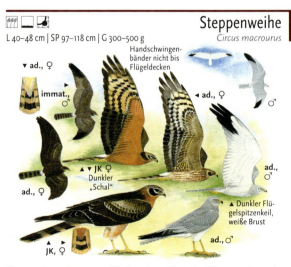

Eine recht gedrungene Weihe, ♀ größer als Wiesenweihen-♀. ♂ sehr hell, möwenartig mit weißer Brust, Flügelspitzen mit schmalem, schwarzem Keil, übriger Unterflügel weiß. ♀ ähnlich Wiesenweihen-♀, mit hellem Kragen unter dunklen Wangen, kaum Unterschiede im Unterflügelmuster. Im JK deutlicherer heller Kragen, schwarzer „Schal", oft im Flug zu sehen.

Sperber
Accipiter nisus

L 28–38 cm | SP 60–80 cm | G 150–320 g

Ein kleiner, wendiger Vogeljäger mit rundlichen Flügeln, langem, schmalem Schwanz und relativ kleinem Kopf. Fliegt mit schnellen Flügelschlägen und eingeschobenen, kurzen Gleitstrecken. Steht sehr aufrecht und aufmerksam. ♂ klein, oberseits blaugrau, an Wangen und Brustseiten kräftig rostfarben; Unterseite außer Steiß orangefarben gebändert. ♀ graubraun, unterseits matt weiß mit feiner, grauer Bänderung, schmaler Überaugenstreif. Im JK oberseits braun mit rostroten Federrändern; unterseits ungleichmäßig gebändert. Stets mit langen, dünnen, gelben Beinen. Hält oft im schnellen Jagdflug die Flügelspitzen stark nach hinten, was an Merlin erinnert. Wenig ruffreudig, außer in Nestnähe, dort ein schnelles „gji-gji-gji …".

GREIFVÖGEL UND FALKEN

Habicht
Accipiter gentilis

L 48–61 cm | SP 95–125 cm | G 500–1350 g

Ein mittelgroßer, kräftig gebauter Greifvogel mit starken Beinen und im Flug recht weit vorstehendem Kopf; Schwanz besonders an der Basis breit. ♂ etwa krähengroß, oberseits grau, unterseits matt weiß mit dunkler Bänderung; Scheitel und Ohrdecken dunkel, weißer Überaugenstreif. ♀ in der Musterung ähnlich, aber viel größer, fast wie Bussard. Im JK oberseits braun, unterseits rahmfarben mit langen, schwarzbraunen Tropfenflecken. Steht aufrecht, gewöhnlich in Deckung. Flug direkt, kraftvoll, tiefe Schläge werden durch kurze Gleitstrecken unterbrochen. Segelt hoch mit gespreiztem Schwanz und voll ausgebreiteten Flügeln (diese an der Basis breit, zur Spitze hin schmaler). Ruft in Nestnähe „gik-gik-gik ...", Weibchen klagend „pie-ieh".

Kurzfangsperber
Accipiter brevipes

L 33–38 cm | SP 63–76 cm | G 155–265 g

Ein im Brutgebiet zurückgezogen lebender, kleiner Greifvogel, zur Zugzeit jedoch in großen Trupps. Flügel mit breiter Basis, aber scharf abgesetzter, schwarzer Spitze; Augen dunkel. ♂ blaugrau, auch an den Wangen; Unterseite hell gebändert, Unterflügel weißlich. ♀ oberseits graubraun, unterseits rotbraun, dunkler Kehlstrich. JK unterseits gefleckt.

Gleitaar
Elanus caeruleus

L 31–34 cm | SP 71–85 cm | G 230 g

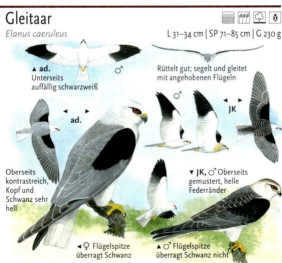

Ein kleiner, untersetzter, breitflügeliger Greifvogel, der häufig mit angehobenen Flügeln segelt oder ausdauernd rüttelt; oft über offener, gern feuchter Landschaft. Ad. hellgrau, Kopf und Unterseite weißer; Schwanz hell, breit, etwas gekerbt. JK oberseits mit matt graubraunen Partien und hellen Federrändern; an Scheitel und Brust mit rostorangefarbenem Anflug.

Adlerbussard
Buteo rufinus

L 50–65 cm | SP 130–150 cm | G 1–1,3 kg

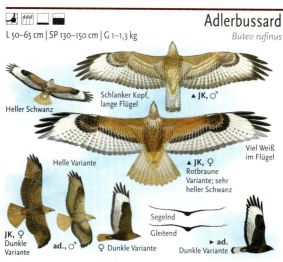

Ein großer, langflügeliger Bussard mit kleinem, vorgestrecktem Kopf und langem Schwanz. Meist rotbraun mit hellerem Kopf. Heller, zimtfarbener Oberschwanz. Unterseite hell mit dunklem Bauch (im JK schwärzer). Dunkle Bugflecken und weiße Handschwingen, unterseits mit dunklem Hinterrand. Schwanz meist ungebändert. Rotbraune und dunkle Vögel häufig.

Steppenbussard
Buteo vulpinus

L 50–60 cm | SP 110–120 cm | G 600–1100 g

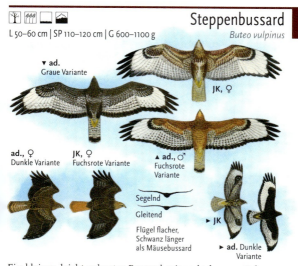

Ein kleiner, leicht gebauter Bussard mit recht langem Schwanz und variablem Gefieder. Helle Variante fuchsrot mit breitem, hellem Band auf der Unterseite der Schwungfedern, Flügelhinterrand und Bugflecken dunkel. Dunkle Variante matt leberbraun, Unterflügel kontrastreicher. Oberflügel mit kleinem, weißem Feld. Zieht in großen Trupps durch Osteuropa.

Raufußbussard
Buteo lagopus

L 50–60 cm | SP 120–150 cm | G 600–1300 g

◂ ad., ♂
Bauch heller

▴ ad., ♀
Bugfleck und
Bauch schwarz

◂ ad., ♂
Mehrere
Schwanzbinden

▴ JK, ♀
Schwache
Schwanzendbinde

▴ JK, ♂
Kleiner als ♀

JK, ♀

Oberseits helles
Handschwingen-
feld, weiße
Schwanzbasis

Helles U über
schwarzem
Bauch

▸ ad., ♀
Lange Flügel

◂ JK
Helle Augen

▸ JK, ♂
Kurze Flügel

◂ ad. ♀   ◂ ad. ♂   ◂ JK

Ein großer, breitflügeliger Bussard mit kleinem Kopf. Fliegt elastisch und weich, rüttelt häufig; gleitet mit deutlich im Bug abgewinkelten Flügeln. Steht oft lang auf exponierten Warten, auf niedrigem Ansitz oder am Boden. Oberseits gewöhnlich dunkelbraun, an Kopf und Brust hell rahmfarben, Bauch dunkel gebändert, Steiß und Schenkelgefieder hell. Oberseits „überfroren" durch helle Federspitzen. Schwanz kennzeichnend weiß mit schwarzer Endbinde, beim ♂ noch eine bis mehrere schmale Schwanzbinden. Unterflügel sehr hell mit schwarzem Bugfleck, Oberflügel mit hellem Feld. Manche Vögel mit dunkleren Unterflügeln. Im JK einheitlicher gemustert, Bauch schwarz, oberseits hell geschuppt, Oberschwanz weiß mit breiter Endbinde.

Mäusebussard
Buteo buteo

L 51–57 cm | SP 110–130 cm | G 550–1200 g

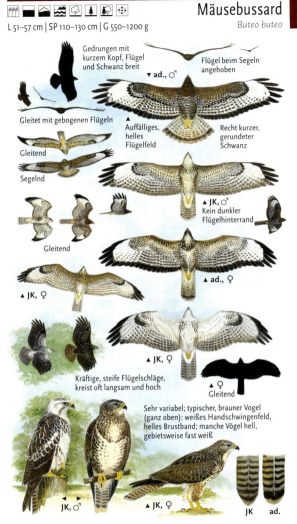

Ein häufiger, weit verbreiteter, mittelgroßer Bussard mit kurzem, breitem Kopf und Schwanz; Flügel recht lang. „Standard"-Greifvogel für die Bestimmung ähnlicher Arten. Flugweise direkt, etwas schwerfällig und ziemlich steif. Gefieder variabel, meist aber oberseits dunkelbraun, unterseits heller, Flanken und Bauch dunkel, helles Brustband. Flügeloberseite recht einheitlich; Unterflügel mit dunkel gefleckten Decken und helleren, gräulich gebänderten, schwarzspitzigen Schwungfedern. Manche Vögel heller, mit hellen Unterflügeln, Handschwingenspitzen und länglichem Bugfleck schwarz. Die hellsten Vögel an Kopf und Oberseite cremeweiß, Schwanz ohne dunkle Endbinde. Dunkle Formen meist mit typischem Unterflügelmuster.

Wespenbussard
Pernis apivorus

L 52–60 cm | SP 140–150 cm | G 600–1100 g

Ein bussardartiger Greifvogel mit schmalem Kopf, langem Schwanz sowie langen Flügeln mit breiter Basis und schmaleren Enden. Segelt meist auf flach gehaltenen Flügeln und gesenkten Flügelspitzen. Flugweise weich und entspannt mit elastischen Flügelschlägen. Ad. oberseits gräulich mit dunklem Flügelhinterrand, dunklem Schwanzende und 2 Binden an der Schwanzbasis; Augen gelb. Im JK brauner mit feineren Binden zwischen den breiten Schwanzbinden. Unterseite sehr variabel, typischerweise kräftig gebändert, mit dunklen Bugflecken. ♂ mit weniger Bänderung der Schwungfedern und deutlicherem, hellem Handschwingenfeld als ♀. Heimlich und zurückgezogen, außer zur Zugzeit, dann in Trupps und großen Scharen an Meerengen.

GREIFVÖGEL UND FALKEN

Fischadler
Pandion haliaetus

L 55–65 cm | SP 140–170 cm | G 1,2–2 kg

Flügel abwärts geknickt

► JK
Körperunterseite und Flügeldecken weiß, Schwungfedern grau

Schwarzer Bugfleck

Oberseite dunkel, Unterseite weiß; Kopf weiß mit schwarzem Augenstreif

Flügel sehr lang; Schwanz kurz, hell, gebändert

JK

▲ ad.
Wirkt beim Rütteln schwerfällig

JK

Trägt Fische Kopf voran

Variables Brustband

▲ ad.
Gleitend

◄ ad.

► JK
Oberseits geschuppt

► ad.
Oberseits nicht geschuppt

Ein großer, langflügeliger, adlerartiger Greifvogel, der im Sturzflug mit angelegten Flügeln Fische erbeutet. Schwanz recht kurz und breit mit durchscheinenden Binden. Flügel lang, gewinkelt gehalten, am Gelenk geknickt; wirkt im hohen Kreisen etwas möwenartig. Steht oft aufrecht auf exponierten Warten, dabei fällt der weiße Kopf mit breitem, schwarzem Augenstreif auf. Unterseite weiß mit mehr oder weniger deutlichem, dunklem Brustband, Oberseite einheitlich dunkelbraun. Im JK oberseits mit hellem Schuppenmuster. Unterflügel mit deutlichem, dunklem Bugfleck und gewöhnlich mit schmalem, dunklem Mittenband. Am Nest laute, melodische Rufreihen: „djüpp-djüpp-djüpp ...".

GREIFVÖGEL UND FALKEN

Zwergadler
Aquila pennata

L 45–50 cm | SP 110–130 cm | G 700–1000 g

Ein kleiner Adler mit breitem, rundem Kopf und kräftiger Oberseitenmusterung mit hellem Flügeldeckenfeld – ähnlich Weihen, zusätzlich jedoch „Schultern" und Bürzel hell. Schwungfederspitzen und Steuerfedern im hellen Licht durchscheinend. Helle Morphe an Kopf und Oberseite bräunlich, Unterseite rahmfarben; wirkt unterseits schwarzweiß, innere Handschwingen etwas heller, Flügeldecken hell, Schwanz gräulich. Dunkle Morphe einheitlich braun mit helleren inneren Handschwingen, dunklem Flügelmittelband und hellerem Schwanz. Flügelhaltung gerader als bei Bussarden und Weihen, Flügelform adlerartig; segelt und gleitet mit flachen oder leicht gebogenen Flügeln. Bei der Balz laute Rufreihen: „wi-wi-jükjükjük ...".

GREIFVÖGEL UND FALKEN

Habichtsadler
Aquila fasciata

L 70–74 cm | SP 140–170 cm | G 1,5–2,5 kg

ad., ♀
Langer Schwanz

ad., ♂
Kurzer Schwanz

♀

♂

Gleitend

Weißlicher Fleck oberseits

Lange, breite Flügel nach vorn gedrückt, gerader oder gefächerter Schwanz mit dunkler Endbinde, Körper weißlich

▲ ad., ♀
Flügeldecken und Schwanzendbinde dunkel

S-förmiger Flügelhinterrand; Kopf recht klein

▲ immat., ♂
Dunkles Flügelmittelband, Brust gestrichelt

▲ JK
Hell

◄ ad., ♀

▲ JK, ♂
Hell, rostgelb

JK
Unterseits rostgelb

ad., ♀

Ein großer, eindrucksvoller, sehr kräftiger Greifvogel, meist sehr zurückgezogen, nur selten hoch kreisend zu beobachten. Gestalt langflügelig, etwas habichtartig; Kopf klein mit flachem Scheitel. Vorderflügel beim Gleiten im Bugbereich typischerweise gewinkelt, Flügelhinterrand gerade, Schwanz recht lang, gerade abgeschnitten. Ad. oberseits dunkel mit kennzeichnendem, weißlichem Mantelfleck. Unterseite weißlich, Vorderflügel weiß; breites, dunkles Diagonalband über die Flügeldecken; Hinterflügel grau mit feiner Bänderung. Im JK einheitlicher braun, unterseits rostgelb; sehr schmales, dunkles Diagonalband, wird mit zunehmendem Alter breiter. Manche Jungvögel unterseits sehr hell, dunkles Band und dunkler Bugfleck fehlen.

Schlangenadler
Circaetus gallicus

L 62–67 cm | SP 160–180 cm | G 1,5–2,5 kg

Ein sehr großer Greifvogel, der auf dem Ansitz oder beim Kreisen oft gut zu sehen ist. Fliegt mit langsamen, stetigen Flügelschlägen, gleitet auf gebogenen Flügeln. Rüttelt häufig mit gespreiztem Schwanz, Außenflügel wirken dabei breit und locker. Im Balzflug flach und gerade gehaltene Flügel, Kopf vorgestreckt. Dicker, runder, eulenartiger Kopf mit gelben Augen; Beine unbefiedert. Typisch gefärbte ad. oberseits und am Kopf mittelbraun, unterseits hell mit feiner dunkler Bänderung; Unterflügel gräulich weiß oder silberweiß mit variabler, dunkler Bänderung, aber ohne auffälligen, dunklen Bugfleck (vgl. mit Fischadler). Kopf und Brust meist dunkel, oft kontrastreich abgesetzt; Schwanz mit 4 dunklen, gleich breiten Binden.

Seeadler
Haliaeetus albicilla

L 77–92 cm | SP 200–240 cm | G 3,1–7 kg

Groß, brettartige Flügel, vorstehender Kopf, kurzer Schwanz

Flügelhinterrand geschwungen

▲ JK, ♂ Flügelbasis schmaler als bei ♀

▲ JK, ♀ Im JK sägezahnartiger Flügelhinterrand

Gleitend (flach) — Segelnd (angehoben)

◄ ad., ♀ Schwanz keilförmig
ad., ♂ Schwanz eckiger ►

Schwanz weiß

▲ immat. Dunkler Kopf, heller Körper

Weit vorstehender Kopf

▼ JK

▲ ad. Oberseite und Kopf sehr hell

♂ kleiner und schlanker als ♀

► ad., ♂ Manche mit Weiß im Flügel

▲ JK Riesig; dunkler Schnabel, oberseits gefleckt

◄ JK Schwanz zeigt Weiß bei gespreizten Steuerfedern – werden mit jeder Mauser heller

Ein riesiger Greifvogel mit mächtigem Schnabel, langen, breiten Flügeln und sehr kurzem Schwanz; meist in Küstennähe oder über Feuchtgebieten zu sehen. Hält die Flügel im Flug flach, Flügelenden breit und stark gefingert, Kopf weit vorstehend. Im Ruderflug Wechsel zwischen tiefen, schweren, elastischen Flügelschlägen und kurzen Gleitstrecken (Steinadler mit längeren Gleitstrecken). Segelt oft in großer Höhe, stößt zur Wasseroberfläche herab, um mit den Füßen Beutetiere zu packen. Ad. braun mit großem, gelbem Schnabel und weißem Schwanz (kann aber stark verschmutzt sein); ältere Vögel oft sehr hellköpfig. Im JK dunkler, Schwanz dunkel mit weißen Federmitten. Schwarzspechtähnliche Rufreihen im Frühjahr.

Schelladler
Aquila clanga

L 62–74 cm | SP 150–180 cm | G 2,4–4,8 kg

Ein großer, massiger Greifvogel mit langen, dünnen Beinen; im Flug gebogene Flügel. In den meisten Kleidern sehr dunkel, Unterflügeldecken dunkler als Schwungfedern. Ad. braun, unterseits mit hellem Halbmond im Handflügel, oberseits mit diffusem, hellem Handflügelfleck sowie hellem Bürzel. JK mit weißen Fleckenreihen auf den Flügeln, Flügelhinterrand heller.

Schreiadler
Aquila pomarina

L 57–64 cm | SP 140–170 cm | G 1,3–2 kg

Ein großer, kompakter, aber wohl proportionierter Greifvogel. Segelt und gleitet mit etwas gesenkten Flügeln. Ad. dunkelbraun, Flügeldecken heller als Schwungfedern, heller Fleck an der Handschwingenbasis und heller Bürzelfleck. JK dunkel, auf den Flügeldecken hell gefleckt; Bürzelfleck und Flügelhinterrand weiß. Steinadler hält die Flügel angehoben.

GREIFVÖGEL UND FALKEN

Steinadler
Aquila chrysaetos

L 76–89 cm | SP 190–220 cm | G 3–6,7 kg

Segelt mit angehobenen Flügeln

Gleitet mit flacheren Flügeln

▲ ad., ♀
Groß, Flügel breit, geschwungener Hinterrand

▲ ad., ♂
Kleiner, schmalere Flügel

Harmonisches Flugbild, Kopf und Schwanz lang

Atemberaubende Flugbalz

◂ ad., ♀

◂ ad., ♂

▲ JK, ♂
Viel Weiß an Flügeln und Schwanz

▸ ad.
Helles Oberflügelband

◂ JK Gefieder dunkelbraun

JK

ad. Ältere Federn werden heller, frische sind dunkel

Ein sehr großer, wohl proportionierter Adler der Gebirge und Schluchten, wirkt majestätisch. Kopf lang; Schwanz lang, breit, gerade abgeschnitten; Flügel lang mit s-förmig geschwungenem Hinterrand. Flügel beim Segeln in flacher V-Haltung; Sturzflug mit nach hinten gewinkelten Flügeln in breiter Tropfenform. Ad. fleckig dunkelbraun und rahmfarben, hell an Scheitel und Nacken, oft auch auf der Flügelmitte. Schwungfedern unterseits dunkel gräulich, am Hinterrand dunkler, fein gebändert. JK sehr dunkel, mit viel Weiß in der Flügelmitte der Unterseite und auf den Handschwingen der Oberseite, Schwanz weiß mit breiter, schwarzer Endbinde. Mit zunehmendem Alter brauner und mit weniger Weiß. Kreisende Jungadler rufen oft „kjökjökjök ...".

Kaiseradler
Aquila heliaca

L 74–84 cm | SP 170–210 cm | G 2,4–4 kg

Ein imposanter Adler mit breitem Kopf und langem Schwanz. Flügelhaltung meist recht flach. Ad. dunkelbraun mit rahmfarbenem Kopf, weißen Schulterabzeichen und hellgrauem Schwanz mit breiter, schwärzlicher Endbinde; unterseits dunkle Flügeldecken. Im JK sandfarben, gestrichelt; Flügelhinterrand und innere Handschwingen heller. Ad. des **Spanischen Kaiseradlers** *(Aquila adalberti)* schwärzlich mit rahmfarbenem Kopf und zweifarbigem Schwanz; viel Weiß auf „Schultern" und Vorderflügeln, besonders von vorn auffällig. Im JK einfarbig rötlich braun, unterseits ungestrichelt, Schwungfedern und Schwanz dunkel; weißes Band auf den Flügeldecken; Flügelhinterrand, Schwanzende und Bürzel weiß; helle innere Handschwingen.

Eleonorenfalke
Falco eleonorae

L 36–42 cm | SP 87–104 cm | G 350–500 g

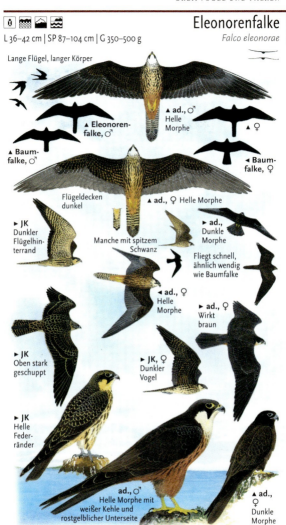

Ein mittelgroßer Falke felsiger Küsten und Inseln des Mittelmeers. Schlanker Körper, Flügel und Schwanz lang, fliegt oft mit stark abgewinkelten Flügeln, lange, schmale Handschwingenspitzen. Flugweise elastisch und sehr elegant mit beeindruckendem Beschleunigungsvermögen. 2 Farbmorphen: Ad. der dunklen Morphe dunkel braunschwarz, wirken oft schwarz mit zweifarbigen Unterflügeln. Helle Morphe mit weitgehend dunklem Kopf und markantem Bartstreif, Halsseiten und Kehle hell, Unterseite rostgelblich, kräftig schwarz gestreift; Unterflügel kontrastreich mit sehr dunklen Flügeldecken. JK gräulich, oberseits mit hellen Federrändern, unterseits gelblich beige, dunkel gestreift, Schwanz dicht gebändert. Ruft rau „kje-kje-kje ...".

Rotfußfalke
Falco vespertinus

L 28–31 cm | SP 65–76 cm | G 130–195 g

Ein kleiner, agiler Falke mit schmalen Flügeln und recht langem Schwanz, in Verhalten und Flugweise wie Baumfalke, rüttelt jedoch im Brutgebiet häufig. Flug schnell oder niedrig, wirkt entspannt; jagt Insekten. Altes ♂ schwärzlich, von Nahem dunkel blaugrau, Gesicht dunkel, Wachshaut und Lidring rot, Steiß rostrot, Beine und Füße rot, Außenflügel oberseits silbergrau. Immat. häufig, Flügel grau mit dunklen und weißlichen Binden oder scheckig, mit rötlicher und grauer Brustmusterung und orangegelben Beinen. Ad. ♀ oberseits grau gebändert, Unterseite und Oberkopf rostgelb. Im JK heller als ♀, eher beigefarben, Gesicht und Kehle weißlich mit schwarzer Maske, Unterseite gestreift. In der Kolonie laute „gjä"-Reihen.

GREIFVÖGEL UND FALKEN

Baumfalke
Falco subbuteo

L 28–35 cm | SP 70–84 cm | G 130–340 g

Ein sehr agiler, kleiner Falke mit langen, sichelförmigen Flügeln und kurzem Schwanz. Viel zierlicher gebaut als der größere Wanderfalke. Eleganter Flug, beschleunigt oft sehr rasant mit tiefen Flügelschlägen. Ad. oberseits dunkel schiefergrau, unterseits weißlich mit kräftiger Streifung; Schenkelbefiederung und Steiß („Hosen") rostfarben; auffälliger, schwarzer Bartstreif. Immat. Vögel an Wangen und Nacken gelblich beige und ohne rote „Hosen". Wirkt im Flug gegen den Himmel dunkel, ist jedoch kleiner und kurzschwänziger als Eleonorenfalke. Ad. mit kürzerem Schwanz und schmaleren Flügeln als Rotfußfalke; immat. Vögel ähnlicher, aber mit ungebändertem Schwanz. Ruft in Horstnähe schnell „kjä-kä-kjä …".

GREIFVÖGEL UND FALKEN

Rötelfalke
Falco naumanni

L 29–32 cm | SP 63–72 cm | G 90–200 g

Ein seltener, geselliger Falke des südlichen Europas, oft an Ruinen und hohen Türmen zu sehen. Sehr ähnlich Turmfalke, der ebenfalls an einigen südeuropäischen Ruinen brütet. Rüttelt häufig; Ruderflug leicht mit schnellen, flachen Flügelschlägen. ♂ mit etwas verlängerten Mittleren Steuerfedern, Kopf und Schwanz blaugrau, schwarze Schwanzendbinde; Mantel und Innenflügel ungefleckt rötlich braun; schiefergraues Flügelfeld, kontrastiert zu dunklem Außenflügel; Unterseite rostgelblich, spärlich dunkel gefleckt; Unterflügel weiß mit dunkler Spitze. ♀ ähnlich Turmfalken-♀ gebändert und im Gesicht schwach gemustert, aber mit hellerem Wangenfeld; Unterflügel sehr ähnlich. Stimmfreudig, ruft häufig heiser „tschä-tschä-tschä ...".

GREIFVÖGEL UND FALKEN

Turmfalke
Falco tinnunculus

L 33–39 cm | SP 65–80 cm | G 190–300 g

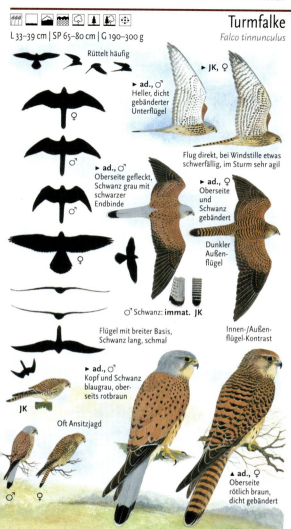

Ein weit verbreiteter, häufiger Falke der offenen Landschaft und des Gebirges; rüttelt oft über Kulturland, steht auf Masten, Pfosten und Leitungsdrähten. Segelt nicht selten, gelegentlich akrobatische Flugspiele. Ruderflug direkt, recht langsam mit wenigen Gleitstrecken. Schlanker Körperbau mit langem, schmalem Schwanz (beim Rütteln oft gespreizt). ♂ an Kopf und Schwanz blaugrau, schwarze Schwanzendbinde. Oberseits rotbraun, unterseits rahmfarben, beide schwarz gefleckt. Immat. ♂ mit dunklen Binden an den Seiten des grauen Schwanzes. ♀ rötlich braun, oberseits dicht schwarz gebändert, unterseits ähnlich ♂. ♂ und ♀ oberseits mit starkem Kontrast zwischen hellem Innenflügel und dunklem Außenflügel. Ruft schnell „kikikiki …".

GREIFVÖGEL UND FALKEN

Merlin
Falco columbarius

L 25–30 cm | SP 60–65 cm | G 140–230 g

JK, ♀ ▴ ad., ♀ ▸ JK, ♂ ▴ ad., ♂ ▴ ad., ♂ Gefieder abgetragen

Fliegt direkt, gewöhnlich niedrig oder sehr niedrig über offenem Grund, Flügelschläge gleichmäßig und tief

Breite Flügelbasis, spitzer Außenflügel, schmaler Schwanz

Flügel im Jagdflug fast geschlossen, akrobatische Flugmanöver kurz vor dem Ergreifen der Beute

▸ ad., ♀ Erdbraun, Schwanz beige gebändert

▸ JK, ♀

◂ ad., ♂ Oberseits hell blaugrau, Flügelspitzen und Schwanzendbinde dunkel

▴ ad., ♀ Ohne Oberflügelkontrast des Turmfalken

◂ ad., ♀ Brustfeder

◂ JK, ♀

Flanken feder (beide)

◂ ad., ♂ Unterseits gestrichelt, orangebeige

▴ JK, ♀

▴ ad., ♂ Klein, Flügelspitzen länger als beim Sperber

ad., ♀

Ein kleiner, kompakter Falke der offenen Landschaft, steht oft am Boden oder auf niedrigen Warten, seltener in Bäumen. Flügel mit breiter Basis und spitzem Handteil; erinnert manchmal an Sperber-♂. Fliegt niedrig, rasant und direkt mit raschen, tiefen Flügelschlägen und wenigen Gleitstrecken; Jagdflug mit fast geschlossenen Flügeln und drosselartigen Flügelbewegungen. ♂ oberseits blaugrau mit dunkler Schwanzendbinde, unterseits orangebeige, dunkel gestrichelt. Subad. Vögel eher marmoriert mit hellen Flecken auf rostfarbenem Grund. ♀ erdbraun, Schwanz dunkelbraun und beige gebändert. Der ähnliche Wanderfalke ist viel größer, breiter gebaut und eher ein Vogel des Luftraums. Am Nest scharfe Rufreihen „ki-ki-ki …".

Wanderfalke
Falco peregrinus

L 39–50 cm | SP 95–115 cm | G 600–1300 g

Ein mittelgroßer, kraftvoller Falke mit breiter, heller Schwanzbasis und spitzen, ankerförmigen Flügeln. Außergewöhnliches Flugvermögen, verbringt aber oft lange Zeit auf dem Ansitz. Ad. oberseits blaugrau, ♂ blauer; Kopf matt schwarz mit breitem, schwarzem Bartstreif, Kehle und Nackenseiten weiß. Unterseite weiß mit grauer Brustbänderung, ♂ an der Brust am hellsten, manchmal unterseits mit rosafarbenem Anflug. Wirkt im Flug dunkelgrau mit heller Schwanzbasis und markanter Kopfmusterung. JK oberseits brauner mit heller Schwanzendbinde; Unterseite gelblich mit kräftiger, schwarzer Längsstreifung. Segelt oft, stößt aus großer Höhe herab. Ruft laut und rau „rääk rääk rääk ...", ♀ am Horst zeternd „ehk-ehk-ährk-ährk ...".

Gerfalke
Falco rusticolus

L 55–60 cm | SP 110–130 cm | G 1–2,1 kg

Ein sehr großer, massiger Falke mit breiten, recht flach gehaltenen Flügeln. Ruderflug niedrig, direkt, etwas schwerfällig, Flügelschläge jedoch recht elastisch; hohes Tempo bei der Beutejagd. Größe etwa wie Mäusebussard, mit großem Kopf, breiten Flügeln mit stumpfem Ende sowie mit breitem Schwanz. Sehr variabel: Ad. von fast ganz weiß mit kleinen, schwarzen Flecken (Grönland) über oberseits mittelgrau (Island) bis dunkelgrau (Skandinavien). Unterseite weiß mit dunkler Bänderung und Fleckung. Immat. Vögel insgesamt dunkler, oberseits graubraun, unterseits beigeweiß mit dichter, dunkler Streifung. Flügeldecken stets dunkler als Schwungfedern. Im Horstbereich tiefe, raue Rufe: „kräeh-kräeh-kräeh …".

Lannerfalke
Falco biarmicus

L 43–52 cm | SP 95–105 cm | G 500–900 g

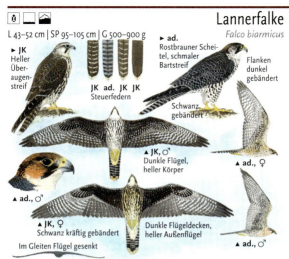

Ein großer Falke mit langem Schwanz und langen, schmalen, geraden Flügeln. Ad. oberseits blaugrau, unterseits weißlich mit dunkler Fleckung. Wangen und Kehle weiß, Scheitel und Hinterhals gelblich braun bis rostbraun mit grauer Mitte, grauer Nackenfleck. Im JK dunkler: oberseits brauner, unterseits gelblich rahmfarben mit dunkler Streifung und hellen „Hosen".

Würgfalke
Falco cherrug

L 48–57 cm | SP 110–130 cm | G 730–1300 g

Ein sehr großer, breitflügeliger Falke. Ad. oberseits braun, unterseits rahmfarben mit dunklen Flecken und dunklen „Hosen". Kopf rahmfarben mit dunklem Streif hinter dem Auge; Bartstreif schmal. Im JK dunkelbraun mit hellen Federrändern, Unterseite gestreift, dunkle „Hosen". Unterseits mit dunklen Flügeldecken und hellen Schwungfedern.

Rallen und Trappen

Die meisten **Rallen** leben in Feuchtgebieten; sie haben lange, schlanke Zehen, die bei den meisten Arten einfach gebaut sind und spitz zulaufen. Die Blässhühner haben breite, gerundete Lappen an den Zehen, was an Lappentaucher erinnert und sie dazu befähigt, auf sumpfigem Untergrund und Pflanzenteppichen zu laufen; die Blässhühner können aber auch gut schwimmen und tauchen und verhalten sich oft wie Tauchenten. Der Wachtelkönig hat unter den Rallen eine Ausnahmestellung, denn er lebt auf trockenem Untergrund (Hochgraswiesen).

Die äußere Form der Rallen ist von der Seite betrachtet rundlich, von vorne jedoch schmal – eine Anpassung an das Durchschlüpfen von Schilf und anderen dichten, senkrecht stehenden Stängeln und Halmen der nassen Sumpfgebiete oder trockenen Wiesen.

Die **Trappen** sind bemerkenswerte Laufvögel, die Merkmale von Watvögel und Hühnern vereinigen: Sie haben kräftige Beine und kurze Schnäbel, ihre breiten Flügel befähigen sie zu kraftvollem Flug. Sie können nur in weiten offenen und störungsarmen Flächen leben, als Folge von Bejagung, Störungen und Änderungen der Anbaumethoden sind sie heute selten, nur noch lokal anzutreffen und stark bedroht.

Wachtelkönig
Crex crex

L 27–30 cm | SP 46–53 cm | G 135–200 g

Brütet im hohen Gras- und Kräuterbewuchs, sehr schwer zu sehen, aber leicht zu hören. Körper recht schmal, Schnabel kurz; Flügel rundlich, rostbraun. Kopf und Brust grau (bei ♂ ausgeprägter), Oberseite hellbraun mit schwärzlicher Musterung. Fliegt aufgescheucht nur kurz, Beine baumeln vor der Landung. ♂ singt im Sekundentakt hölzern „rerrp-rrerrp".

Zwergsumpfhuhn
Porzana pusilla

L 17–19 cm | SP 33–37 cm | G 30–50 g

Eine winzige, rundliche Ralle mit kurzem Schwanz und kurzen Handschwingen; grüner Schnabel ohne Rot. ♂ oberseits braun mit vielen Ringeln und Kritzeln; Gesicht und Brust grau, Flanken kräftig gebändert. ♀ sehr ähnlich. Im JK heller, unterseits mehr gebändert, oberseits nur wenige kleine weiße Kritzel neben schwarzen Streifen. Heimlich, aber oft nah zu beobachten.

Tüpfelsumpfhuhn
Porzana porzana

L 22–24 cm | SP 35 cm | G 70–80 g

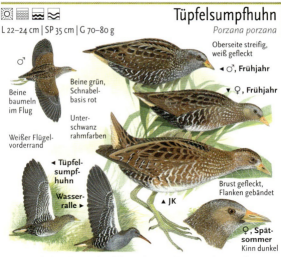

Ein rundlicher, kurzschnäbliger, heimlicher Vogel der Uferzone. Oberseite dunkel, schwarz und braun gemustert, unterseits grau mit braunen Bändern und hellen Flecken; Gesicht und Scheitel dunkel, Brust weiß gefleckt, rahmfarbener Unterschwanz. Schnabel kurz, gelb, an der Basis hellrot; Beine grün. Im Flug weißer Flügelvorderrand auffallend. ♂ singt peitschend „huitt".

Kleines Sumpfhuhn
Porzana parva

L 18–20 cm | SP 34–39 cm | G 40–65 g

Eine kleine, Ufer bewohnende Ralle mit recht langem, spitzem Schwanz und spitzen Flügelenden. ♂ oberseits mittelbraun, mit schwarzen Streifen und wenigen weißen Flecken; Gesicht und Brust grau, hintere Flanken mit schwacher Bänderung. Schnabel kurz, grün mit roter Basis, Beine grün. ♀ oberseits braun, Kopf grau, unterseits rahmfarben. Im JK Gesicht und Kehle hell.

Kammblässhuhn
Fulica cristata

L 38–42 cm | SP 75–85 cm | G 770–990 g

Kammblässhuhn: Erinnert an Blässhuhn, aber mit großem, variablem Stirnschild und mit höherem „Heck". **Purpurhuhn** *(Porphyrio porphyrio)*: Viel größer, mit langen Beinen und Zehen, dickem, rotem Schnabel und massivem Stirnschild; Färbung tief blauviolett. Beide Arten selten, nur lokal in SW-Spanien und Portugal; Purpurhuhn auch westliche Mittelmeerinseln.

Wasserralle
Rallus aquaticus

L 22–28 cm | SP 38–45 cm | G 85–190 g

Ein schlanker, langschnäbliger, heimlicher Vogel dichter Ufervegetation. Oberseite braun, gestreift, Unterseite grau, Flanken gebändert; variables, leuchtend beigeweißes Unterschwanzabzeichen. Schnabel rot mit schwarzer Spitze, ganz leicht gebogen, beim ♂ dicker; Beine und Zehen fleischfarben. Laute Rufe erinnern an Schweinequieken; ♂ balzt tief „köpp köpp …".

RALLEN UND TRAPPEN

Teichhuhn
Gallinula chloropus

L 32–35 cm | SP 50–55 cm | G 250–420 g

Schnabel rot und gelb; Beine grün

Weißer Flankenstreif, weißer Unterschwanz

JK

▲ 1er W (Oktober)

◄ Küken

▲ SK Schnabel dunkel

▲ ad., ♂   ▲ ad., ♀   ▲ JK

► ad., ♂ Flügel breit

► ad., ♀ Flügel schmaler

Unterflügel grau

Eine sehr dunkle Ralle der Uferzone und des ufernahen Wassers; schwimmt mit hühnerartigem Kopfnicken und oft intensivem Schwanzzucken; auffälliges, schwarzweißes Unterschwanzmuster. Ad. oberseits schwarzbraun, an Kopf und Unterkörper grauschwarz. Schnabel kurz, rot mit gelber Spitze, rotes Stirnschild; weißer Flankenstreif, weiße Schwanzseiten. Beine grün mit rotem „Strumpfhalter" und langen, schmalen Zehen. Im JK matt olivbraun, wird zunehmend dunkler; Schnabel dunkel. Fliegt mit flatternden Flügelschlägen und oft mit den Füßen platschend über das Wasser; bewegt sich halb flatternd, halb rennend über offene Flächen. Nahrungssuche oft an Land. Ruft scharf rollend „kürrk" oder durchdringend „kittik".

Blässhuhn
Fulica atra

L 36–38 cm | SP 70–80 cm | G 600–900 g

▲ **ad.** Heller Flügelhinterrand

▲ **ad.** Beine baumeln

Flug direkt, kann schlecht manövrieren

Weißer Schnabel, großes, weißes Stirnschild

▲ **ad., ♀**   ▲ **ad., ♂**

Kopf und Hals dunkler als schiefergrauer Körper

▲ Große Füße mit breiten, etwas unförmigen Schwimmlappen

▲ Grasende Blässhühner erinnern an Hühner

◄ **immat.** Helles Kinn

Rennt bei Störung zum Wasser

▼ Hinterkörper rundlich, hält den rundlichen Schwanz niedrig auf dem Wasser, nicht erhoben

JK Gesicht und Vorderhals weißlich, werden bis zum Herbst allmählich dunkler

Ein gedrungener, rundrückiger Wasservogel mit grauschwarzem Gefieder. Gewöhnlich auf Süßgewässern, Nahrungssuche aber auch auf Wiesen in Ufernähe. Taucht von der Wasserfläche aus und kommt schon bald wieder – leicht wie ein Korken – nach oben. Sehr gesellig, manchmal zu Hunderten, anders als Teichhuhn. Ad. mit Ausnahme der Weißfärbung von Stirnschild und Schnabel ganz schwarz, Augen rote; Füße groß mit breiten, etwas unförmigen Schwimmlappen. Ausgebreitete Flügel wirken heller, weißlicher Flügelhinterrand. Im JK an Gesicht und Brust weiß, mit weniger auffälligem Schnabel und daher ähnlich kleinen Lappentauchern. Ruft kurz „köw", stimmlos „tsk" und hart „pix".

Großtrappe
Otis tarda

L 75–105 cm | SP 210–240 cm | G 8–16 kg

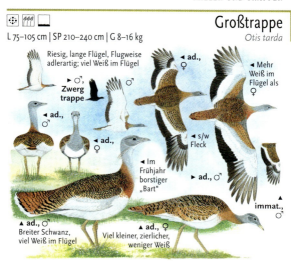

Ein sehr großer Vogel der offenen Landschaft. Schreitet langsam auf dem Boden, fliegt mit tiefen, schweren Flügelschlägen auf breiten, adlerartigen Flügeln, Hals ausgestreckt. ♂ mit dickem Hals und kurzem, kräftigem Schnabel; viel Weiß im Flügel und unterseits; Kopf grau, Oberseite und Schwanz rostbraun. ♀ viel kleiner, brauner, weniger Weiß im Flügel. Sehr selten, bedroht.

Zwergtrappe
Tetrax tetrax

L 40–45 cm | SP 83–91 cm | G 600–900 g

Eine helle, fasanengroße Trappe mit viel Weiß im Flügel. Am Boden unscheinbar; im Flug auffällig, fliegt schnell mit raschen Flügelschlägen und kurzen Gleitstrecken. ♂ sandbraun, unterseits weiß, graue, weiße und schwarze Musterung auf Kopf, Hals und oberer Brust. ♀ brauner, Kopf und Hals breit. ♂ balzt hölzern schnarrend „prrrt"; pfeifendes Flügelgeräusch.

Watvögel

Eine große, komplexe Gruppe von Vögeln, die vor allem an den Küsten leben, doch einige Arten leben im Binnenland, waten auch nicht, verbringen aber den Winter am Meer.

Triele und **Brachschwalbenverwandte** sind untypische Watvögel, die auf trockenem Boden leben.

Säbelschnäblerverwandte umfassen Stelzenläufer und Säbelschnäbler, die im Flachwasser Nahrung suchen.

Austernfischer bevorzugen Muscheln, suchen aber auch auf Feldern und Wiesen nach Würmern.

Zu den **Regenpfeiferverwandten** zählen neben dem Kiebitz, der Feuchtgebiete und Kulturland bewohnt, auch die vielen kleineren, meist Küsten bewohnenden Regenpfeifer; viele von ihnen tragen ein mehr oder weniger ausgeprägtes Brustband.

Die **Schnepfenverwandten** sind meist gesellige Watvögel, viele von ihnen treten in oft riesigen Scharen auf, die spektakuläre, präzise koordinierte Flugmanöver vollführen. Manche wandern alljährlich von der Arktis bis fast in die Antarktis. Besondere Aufmerksamkeit verdienen die Wassertreter (Odins- und Thorshühnchen) für ihren Rollentausch bei der Fortpflanzung; sie suchen schwimmend Nahrung und verbringen den Winter küstenfern auf hoher See.

WATVÖGEL

Stelzenläufer
Himantopus himantopus

L 35–40 cm | SP 70 cm | G 250–300 g

Ein bemerkenswert langbeiniger, schwarzweißer Watvogel des Flachwassers. Schnabel gerade, sehr fein, Flügel lang, Kopf glänzend schwarz; Kopf und Körper überwiegend schneeweiß, schwarzes Kopfmuster variabel. Im JK oberseits bräuner, weißer Flügelhinterrand. Im Flug stets auffälliges, weißes V am Rücken. Häufig schrille, quäkende Lautfolgen „kjick-kjick-kjick ...".

Säbelschnäbler
Recurvirostra avosetta

L 42–45 cm | SP 67–77 cm | G 250–400 g

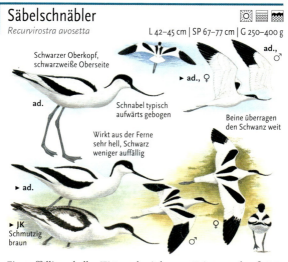

Ein auffälliger, heller Watvogel mit langen Beinen und aufwärts gebogenem Schnabel, der seitlich pendelnd durch das Flachwasser bewegt wird. Oberkopf und Hinterhals schwarz, Oberseite schwarzweiß. Im Flug schwarze Flügelspitzen auffallend. Beine sehr lang, hell blaugrün. Immat. oberseits schmutzig braun, schwarze Gefiederbereiche matter. Ruft häufig „plütt".

WATVÖGEL

Austernfischer
Haematopus ostralegus

L 40–45 cm | SP 80–85 cm | G 400–700 g

Ein lauter, geselliger, gedrungener Küstenvogel mit auffallend schwarzweißem Gefieder, kräftig rotem Schnabel und dicken, rosafarbenen Beinen. Im PK an Kopf, Brust und Oberseite glänzend schwarz; breiter, weißer Flügelstreif. Im SK mit weißem, halbem Halsring. Immat. mit dunkler Schnabelspitze, Oberseite brauner. Ruft schrill „kliep" oder „kliliep".

Spornkiebitz
Vanellus spinosus

L 25–27 cm | SP 70–80 cm | G 130–160 g

Ein auffälliger Vogel der Uferbereiche im äußersten SO-Europa. Gestalt kiebitzähnlich, steht aber aufrechter, oft sinkt der Kopf auf die Schultern. Nahrungssuche in typischer Regenpfeifer-Manier. Kopfkappe, Schwarz an Kehle und Brust kontrastiert mit dem Weiß von Kopf- und Halsseiten. Flügel mit weißem Mittenfeld und schwarzen Spitzen. Ruft scharf „kitt-kitt-kitt …".

Sandregenpfeifer
Charadrius hiaticula

L 18–20 cm | SP 48–57 cm | G 55–75 g

▼ Manche haben mehr Weiß im Schwanz

▲ **PK, ♂**
Beine und Schnabel orange, auffälliges Kopf-Brust-Muster

SK

JK, ♀
Dunkler Schnabel, helle Beine, braunes Brustband, weißer Überaugenstreif

► **ad., ♀**
Schwanz kürzer als bei ♂

Typisch für Regenpfeifer bei der Nahrungssuche: Rennen – Stopp – Picken

PK, ♂

SK, ♀
Weißer Flügelstreif, weiße Bürzelseiten, gerundeter Schwanz

JK

ad.

Oberseits erdbraun

► **ad.** ► **JK** ► **ad.**

Ein kleiner, rundlicher Regenpfeifer mit auffälligem Kopf- und Brustmuster. Zur Brutzeit meist an sandigen Stränden, aber auch an ganz unterschiedlichen Küsten und an Binnenseen mit sandigen Ufern. Im PK oberseits braun, unterseits weiß, langer, weißer Flügelstreif; schwarzes Band über weißer Stirn, schwarzer Augenstreif, schwarzes Brustband; Schnabel orange mit schwarzer Spitze, Beine orange. Im SK unauffällig, schwarze Areale reduziert und eher braun, Brustband in der Mitte schmaler. Im JK mit braunem Oberkopf, weißer Stirn und weißem Überaugenstreif, dunklem Augenstreif und bräunlichem Brustband. Ruf zweisilbig, weich flötend „tü-ip". Reviergesang mit verlangsamten, steifen Flügelschlägen: „tiliä-tiliä-tiliä …".

WATVÖGEL

Seeregenpfeifer
Charadrius alexandrinus

L 15–17 cm | SP 50 cm | G 40–60 g

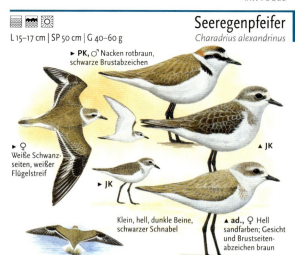

▶ **PK,** ♂ Nacken rotbraun, schwarze Brustabzeichen

▶ ♀ Weiße Schwanzseiten, weißer Flügelstreif

▲ JK

▶ JK

Klein, hell, dunkle Beine, schwarzer Schnabel

▲ **ad.,** ♀ Hell sandfarben; Gesicht und Brustseitenabzeichen braun

Ein kleiner, heller Regenpfeifer mit dunklen Beinen, unvollständigem Brustband sowie weißem Flügelstreif. ♂ mit rotbraunem Nacken, weißer Stirn und weißem Überaugenstreif, schwarzem Augenstreif und schwarzem Brustseitenstreif. ♀ an schwarzen Partien braun. JK noch heller. Ruft häufig scharf „kip" und leise flötend „tü-iet". ♂ im Singflug scharf „tjecke-tjecke-tjecke …".

Flussregenpfeifer
Charadrius dubius

L 14–15 cm | SP 42–48 cm | G 30–50 g

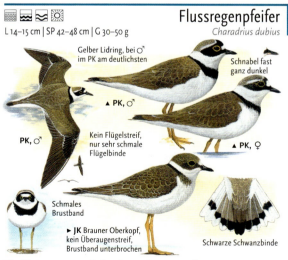

Gelber Lidring, bei ♂ im PK am deutlichsten

Schnabel fast ganz dunkel

▲ **PK,** ♂

PK, ♂

Kein Flügelstreif, nur sehr schmale Flügelbinde

▲ **PK,** ♀

Schmales Brustband

▶ **JK** Brauner Oberkopf, kein Überaugenstreif, Brustband unterbrochen

Schwarze Schwanzbinde

Ein kleiner Regenpfeifer des Süßwassers. Ähnlich Sandregenpfeifer, aber ohne weißen Flügelstreif (höchstens schmale Flügelbinde); Brustband schmaler. Weißes Querband auf dem Vorderscheitel, gelber Lidring; Schnabel schwarz mit kleiner, heller Basis, Beine matt rosa. Im JK brauner Oberkopf, kein heller Überaugenstreif. Ruft häufig „piu"; balzt „grigrigrigriägria …".

WATVÖGEL

Goldregenpfeifer
Pluvialis apricaria

L 26–29 cm | SP 67–76 cm | G 140–250 g

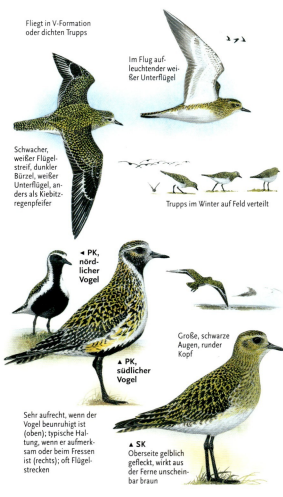

Fliegt in V-Formation oder dichten Trupps

Im Flug aufleuchtender weißer Unterflügel

Schwacher, weißer Flügelstreif, dunkler Bürzel, weißer Unterflügel, anders als Kiebitzregenpfeifer

Trupps im Winter auf Feld verteilt

◄ PK, nördlicher Vogel

▲ PK, südlicher Vogel

Große, schwarze Augen, runder Kopf

Sehr aufrecht, wenn der Vogel beunruhigt ist (oben); typische Haltung, wenn er aufmerksam oder beim Fressen ist (rechts); oft Flügelstrecken

▲ SK
Oberseite gelblich gefleckt, wirkt aus der Ferne unscheinbar braun

Ein gedrungener, kurzschnäbliger Vogel der Moore und ausgedehnter, extensiver Wiesen; im Schlichtkleid außerhalb der Brutzeit gesellig auf Wiesen, Feldern und auf küstennahem Grünland. Fliegt rasant in dichten Schwärmen und langen Linien, oft getrennt von den Kiebitzschwärmen. Im SK gelblich braun, oberseits schwarz und gelblich gefleckt, unterseits heller, zart gemustert, weißlicher Überaugenstreif kann auffällig sein. Im PK mit schwarzem Bauch; Gesicht und Vorderhals schwarz gefleckt (südliche Brutvögel) oder einheitlich schwarz, breit weiß gerandet (nördliche Brutvögel). Ruft klagend „düh" oder „tlie"; balzt „dü-dih-u...".

WATVÖGEL

Kiebitzregenpfeifer
Pluvialis squatarola

L 27–30 cm | SP 71–83 cm | G 200–250 g

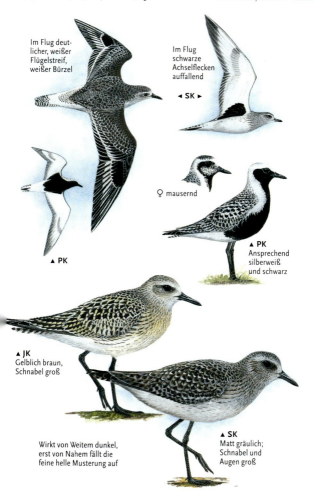

Im Flug deutlicher, weißer Flügelstreif, weißer Bürzel

Im Flug schwarze Achselflecken auffallend

◀ SK ▶

♀ mausernd

▲ PK

▲ PK
Ansprechend silberweiß und schwarz

▲ JK
Gelblich braun, Schnabel groß

Wirkt von Weitem dunkel, erst von Nahem fällt die feine helle Musterung auf

▲ SK
Matt gräulich; Schnabel und Augen groß

Ein Vogel weiter Watt- und Sandflächen, etwas größer und grauer als Goldregenpfeifer sowie mit größerem Schnabel und weniger „freundlichem" Gesichtsausdruck. Wirkt bei der Nahrungssuche bedächtig, Haltung typischerweise etwas geduckt, Goldregenpfeifer stehen dagegen deutlich aufrecht; kaum in dichten Trupps. Im SK matt grau, oberseits mit dichter heller Sprenkelung; Brust gelblich braun. Immat. im ersten Winter mit kräftigem, gelblich braunem Anflug. Wirkt aus der Ferne im Watt sehr dunkel. Im PK oberseits auffallend hell silbergrau, unterseits schwarz, Gesicht und Vorderhals schwarz, breit weiß gesäumt. Ruft dreisilbig, traurig flötend, „tlü-e-wie".

Kiebitz
Vanellus vanellus

L 28–31 cm | SP 70–76 cm | G 150–300 g

Fliegt in ungeordneten Trupps

◂ ♂ Sehr breiter Außenflügel

◂ ♀ Außenflügel schmaler als beim ♂

Kontrastreiche Unterflügel, blitzen von Weitem auf

◂ JK Kurze Holle, helle Federränder

▴ PK, ♂ Kehle schwarz, bei ♀ gefleckt

Brust schwarz, Bauch weiß; lange, bewegliche Federholle

Färbung von Nahem und in gutem Licht gut erkennbar, wirkt aus der Ferne schwarzweiß; bei mäßigem Licht auf winterlichen Feldern brauner

SK Kehle weiß, oberseits beigefarbene Federspitzen

JK

♀   ♂   ad.

In Europa einzigartiger Vogel, wirkt aus der Ferne schwarzweiß (besonders im Flug); breite, gerundete Flügel, schwarze Brust, weißer Bauch. Bildet von Spätsommer bis Spätwinter große Trupps, die ungeordnet fliegen. Im Sommer in Paaren oder kleinen Trupps. Oberkopf schwarz, beigeweißer Bereich über dem Auge, beigefarbener Nacken, lange, dünne Holle. Gesicht beige und schwarz, im PK weißer. Kehle und breites Brustband schwarz (im SK schmaler, Kehle hell); Oberseite dunkelgrün mit Purpurglanz, unterseits weiß mit rostrotem Steiß. Schnabel kurz und schwarz, Beine dunkelrosa. Im Flug mit breitem, weißem Bürzel. Ruft scharf „pie-wie", „tschuech" und heiser „wie-ip". ♂ balzt beim Sturzflug „tchiäwitt-witt-witt-tchiäwi".

WATVÖGEL

Mornellregenpfeifer
Charadrius morinellus

L 20–22 cm | SP 57–64 cm | G 90–145 g

Ein rundlicher, langbeiniger und eleganter Regenpfeifer. Brütet auf steinigen Hochflächen; Durchzügler im Tiefland und an der Küste. Altvögel mit breiten, weißen Überaugenstreifen, die sich v-förmig im Nacken treffen. Brust grau mit weißem Band, Unterseite rotbraun mit schwarzem Bauch; ♂ schlichter gefärbt. JK heller, mehr beige, unterseits ohne Schwarz.

Steinwälzer
Arenaria interpres

L 22–24 cm | SP 44–49 cm | G 80–110 g

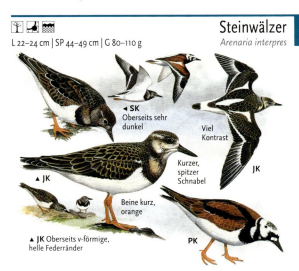

Ein kleiner, gedrungener Watvogel an steinigen und felsigen Küsten. Schnabel kurz und kräftig, Beine kurz, leuchtend orange. Im SK sehr dunkel: oberseits braun und schwärzlich, dunkler Brustlatz, unterseits rein weiß; wirkt im Flug schwarzweiß. Im PK mit hellerem Kopf, Oberseite lebhaft orangebraun und schwarz gemustert. Ruft stotternd und nasal „tük-tük-i-tük-tük".

WATVÖGEL

Zwergstrandläufer
Calidris minuta

L 12–14 cm | SP 34–37 cm | G 20–40 g

Ein sehr kleiner Watvogel mit kurzem, geradem, schwarzem Schnabel, schwarzen Beinen und weißer Unterseite. Im PK oberseits rostbraun mit hellem V. Vögel im Herbst entlang der Schulterfedern und Flügeldecken kräftiger dunkel gemustert, mit rahmfarbenen Federsäumen und deutlichem, hellem Rücken-V; Brust an den Seiten streifig. Schmale Flügelbinde.

Temminckstrandläufer
Calidris temminckii

L 13–15 cm | SP 34–37 cm | G 20–40 g

Ein kleiner Strandläufer des Süßwassers, bedächtig und still; fliegt aufgescheucht schnell und sehr hoch, ruft kurz trillernd „tirr". Beine kurz, hell; kein weißes Rücken-V. Vögel im zeitigen Frühjahr unscheinbar, später oberseits variabel schwärzlich gefleckt. JK im Herbst hellbraun, Oberseits hübsch gemustert, Weiß der Unterseite reicht vor den Flügeln weit nach oben.

WATVÖGEL

Sumpfläufer
Limicola falcinellus

L 16–17 cm | SP 30–34 cm | G 50–65 g

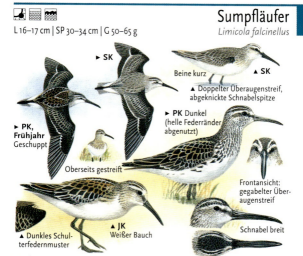

Ein meist seltener, kurzbeiniger, unauffälliger Strandläufer mit langem, an der Spitze abgeknicktem Schnabel. Je 2 helle Überaugenstreifen, besonders im PK auffällig. Im Frühjahr oberseits grau und matt braun gemustert, im PK dunkler mit langen, rahmfarbenen Streifen und rotbraunen Federrändern. Im SK oberseits grau, unterseits matt weißlich.

Sanderling
Calidris alba

L 20–21 cm | SP 36–39 cm | G 50–60 g

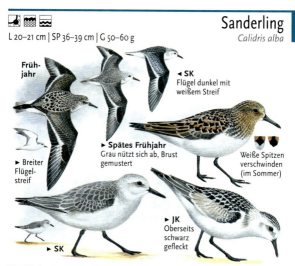

Ein kleiner Watvogel, meist an sandigen Stränden, mit schwarzen Beinen, geradem, schwarzem Schnabel und stets weißem Bauch. Im SK oberseits hellgrau, Flügel dunkler mit breitem, weißem Streif. Im JK oberseits schwarz gefleckt. Im Frühjahr und Herbst Kopf, Brust und Oberseite variabel rotbraun, schwarz und silbergrau gemustert. Flugruf scharf „klit".

WATVÖGEL

Alpenstrandläufer
Calidris alpina

L 16–20 cm | SP 35–40 cm | G 40–50 g

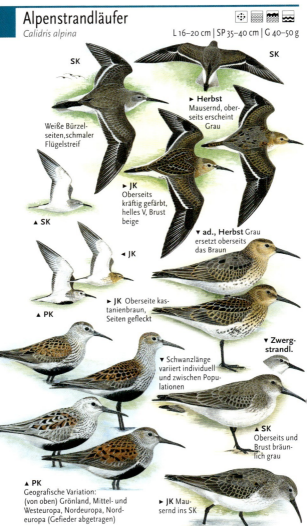

Ein kleiner, kurzbeiniger, gedrungener Watvogel mit schlankem, etwas abwärts gebogenem Schnabel, schlanken, dunklen Beinen und schmalem, weißem Flügelstreif; Bürzel dunkel mit weißen Seiten. Tritt einzeln, in kleinen Trupps oder in großen, dichten Schwärmen auf. Im SK Oberseite und dicht gestrichelte Brust bräunlich grau, übrige Unterseite weiß. Im PK oberseits variabel kastanienbraun, schwarz und beigefarben gemustert, an Kopf und der dicht gestreiften Brust grauer; auffälliger, schwarzer Bauchfleck. Im JK an Kopf und Brust beige, oberseits hellbraun, kastanienbraun und schwarz, beigefarbene Rückenstreifen; Unterseite weiß, Flanken dunkel gefleckt. Ruft trillernd-surrend „trrrrü" oder „kirrrp".

WATVÖGEL

Knutt
Calidris canutus

L 23–25 cm | SP 47–54 cm | G 125–215 g

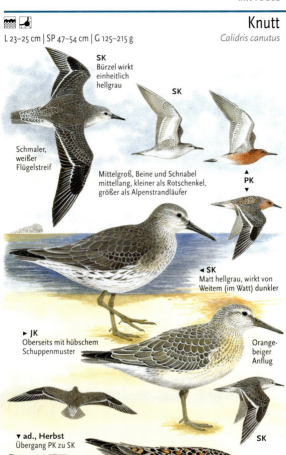

Ein gedrungener, mittelgroßer Watvogel, kleiner als Rotschenkel, größer als Alpenstrandläufer; Schnabel kurz, Beine grünlich. Sehr gesellig, oft in riesigen, dichten Schwärmen, jedoch überraschend wenig lautfreudig. Schnabel ganz schwach abwärts gebogen, etwa kopflang (eher wie beim Sanderling, beim Alpenstrandläufer mehr als kopflang). Im SK grau, unterseits heller; schmaler, weißlicher Flügelstreif, Bürzel hellgrau; wirkt im hellen, nassen Watt nicht selten dunkel. Im PK (Frühjahr und Sommer) oberseits rostbraun, schwarz und beige gemustert; unterseits orangebraun. Jungvögel im Herbst oberseits gräulich mit ansprechendem Schuppenmuster, unterseits mit orangebeigem Anflug und fein grau gefleckt.

WATVÖGEL

Sichelstrandläufer
Calidris ferruginea

L 18–23 cm | SP 38–41 cm | G 45–90 g

Im Vergleich zum Alpenstrandläufer etwas größer, eleganter, Beine länger; Schnabel etwas länger, gleichmäßiger abwärts gebogen. JK im Herbst oberseits gräulich geschuppt, Brust gelblich beige; weiße Oberschwanzdecken. Ad. im Frühjahr kastanienbraun, um das Auge etwas weißlich, Oberseite mehr grau. Ad. im Herbst scheckig rot und grau. Ruft zwitschernd-rollend.

Meerstrandläufer
Calidris maritima

L 20–22 cm | SP 40–44 cm | G 60–75 g

Ein kleiner, rundlicher Watvogel an felsigen Küsten. Schnabel ganz leicht abwärts gebogen, an der Basis gelb; Beine matt orangegelb. Im SK düster graubraun mit heller Schuppenzeichnung auf den Flügeldecken; Brust überwiegend dunkel, Kinn und Bauch weiß; Bürzel breit schwärzlich, schmale, weiße Flügelbinde. Ruft kurz und scharf „pwit" oder „pwittit".

WATVÖGEL

Flussuferläufer
Actitis hypoleucos

L 19–21 cm | SP 32–35 cm | G 40–60 g

Ein kleiner, schlanker, langschwänziger Watvogel, meist an Fluss- und Seeufern. Wippt ständig mit dem Hinterkörper. Oberseits hell olivbraun, Brust hell bräunlich mit heller Mitte, übrige Unterseite weiß; weißer Keil vor dem Flügelbug; langer, weißer Flügelstreif. Fliegt mit zuckenden oder schwirrenden Flügelschlägen. Ruft laut „hidii" und „hiiip".

Terekwasserläufer
Xenus cinereus

L 22–24 cm | SP 38–40 cm | G 60–100 g

Ein mittelgroßer, kurzbeiniger Watvogel mit schnellen Bewegungen bei der Nahrungssuche. Schnabel spitz, deutlich aufgeworfen, Beine kräftig orangegelb; Oberseite grau, weißlicher Überaugenstreif; im PK mit schwärzlichem Längsstreif auf den Schulterfedern. Bürzel hellgrau, Hinterflügel weißlich (nicht so auffällig wie beim Rotschenkel). Weich trillernder Flugruf.

Waldwasserläufer
Tringa ochropus

L 21–24 cm | SP 41–46 cm | G 70–90 g

Dunkler und gedrungener als Bruchwasserläufer. Kopf und Brust dunkel gräulich; kaum Weiß hinter dem Auge. Oberseite dunkel olivbraun (wirkt oft schwärzlich), mit feiner, weißer Sprenkelung. Bürzel auffällig weiß, wenige dunkle Schwanzbinden; Oberflügel dunkel, Unterflügel schwärzlich. Beine gräulich grün, nie gelb. Ruft laut, hell „klüit-wit-wit".

Bruchwasserläufer
Tringa glareola

L 19–21 cm | SP 36–40 cm | G 50–90 g

Größer, langbeiniger und langschnäbliger als der Flussuferläufer, Bürzel breit weiß, Schwanz gebändert, Oberflügel dunkel, Unterflügel graubeige. Kräftiger, heller Überaugenstreif; Brust zart graubeige gefleckt. Oberseite braun mit variabler, weißer Fleckung, im PK gröber schwärzlich und beige gemustert. Beine lang, gelblich. Ruft laut „giffgiffgiff".

Dunkler Wasserläufer
Tringa erythropus

L 29–31 cm | SP 48–52 cm | G 135–250 g

Ein großer Wasserläufer, watet oft bis zum Bauch im Wasser, schwimmt sogar. Flügel dunkel, weißes Oval auf dem Rücken. Im SK oberseits hellgrau; Schnabel lang, an der Spitze leicht abwärts gebogen, an der Basis rot; Beine leuchtend rot. Im PK schwärzlich, Beine dunkelrot, am Brutplatz schwarz. JK unterseits kräftig gebändert. Ruft scharf, klar „tjü-it".

Teichwasserläufer
Tringa stagnatilis

L 22–24 cm | SP 50 cm | G 80–90 g

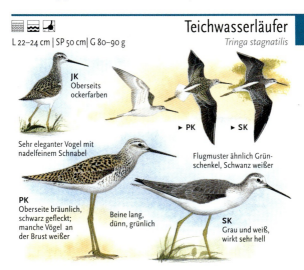

Ein mittelgroßer, sehr schlanker Wasserläufer mit nadelfeinem Schnabel. Ähnlich Grünschenkel, aber kleiner; Beine länger und dünner, Schnabel gerade. Schlanker als Bruchwasserläufer, Beine grüner, steht höher. Im PK oberseits schwarz gefleckt, Flanken mit feiner Wellenzeichnung. Im SK heller, einfarbiger. Im JK oberseits brauner. Ruft weich „kiu", auch wiederholt.

Rotschenkel
Tringa totanus

L 27–29 cm | SP 45–52 cm | G 85–155 g

◄ **PK** Kräftig gemustert

Weiß im Flug aufblitzend

Im Flug auffälliges Muster mit weißem Rückenkeil und breitem, weißem Flügelhinterrand

◄ **PK** Kräftig gemustert

► **PK** Beine kräftig rot

▲ **SK** Ziemlich grau

◄ **SK** Beine orange

► **JK** Oberseits ockerfarbene Federränder; Beine gelborange

Ein mittelgroßer Watvogel mit mittellangem, geradem Schnabel und mittellangen Beinen; an allen Arten von Gewässerufern und Schlammflächen anzutreffen, häufig an der Küste und auf Strandwiesen. Gefieder dunkel bräunlich, im PK oberseits schwärzlich gefleckt, im JK mehr gelblich braun mit hellen Federrändern; Bauch weißlich. Schnabel dunkel, an der Basis rot, Beine viel auffälliger als bei Kampfläufer, leuchtend orangerot, im JK mehr gelblich orange. Ruft flötend djü-hü" oder „djü-ü-ü". Verhalten nervös und scheu, fliegt bei Annäherung oft mit lauten und nicht selten „hysterischen", sich plötzlich steigernden Warnrufen auf und umkreist den Eindringing.

WATVÖGEL

Grünschenkel
Tringa nebularia

L 30–33 cm | SP 53–60 cm | G 140–270 g

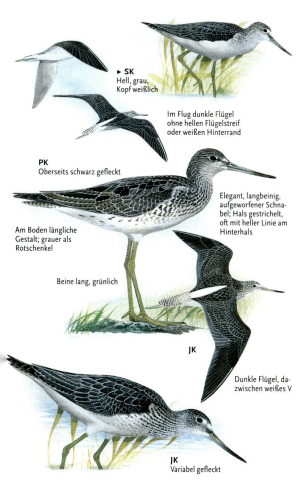

▶ **SK**
Hell, grau, Kopf weißlich

Im Flug dunkle Flügel ohne hellen Flügelstreif oder weißen Hinterrand

PK
Oberseits schwarz gefleckt

Am Boden längliche Gestalt; grauer als Rotschenkel

Elegant, langbeinig, aufgeworfener Schnabel; Hals gestrichelt, oft mit heller Linie am Hinterhals

Beine lang, grünlich

JK

Dunkle Flügel, dazwischen weißes V

JK
Variabel gefleckt

Größer, heller und grauer als Rotschenkel, Beine länger, Schnabel länger, kräftiger, meist deutlich aufgeworfen und mit grauer Basis; ohne Rot. Beine variieren von graugrün bis gelblich grün. Oberseite grau, Unterseite weißlich; im PK oberseits markanter schwarz gefleckt, Hals gestrichelt. Im SK heller und schwächer gezeichnet, Kopf weißlich, Unterseite weiß. Dunkle Flügel kontrastieren mit langem, weißem Rücken-V. Oft in tieferem Wasser als Rotschenkel, rennt bei der Nahrungssuche of kurze Strecken, taucht mitunter vorne ganz ein. Ruft laut, hart und klar „tjütjütjü"; ♂ balzen im wellenförmigen Singflug über abgelegenen Moorgebieten, melodisch flötend „klüviklüvi ...".

Pfuhlschnepfe
Limosa lapponica

L 37–39 cm | SP 61–68 cm | G 280–450 g

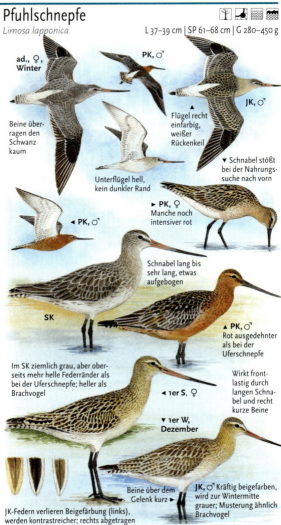

ad., ♀, Winter

PK, ♂

Beine überragen den Schwanz kaum

JK, ♂

Flügel recht einfarbig, weißer Rückenkeil

▼ Schnabel stößt bei der Nahrungssuche nach vorn

Unterflügel hell, kein dunkler Rand

◄ PK, ♂

► PK, ♀ Manche noch intensiver rot

Schnabel lang bis sehr lang, etwas aufgebogen

SK

▲ PK, ♂ Rot ausgedehnter als bei der Uferschnepfe

Im SK ziemlich grau, aber oberseits mehr helle Federränder als bei der Uferschnepfe; heller als Brachvogel

◄ 1er S, ♀

Wirkt frontlastig durch langen Schnabel und recht kurze Beine

▼ 1er W, Dezember

Beine über dem Gelenk kurz ►

JK, ♂ Kräftig beigefarben, wird zur Wintermitte grauer; Musterung ähnlich Brachvogel

JK-Federn verlieren Beigefärbung (links), werden kontrastreicher; rechts abgetragen

Ein großer Watvogel, aber deutlich kleiner als Brachvogel; oft in großen Trupps im Wattenmeer. Schnabel lang oder sehr lang, zur Spitze hin aufgebogen; Beine recht kurz, viel kürzer als bei der Uferschnepfe. Sucht im Watt nach Nahrung, Vögel sammeln sich bei Flut in langen Reihen oder dichten Trupps. Im SK heller als Brachvogel, oberseits fein grau und beigebraun gemustert, Brust graubeige, übrige Unterseite weiß. Immat. mehr beige, Brust klar beigefarben. Im Flug heller Innenflügel, dunklerer Außenflügel, gebänderter Schwanz, weißes V am Rücken; Schnabelbasis rosa. ♂ im PK intensiv kupferrot mit dunkler Oberseite, ♀ heller orangebeige. Fliegt in langen Reihen oder V-Formation. Ruft laut und nasal „gähgähgäh" oder „kvik".

Uferschnepfe
Limosa limosa

L 40–44 cm | SP 62–70 cm | G 280–500 g

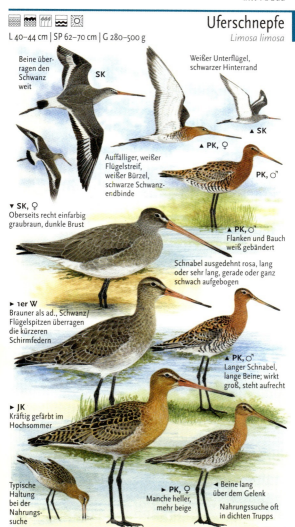

Beine überragen den Schwanz weit

SK

Weißer Unterflügel, schwarzer Hinterrand

▲ SK

Auffälliger, weißer Flügelstreif, weißer Bürzel, schwarze Schwanzendbinde

▲ PK, ♀

PK, ♂

▼ SK, ♀
Oberseits recht einfarbig graubraun, dunkle Brust

▲ PK, ♂
Flanken und Bauch weiß gebändert

Schnabel ausgedehnt rosa, lang oder sehr lang, gerade oder ganz schwach aufgebogen

► 1er W
Brauner als ad., Schwanz/Flügelspitzen überragen die kürzeren Schirmfedern

▲ PK, ♂
Langer Schnabel, lange Beine; wirkt groß, steht aufrecht

► JK
Kräftig gefärbt im Hochsommer

Typische Haltung bei der Nahrungssuche

► PK, ♀
Manche heller, mehr beige

◄ Beine lang über dem Gelenk
Nahrungssuche oft in dichten Trupps

Ein großer, lang- bis sehr langschnäbliger Watvogel, im SK am Boden einfarbiger als Pfuhlschnepfe, jedoch im Flug auffälliges Flügel- und Schwanzmuster. Schnabel mit dicker Basis, gerade oder ganz schwach aufgebogen. Beine lang, besonders über dem Gelenk. Im SK oberseits matt gräulich, Kopf und Brust einheitlich hellgrau, nur kurzer Überaugenstreif. Immat. anfangs orangebeige, Oberseite schwarz gefleckt mit beigefarbenen Federrändern, später im Winter grauer mit gefleckter Oberseite. Im PK an Kopf und Brust kupferrot, Bauch weiß, Flanken schwarz gebändert, anders als Pfuhlschnepfe. ♀ heller, eher orangebeige. Im Flug dunkle Flügel mit langem, breitem, weißem Flügelstreif. Ruft gellend, nasal „wi-wi-wi" oder „wäähi".

Großer Brachvogel
Numenius arquata

L 50–60 cm | SP 80–100 cm | G 575–950 g

Ein sehr großer, brauner Watvogel auf Mooren, Wiesen und Weiden sowie an Gewässerufern und an der Küste. Schnabel lang, weich gebogen (bei ♀ am längsten, im JK am kürzesten). Gefieder gelblich braun, dicht schwarz gemustert; wirkt in Moorgebieten hell, auf Schlammflächen eher dunkel; Kopf einfarbig, nur manchmal mit Andeutung der Kopfstreifung des Regenbrachvogels. Im Flug Außenflügel dunkler als Innenflügel, Bürzel und Hinterrücken weiß. Lange Flügel, außen dunkel; ziemlich langsame, stetige Flugweise mit gleichmäßigen Flügelschlägen. Trupps ruhen in Gruppen oder Bändern, deutlich größer als die anderen anwesenden Watvögel. Ruft klangvoll „kür-lüi" oder „gügügui"; Gesang melancholisch trillernd.

WATVÖGEL

Regenbrachvogel
Numenius phaeopus

L 40–42 cm | SP 71–81 cm | G 270–450 g

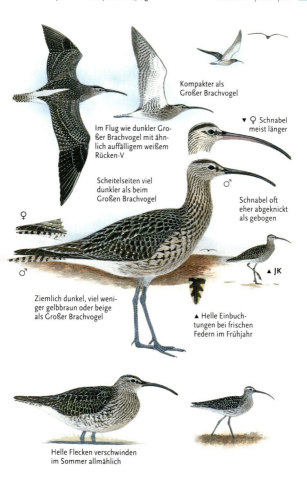

Kompakter als Großer Brachvogel

Im Flug wie dunkler Großer Brachvogel mit ähnlich auffälligem weißem Rücken-V

♀ Schnabel meist länger

Scheitelseiten viel dunkler als beim Großen Brachvogel

Schnabel oft eher abgeknickt als gebogen

♀

♂

▲ JK

Ziemlich dunkel, viel weniger gelbbraun oder beige als Großer Brachvogel

▲ Helle Einbuchtungen bei frischen Federn im Frühjahr

Helle Flecken verschwinden im Sommer allmählich

Ein großer, dunkler Watvogel, erinnert stark an den Großen Brachvogel, jedoch etwas kleiner und dunkler, wirkt wegen der volleren Brust besonders im Flug kompakter. Schnabel ähnlich lang und gebogen, aber eher etwas abgeknickt, weniger sanft gebogen als beim Großen Brachvogel. Oberkopf dunkler und mit kontrastreichem, hellem Überaugenstreif; schmaler, heller Scheitelmittelstreif oft schwer zu sehen; dunkler Augenstreif. Bei uns meist im Frühjahr und Herbst als Durchzügler zu sehen. Brütet in nordischen Moorgebieten, fehlt im Winter. Ruft lachend-wimmernd „bibibibi...", (erinnert etwas an Kuckucks-Weibchen); Gesang ähnlich dem des Großen Brachvogels, aber etwas härter und nicht so stimmungsvoll.

WATVÖGEL

Kampfläufer
Philomachus pugnax   L ♂ 26–32 cm, ♀ 20–25 cm | SP 46–58 cm | G 70–230 g

Lange Flügel, helle Unterseite

▶ JK, ♀
Wie ♂, aber viel kleiner

▶ JK, ♂
Helle Federränder, weiße Bürzelseiten

▶ Schmaler, weißer Flügelstreif

JK unten beige

▲ Weiße Bürzelseiten treffen sich in U-Form

Kleiner Kopf; dicker, kurzer, ganz leicht gebogener Schnabel

▶ JK, ♀

Im JK oberseits hübsches Schuppenmuster

▼ ad., ♀
Im PK (Frühjahr) kräftig gefleckt

▶ JK, ♂
Im JK Beine ockerfarben bis grünlich

♂ größer als ♀

♂, Frühjahr

PK, ♂
Große Variation

▲ SK, ♀ Gefieder recht einfarbig; ♂ oft weißköpfig, Beine rot

♀

Ein sehr variabler Watvogel, ♂ viel größer als ♀. Schnabel dick, kurz, ganz leicht gebogen; Beine lang, olivfarben, gelblich ockerfarben oder orangerot; Kopf klein, Hals recht lang, Körper lang. Fliegt mit weichen, langsamen Flügelschlägen, Flügel wirken lang. ♂ im PK auffällig mit ganz unterschiedlichem, spreizbarem Kopf- und Halsschmuck: schwarz, weiß, gebändert oder gescheckt. Im SK ♂ gräulich mit hellem Kopf. ♀ im PK kräftig gefleckt, im SK einfarbiger und eher beigebraun. Jungvögel im Herbst (am häufigsten als Durchzügler an Gewässerufern) oberseits mit ansprechendem Schuppenmuster, an Kopf und Brust olivbeige und mit ockerfarbenen Beinen. Weißer Flügelstreif; weiße Bürzelseiten treffen sich u-förmig. Ruft kaum.

WATVÖGEL

Waldschnepfe
Scolopax rusticola

L 33–35 cm | SP 55–65 cm | G 250–420 g

Im Flug schwerfällig, gewölbter Bauch, Flügel mit breiter Basis, Flügelenden abgerundet

Bürzel rotbraun

Schnabel wird nach unten gehalten

Dunkle Oberseitenmusterung ist schwer zu erkennen

▼ Breite dunkle Querbinden auf Hinterkopf und Nacken (anders als Längsstreifung der Bekassine)

▼ Perfektes Tarnmuster („alte Blätter")

Langer, gerader Schnabel

Unterseite gebändert

Selten auch tagsüber zu sehen

Ein Waldvogel, den man am Boden nur schwer entdeckt; gewöhnlich nur in der Dämmerung über Bäumen balzfliegend zu sehen oder wenn der Vogel vom Waldboden aufgescheucht schnell, geräuschvoll und in niedriger Höhe fliegend das Weite sucht; dabei fällt das dunkle Gefieder mit rotbraunem Bürzel auf. Bei überfliegenden Waldschnepfen sieht man in gutem Licht rundliche Gestalt, breiten Flügelansatz sowie langen, geraden Schnabel und kurzen Schwanz. Aus der Nähe dunkle Unterseitenbänderung und „Falllaubmusterung" der Oberseite. Meist stumm, außer beim Balzflug. Reviergesang abwechselnd hoch, scharf „tswikt" und tief rollend quorrend: „tswik gwork gwork gwork tswik gwork gwork gwork …".

Zwergschnepfe
Lymnocryptes minimus

L 17–19 cm | SP 30–36 cm | G 35–70 g

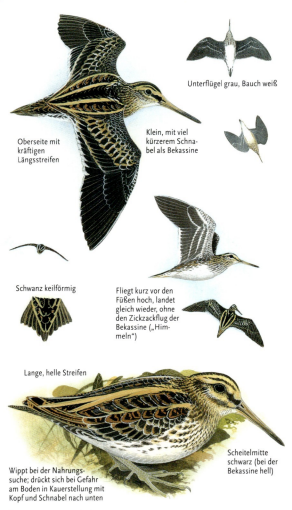

Unterflügel grau, Bauch weiß

Oberseite mit kräftigen Längsstreifen

Klein, mit viel kürzerem Schnabel als Bekassine

Schwanz keilförmig

Fliegt kurz vor den Füßen hoch, landet gleich wieder, ohne den Zickzackflug der Bekassine („Himmeln")

Lange, helle Streifen

Scheitelmitte schwarz (bei der Bekassine hell)

Wippt bei der Nahrungssuche; drückt sich bei Gefahr am Boden in Kauerstellung mit Kopf und Schnabel nach unten

Eine kleine, heimliche Schnepfe, meist in dichtem Bewuchs von Feuchtwiesen und Grabenrändern verborgen; fliegt oft unmittelbar vor den Füßen auf und landet gewöhnlich nach kurzer Flugstrecke in dichter Vegetation. Oberseite dunkel mit cremefarbener Längsstreifung, kontrastreicher als bei der Bekassine. Kopf gestreift, dunkle Scheitelmitte (bei der Bekassine hell); Schnabel relativ kurz. Flugweise kraftloser, heller Flügelhinterrand weniger auffallend als bei der Bekassine. Männchen während des Balzfluges dreiteilige Gesangsstrophen mit merkwürdig klingenden Lautfolgen, die an galoppierende Pferde erinnern.

Doppelschnepfe
Gallinago media

L 27–29 cm | SP 43–50 cm | G 170–260 g

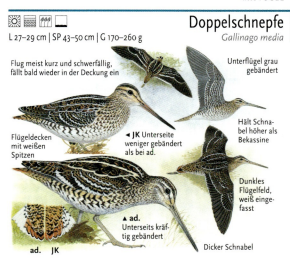

In Gestalt und Musterung ähnlich Bekassine, jedoch fast so massig wie Waldschnepfe. Flug niedrig, gerade. Auffällige, rahmfarbene Streifen auf der Oberseite, Kopf gestreift; Unterseite kräftig gebändert. Ad. mit viel Weiß an den Schwanzecken, am besten beim Landen zu sehen. Balz mit merkwürdig klickenden, zwitschernden und wimmernden Lauten.

Bekassine
Gallinago gallinago

L 25–27 cm | SP 37–43 cm | G 80–120 g

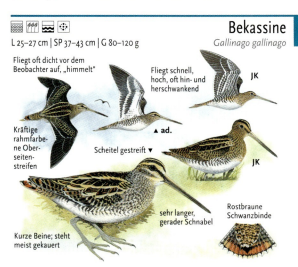

Ein langschnäbliger Watvogel in deckungsreichen Feuchtgebieten. Kopf gestreift; Brust gefleckt, Bauch ungebändert weiß. Im Flug dunkle Flügel mit weißem Hinterrand, rostbraune Schwanzbinde. „Himmelt" und ruft meist kurz und heiser. Während der Flugbalz anschwellendes Summen durch Vibrieren der äußersten Steuerfedern; am Boden „tücke-tück-tücke …".

Odinshühnchen
Phalaropus lobatus | L 18–19 cm | SP 30–34 cm | G 25–50 g

Ein kleiner, elegant schwimmender Watvogel mit nadelfeinem, schwarzem Schnabel. Im SK grau mit weißer Oberseitenstreifung und schwarzer Maske. Im PK Kehle weiß, Oberkopf dunkel, Halsseiten besonders bei ♀ kräftig orangebraun. Im JK dunkel, oberseits lange, beigefarbene Streifen, im Herbst dunkler, oberseits streifiger als Thorshühnchen. Ruft häufig „kritt kritt".

Thorshühnchen
Phalaropus fulicarius | L 20–22 cm | SP 37–40 cm | G 50–75 g

Ein kleiner, schwimmender Watvogel, außerhalb der Brutzeit Hochseebewohner. Oberkopf und Augenmaske schwarz, Nacken dunkel, Oberseite perlgrau, Unterseite weiß. Im PK Körper orangerot, Oberseite beige gestreift. Im JK beige und schwarz gestreift, bekommt im Herbst graue Areale. Langer, weißer Flügelstreif. Ruft scharf, metallisch „pit".

Rotflügel-Brachschwalbe
Glareola pratincola

L 23–26 cm | SP 60–70 cm | G 50–80 g

Ein Watvogel mit großen Augen, kleinem Schnabel und kurzen Beinen; im Flug schlank, langflügelig. Färbung erdbraun, Handflügel oberseits dunkler; Unterflügeldecken rostbraun, wirken oft schwärzlich. **Schwarzflügel-Brachschwalbe.** *(G. nordmanni)* mit dunkler Flügelunterseite und ohne weißen Hinterrand. **Orientbrachschw.** *(G. maldivarum)* mit weniger Rot im Unterflügel.

Triel
Burhinus oedicnemus

L 40–44 cm | SP 77–85 cm | G 370–450 g

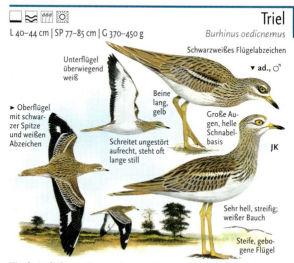

Ein heimlicher, scheuer, hell sandbrauner Bodenvogel mit hell gestreiftem Kopf, heller Flügelbinde und langen, gelben Beinen. Je ein heller Streifen über und unter den großen, gelben Augen; gelbe Schnabelbasis und weißliches Gesicht. Wirkt im Flug lang und langschwänzig. Flügel mit heller Binde, schwarz eingerahmt. Ruft rau flötend „krürrieh", ähnelt etwas Brachvogel.

Möwen- und Alkenvögel

Zu dieser Gruppe gehören die **Raubmöwen** – langflügelige, elegant fliegende Beutegreifer sowie Schmarotzer, die häufig andere Seevögel bedrängen und ihnen die Beute abjagen. Sie wandern weit auf den Ozeanen umher, am ehesten kann man sie an der Küste im Frühjahr und Herbst beobachten.

Die weitaus häufigeren und weiter verbreiteten **Möwen** sind vielfach opportunistische Allesfresser wie die Lachmöwe oder aber stark spezialisiert wie die Korallenmöwe. Viele Arten nutzen Nahrungsquellen menschlicher Herkunft – vom Fischabfall an der Küste bis zu offenen Müllkippen. Ein ausgesprochener Hochseevogel ist die Dreizehenmöwe, die Fischreste und andere Abfälle der Fischereiflotten nutzt.

Die recht ähnlichen **Seeschwalben** umfassen die „weißen Seeschwalben", die ihre Nahrung vorwiegend stoßtauchend erlangen, und die „Sumpfseeschwalben", die niedrig über dem Wasser fliegen und Kleintiere von der Oberfläche aufnehmen; im Prachtkleid sind sie mehr oder weniger dunkel gefärbt.

Die **Alke**, eine kleine Gruppe von Seevögeln, verbringen den größten Teil ihres Lebens auf hoher See und kommen ähnlich den Sturmtauchern nur zum Brüten an Land. Im Gegensatz zu den Sturmtauchern, die sich vorwiegend im Luftraum aufhalten, sind Alke Wasservögel mit gedrungenem Körperbau und kurzen Flügeln. Auf hoher See widerstehen sie selbst schwersten Stürmen.

Skua
Stercorarius skua

L 53–58 cm | SP 125–140 cm | G 1,2–2 kg

Ein großer, dunkler Seevogel der Hochsee und nordischen Inseln. Gefieder dunkelbraun mit variabler dunkler Kappe, Kopf und Hals heller; insgesamt gelblich beige gestrichelt. Flügel lang, breit mit spitzem Handflügel; weiße Flügelabzeichen. Im JK matter, dunkler bis schwärzlich, andere rostbraun mit dunklem Oberkopf, Flügelabzeichen kleiner. Schnabel dick, dunkel.

Spatelraubmöwe
Stercorarius pomarinus

L 46–51 cm | SP 113–125 cm | G 550–900 g

Eine große Raubmöwe, fast so wuchtig wie Skua, aber mit der Musterung der Schmarotzerraubmöwe. Flug stetiger als bei der Vergleichsart. Helle ad. mit schwarzer Kappe, dunkler Oberseite und weißer Unterseite; dunkle ad. braun. Weißes Feld auf den Außenflügeln. Schwanzspieße breit, spatelförmig. Im JK dunkel, Schwanz gerade abgeschnitten, Bürzel hell, gebändert.

MÖWEN- UND ALKENVÖGEL

Schmarotzerraubmöwe
Stercorarius parasiticus

L 41–46 cm | SP 97–115 cm | G 380–600 g

Eine schlanke, wendige Raubmöwe. Ad. mit spitzen Schwanzspießen, im JK nur angedeutet. Helle ad. oberseits dunkel mit dunkler Kappe, Unterseite weiß mit dunklen Brustseiten. Dunkle Vögel überall braun; kleines helles Flügelfeld. Im JK rotbraun gebändert, ungebändert dunkelbraun oder sandfarben mit heller Bänderung und hellerem Kopf; Schnabel schlank, dunkel.

Falkenraubmöwe
Stercorarius longicaudus

L 35–58 cm | SP 105–112 cm | G 250–450 g

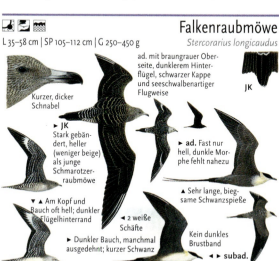

Eine kleine, im Flug seeschwalbenartig schlanke Raubmöwe. Ad. oberseits braungrau mit schwarzer Kappe; Brust weiß, Bauch dunkel, Außenflügel sehr dunkel mit nur wenig Weiß. Sehr lange, bewegliche Schwanzspieße. Im JK hellgrau bis sehr dunkel, Bürzel und Steiß mit heller Bänderung, Unterflügel gebändert; „Schwanzspieße" kurz, stumpf.

Lachmöwe
Larus ridibundus

L 34–37 cm | SP 100–110 cm | G 225–350 g

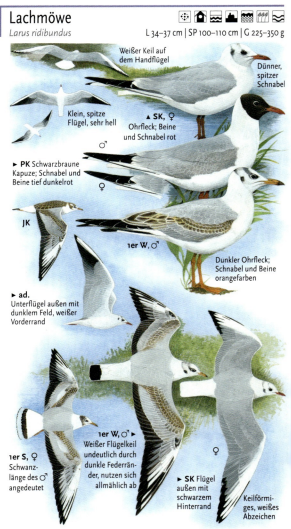

Weißer Keil auf dem Handflügel

Dünner, spitzer Schnabel

Klein, spitze Flügel, sehr hell

▲ SK, ♀ Ohrfleck; Beine und Schnabel rot

♂

► PK Schwarzbraune Kapuze; Schnabel und Beine tief dunkelrot

♀

JK

1er W, ♂

Dunkler Ohrfleck; Schnabel und Beine orangefarben

► ad. Unterflügel außen mit dunklem Feld, weißer Vorderrand

1er W, ♂ ► Weißer Flügelkeil undeutlich durch dunkle Federränder, nutzen sich allmählich ab

1er S, ♀ Schwanzlänge des ♂ angedeutet

♀

► SK Flügel außen mit schwarzem Hinterrand

Keilförmiges, weißes Abzeichen

Eine kleine, agile, häufige, oft lärmende Möwe mit weißem Keil im Außenflügel und dunklem Unterflügel. Oberseite silbergrau, Hals, Körper und Schwanz weiß. Außenflügel mit schmalem, schwarzem Hinterrand; Unterflügel dunkelgrau mit schmalem, weißem Band entlang der äußeren Handschwingen. Im PK mit dunkelbrauner Kapuze, Schnabel und Beine dunkelrot. Im SK mit weißem Kopf, grauem Nacken, dunklem Ohrfleck; Schnabel rot mit schwarzer Spitze, Beine scharlachrot. Immat. Vögel mit schwarzer Schwanzendbinde, dunkelbraunen Flügelpartien, weniger deutlichem, weißem Keil im Außenflügel, heller grauen Unterflügeln und hell orangefarbenen Beinen. Ruft laut „kriiärr", „chärr" oder kurz „kick".

MÖWEN- UND ALKENVÖGEL

Schwarzkopfmöwe
Larus melanocephalus

L 36–38 cm | SP 98–105 cm | G 200–350 g

► **ad.** Unterflügel ganz weiß

► **2es KJ** Schwarz an Handschwingen, weißer Unterflügel

► **1er W** Dunkle Flügelenden, helles Flügelmittelfeld

Flugweise steif mit geraden Flügeln, wirkt bei Sturmmöwe elastischer

Schwanz des ♀ kürzer

Dicker, stumpfer Schnabel

◄ Weiß an den äußeren Handschwingen, anders als bei Sturmmöwe

► **1er W** Flügelmuster ähnlich wie Sturmmöwe, aber Flügelmittenfeld und Mantel heller

▼ **2es KJ** Wie ad., aber mit Schwarz an den Handschwingen; kann im 2en S brüten

Flügelspitzen sehr dunkel, werden braun

▲ **2es KJ** Variante mit weniger Schwarz

Immat. Schnabelvariation

▼ **1er W** Sehr hell; das Braun der Flügeldecken bleicht im Frühjahr zu Ingwerbraun

Durch Mauser nach dem 1en W variable dunkle Kapuze; Schnabelfärbung wird kräftiger

▼ **SK** Hellgrau und weiß; variabler dunkler Ohrfleck oder Maske, dunkler Nacken

▲ **JK** Oberseite geschuppt

Flügelspitzen bei ad. rein weiß; ♂ (oben) hat längeren Schwanz als ♀ (darunter)

Beine rot, purpurrot oder schwarz

► **PK** Schwarze Kapuze, scharlachroter Schnabel, weiße Halbmondflecken ums Auge

Schnabelvariation: schwarzes Band, gelbe Spitze

Eine kräftige, hübsche Möwe; brütet meist in Einzelpaaren in Lachmöwenkolonien. Oberseits hellgrau, Körper und Schwanz weiß. Flügelspitzen weiß mit sehr schmalem, schwarzem Vorderrand, Unterflügel schneeweiß. Im PK schwarze Kapuze mit auffälligen weißen „Augenlidern"; Schnabel kontrastreich scharlachrot mit schwarzgelber Spitze; Beine tief rot. Im SK mit weißem Kopf und grauem Nacken, dunklem Feld hinter dem Auge – im Vergleich zur Lachmöwe eher Maske als Fleck; Schnabel recht dick, Kopf eckiger. Immat. ähnlich ad., aber mit variablen dunklen Flecken an der Flügelspitze. Im 1en W oberseits hellgrau, helles Flügelmittenfeld, dunkler Armschwingen-Hinterrand, schwarzbraune Flügelspitzen. Ruft nasal-klagend „geäää".

Dünnschnabelmöwe
Larus genei

L 42–44 cm | SP 90–102 cm | G 250 g

◀ Unterflügel ähnlich Lachmöwe

Flügelmuster wie Lachmöwe

◀ ▲ **PK** Langer, schwerer Körper, langer Hals, rosa Anflug

Langes Gesicht, dicker Schnabel (wirkt oft schwarz) ▼

▲ **Lachmöwe**

Auge hell

▲ **SK** Helles Auge oft schlecht zu sehen

▲ **PK**

▲ **1er W** Grauer Ohrfleck, Schnabel matt orangefarben

Ähnlich Lachmöwe, aber mit weißem Kopf, etwas größer, erscheint auf dem Wasser und im Flug länger, mit großem, langem Kopf und längerem Schnabel, aber mit fast identischem Flügelmuster. Wirkt oft leicht „frontlastig". Im PK mit deutlichem Anflug von Rosa auf der Unterseite, Kopf weiß; Schnabel tief rot, wirkt oft schwarz, selbst aus mittlerer Entfernung. Im SK Schnabel hell rötlich; Beine rot. Immat. hell mit verwaschenem Flügelmuster und grauem Ohrfleck, Schnabel und Beine matt orange. Brütet an Lagunen, auf kleinen, flachen, kahlen Inseln und an flachen Steppenseen des Mittelmeerraums. Erinnert im Balz- und Brutverhalten stark an die Lachmöwe; ruft tiefer, nasaler und rauer als die Schwesterart.

MÖWEN- UND ALKENVÖGEL

L 25–27 cm | SP 70–77 cm | G 90–150 g

Zwergmöwe
Hydrocoloeus minutus

◄ **1er S** Flügel des JK, aber bereits Kapuze

▼ **2es KJ** Meist wie ad., manche mit Schwarz im Flügel

► **1er W** Schwarzes Zickzackmuster oberseits, dunkle Kappe, kleiner Schnabel

► **SK** Flügel grau mit weißem Rand

► **PK** Unterflügel schwärzlich, weißer Hinterrand

► **1er W, Herbst** Mauser vom JK zu 1em W

▲ **2er S** Unterflügel grauer
Flügelspitzen weiß, dunkle Unterseite oft sichtbar

▼ **PK** Große, schwarze Kapuze, keine weißen „Augenlider"

▼ **SK** Dunkle Kappe, Ohrfleck; Schnabel dünn

Schnabel rot oder schwärzlich

Beine rot

▲ **2es KJ** Kapuze variabel

► **JK** Mauser zu 1em W: Braun der Oberseite verschwindet bald

Kleinste Möwe, Flugweise und Proportionen ähnlich Seeschwalben. Schnabel fein, kürzer als bei Seeschwalben, Flügel dagegen etwas breiter, bei ad. auch stumpfer. Oberseite hellgrau, Körper und Schwanz weiß. Oberflügel grau, Unterflügel schwärzlich, jeweils mit weißem Rand. Im PK Kapuze schwarz, Schnabel rot oder schwarz. Im SK weißer Kopf, kleine, schwarze Kappe, dunkler Ohrfleck. Immat. mit variablem Schwarzanteil auf den Flügelspitzen. Im JK an Kopf und Hals dunkel, Oberseite schwarzbraun gebändert; verliert das dunkle Oberseitenmuster im Herbst, anfangs noch mit dunklem „Schal" auf den Brustseiten und dunklem Bürzel; Oberflügel mit dunklem Zickzackmuster. Ruft kurz, nasal „kek-kek-kek".

Dreizehenmöwe
Rissa tridactyla — L 38–40 cm | SP 95–110 cm | G 300–500 g

Eine ozeanbewohnende Möwe, brütet auf steilen Klippen, ruht an Küsten und auf flachen Felsen; kaum im Binnenland. Ad. oberseits grau, schwarze Flügelspitzen wie in „Tinte getaucht". Unterflügel weiß mit schwarzer Spitze. Im Flug mit auffällig weißem Kopf und schmalem, grauem Mantel. Schnabel grünlich gelb, Augen und Beine schwarz. Immat. schlichter, an den Flügeln beigefarbener Anflug, Nacken gräulich, Schnabelbasis schwärzlich. Im SK mit schwärzlichem Ohrfleck und grauem Nacken. Im JK schmales, schwarzes Nackenband und schwarzes Zickzackband auf den Flügeln, bildet ein W, unterbrochen durch den hellen Mantel (nie dunkel wie bei der Zwergmöwe); Schnabel schwarz. Ruft ständig „kitti-wääik".

Eismöwe
Larus hyperboreus

L 63–68 cm | SP 140–160 cm | G 1–2 kg

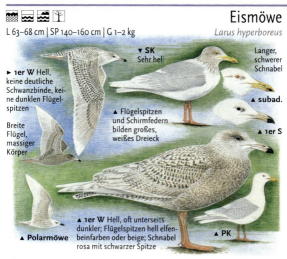

Eine große Möwe mit sehr langem Schnabel, ohne Schwarz an Flügeln oder Schwanz. Ad. hellgrau mit ausgedehnt weißer Flügelspitze. Im SK weißer Kopf und graubeige gestrichelte Brust. Schnabel gelb mit rotem Fleck, Beine hellrosa. Im 1en W hellbeige, dicht gebändert, unterseits oft dunkler, Flügelspitzen beige, Schnabel rosa mit schwarzer Spitze. Im 1en S fleckig weiß.

Polarmöwe
Larus glaucoides

L 52–60 cm | SP 130–140 cm | G 750–1000 g

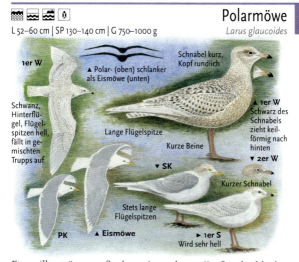

Etwa silbermöwengroß, aber mit runderem Kopf und schlankerem, kürzerem Schnabel sowie längeren Flügelspitzen. Gefiedermuster ähnlich Eismöwe, aber mit runderem Kopf, kürzerem, kräftigerem Schnabel und stehend längeren Flügelspitzen. Beine dunkelrosa. Immat. oft mit dunklerem Schnabel, Schwarz der Spitze zieht bei jüngeren immat. keilförmig nach hinten.

Sturmmöwe
Larus canus

L 40–43 cm | SP 105–125 cm | G 300–500 g

JK Helles Flügelmittenband, Außenflügel braunschwarz; weißer Schwanz mit schwarzer Endbinde

◀ **ad.** Schwarze Flügelspitze mit 2 großen, weißen Flecken

▼ **JK** Unterflügel braun gefleckt, dunkle Spitze

1er S Weißer Kopf, grauer Mantel und gelblich braune Flügel

Mittelgroß, grau (etwa wie Silbermöwe), kein Rot am Schnabel, grüne Beine, dunkle Augen

ad. Unterflügel mit mehr Schwarz als bei der Silbermöwe

Unterflügel

2er W

2er W

◀ **SK** Dunkle Augen; Schnabel schlank mit schmaler Binde

Weiße Schirmfederspitzen

▲ **PK**

▲ **JK**

1er W, November

Musterung und Oberseitenfärbung etwa wie Silbermöwe, mehr Weiß zwischen Mantel und Flügelspitzen; Schwarz der Flügelspitzen ausgedehnter. Im SK Kopf und Hals dunkelgrau gestrichelt. Beine grün, im PK mehr gelblich. Schnabel klein, spitz, grünlich gelb, ohne Rot, im SK oft mit schmaler, dunkler Binde. Im 1en W weißer Schwanz mit deutlicher, schwarzer Endbinde und einheitlich braunschwarze Flügelspitzen (nicht weiß gemustert wie bei der Schwarzkopfmöwe); graues Flügelmittenfeld (dunkler als bei der Schwarzkopfmöwe). Im 1en S hellbeige mit grauem Sattel, Flügelspitzen und Schwanzendbinde braun. Im 2en W wie ad., aber Flügelspitzen mit weniger Weiß und mehr Schwarz. Ruft hoch „klii-ä-kliiii-ä-kjea-kjea-kjea ...".

Ringschnabelmöwe
Larus delawarensis

L 43–47 cm | SP 112–124 cm | G 450–500 g

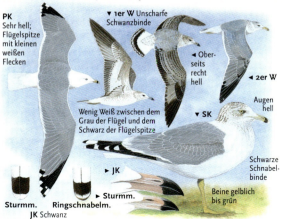

Wie eine gedrungenere, oft etwas größere Version der Sturmmöwe, aber heller. Kleiner als Silbermöwe, aber oft mit gleichem Gefiedermuster. Ad. oberseits sehr hell, Weiß zwischen Rücken und Flügelspitzen unauffällig. Schnabel dick, gelb mit breiter, schwarzer Binde, helle Augen. Im 1en W mit unscharf begrenzter Schwanzbinde, oberseits recht hell.

Korallenmöwe
Larus audouinii

L 48–52 cm | SP 117–128 cm | G 600–700 g

Eine große, elegante, schmalflügelige Möwe. Ad. silbergrau mit weißem Kopf, Flügelspitzen mit schwarzem Spitzenkeil und kleinen, weißen Flecken. Unterseite hellgrau überflogen. Schnabel dick, dunkelrot (wirkt meist schwarz) mit schwarzer Binde und gelber Spitze; Augen schwarz, Beine grau. Im JK dunkel, u-förmiges, weißes Bürzelfeld, einheitlich braune Brust.

Mittelmeermöwe
Larus michahellis

L 59–67 cm | SP 130–150 cm | G 750–1200 g

Eine Großmöwe mit weißem Kopf, grauer Oberseite, schwarzweißen Flügelspitzen; vorwiegend am Meer. Schnabel dick; Flügel lang, recht flach gehalten. Ad. oberseits makellos grau, dunkler als Silbermöwe. Kopf weiß, außer im Spätsommer und Herbst, dann mit hellgrauer Strichelung; Schnabel gelb mit großem, rotem Fleck, Beine leuchtend gelb. Im 1en W oberseits dunkelbraun mit rostfarbenem Anflug, Kopf heller mit dunkler Maske; Schnabel dick, schwarz. Handschwingen dunkel, helles inneres Feld weniger auffällig als bei der Silbermöwe; schwärzliche Schwanzendbinde. Verwandte Art **Steppenmöwe** (*L. cachinnans*, bei uns Wintergast): heller, schlanker und hochbeiniger, dunkle Augen, schlankerer Schnabel.

MÖWEN- UND ALKENVÖGEL

Silbermöwe
Larus argentatus

L 55–64 cm | SP 130–160 cm | G 750–1200 g

JK Helle Schnabelbasis, im 1en W ausgedehnter
Schirmfedern gefleckt
▲ Skandinavien, SK
▼ Schirmfedern hell, weiße Spitzen
◄ Skandinavien, PK
▲ Skandinavien, JK
◄ Westeuropa, PK
▲ Recht dunkle Oberseite, Flügelspitzen weniger schwarz
► Heller, mehr Schwarz an den Flügelspitzen; kleiner
Beine rosa
Westeuropa, SK
Oft viel dunkler
▲ 1er S
▼ 2er S/3er W
▲ 2er S
► 3es KJ
► JK Helle Unterflügel
◄ JK Heller innerer Handflügel
► Skandinavien, ad.
► Westeuropa, ad.
Unscharfe Schwanzbinde
Manchmal weniger Schwarz, Unterflügel dann fast grau und weiß
Unterflügel mit viel Schwarz

Eine Großmöwe vorwiegend der Küste und küstennahen Gewässer, auch an Deponien; dringt in Mitteleuropa zunehmend ins Binnenland ein. Ad. mit weißem Kopf, grauer Oberseite, schwarzweißen Flügelspitzen, gelbem Schnabel mit rotem Fleck und rosa Beinen. Im SK Kopf und Brust bräunlich gestrichelt. Heller als Mittelmeermöwe, Flügel mit mehr Kontrast als bei der Heringsmöwe, Schwungfedern unterseits viel heller grau. Immat. dunkelbraun mit dunklem Schnabel, schon bald mit hellerer Oberseite und hellem Schnabelgrund; Oberflügel mit auffälligem hellem innerem Handflügel, anders als Heringsmöwe, Schwanzendbinde wenig kontrastreich, Bürzel anfangs gefleckt. Ruft laut „kjau", langes, durchdringendes Jauchzen.

Mantelmöwe
Larus marinus

L 64–78 cm | SP 150–170 cm | G 1–2,1 kg

Größte Möwe. Oberseite schwärzlich, Kopf und Unterseite weiß, mehr Weiß in den Flügelspitzen als Heringsmöwe; Schnabel sehr groß, gelb mit rotem Fleck, Beine weißlich oder hellrosa. Im SK Kopf fast weiß, starker Kontrast zu Mantel und Flügeln. Immat. anfangs hell, oberseits kräftig schwärzlich gefleckt, sehr großer, schwarzer Schnabel im weißen Gesicht; Oberflügel hell, deutliches, dunkelbraunes Armschwingenband, dunkle äußere, helle innere Handschwingen; Schwanzendbinde schmal, aufgebrochen zur weißen Schwanzbasis. Legt schwarze Oberseite im Verlauf von 2–3 Jahren an. Schnabel wird hell olivbraun mit schwarzer Binde, danach gelb mit Schwarz und Rot nahe der Spitze. Laute, tiefe, heisere Rufe „krau-krau-krau …".

Heringsmöwe
Larus fuscus

L 52–64 cm | SP 128–148 cm | G 650–1000 g

Eine weißköpfige Großmöwe mit dunkler Oberseite, langen Flügeln und gelben Beinen. Unterart *graellsii* (Westeuropa) mit schiefergrauer Oberseite, dunkler als Silber- oder Mittelmeermöwe; Flügelspitzen schwarz, Schwungfedern unterseits dunkelgrau; im SK Kopf und Brust dunkel. Unterart *intermedius* (deutsche Nordseeküste, Dänemark, Südskandinavien) oberseits dunkler, fast schwarz. Baltische Form *fuscus* (brütet auch in NO-Deutschland und Finnland) vermutlich eigene Art: oberseits am dunkelsten, Flügel am längsten, das ganze Jahr über weißköpfig. Immat. dunkelbraun, Gesicht graubeige, dunkler gefleckt, dunkler Schatten um das Auge, schwarzer Schnabel; Handschwingen einheitlich dunkel; Schwanz schwärzlich, Bürzel weiß.

Flussseeschwalbe
Sterna hirundo

L 31–35 cm | SP 82–95 cm | G 90–150 g

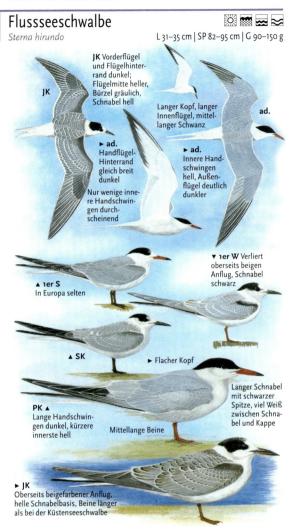

Eine typische Seeschwalbe, von Frühjahr bis Herbst an der Küste häufig, regelmäßig im Binnenland. Kappe schwarz, Oberseite hellgrau, Unterseite weiß, Schwanz weiß, gegabelt. Schnabel dolchförmig, kräftig rot mit dunkler Spitze; kurze, rote Beine. Im PK (Frühjahr) mit wenig Kontrast zwischen dunkleren äußeren und helleren inneren Handschwingen, oft mit schmalem, dunklem Keil nahe der Mitte; im Herbst äußere Handschwingen dunkler. Im Herbst mit weißer Stirn und dunklerem Vorderflügel. Im JK helle Stirn, anfangs ingwerbraun getönt; Schnabel hellorange mit schwarzer Spitze; Oberseite schmal braun gebändert. Stets nur innere Handschwingen durchscheinend. Ruft scharf, kurz „kit", am Brutplatz oft nasal „kirikrirkirri ...".

MÖWEN- UND ALKENVÖGEL

Küstenseeschwalbe
Sterna paradisaea

L 33–35 cm | SP 80–95 cm | G 80–110 g

► **ad.** Sehr hell; schmaler, spitzer Außenflügel, ganz hellgrau

Sehr langer Schwanz

► **JK** Dunkler Vorderflügel, weißer Flügelhinterrand, weißer Bürzel, dunkler Schnabel

„Halslos", kurzer Schnabel

Kurzer Kopf, kurzer Innenflügel und langer Schwanz ergeben anderes Profil als bei der Flussseeschwalbe

Unterflügel sehr hell, durchscheinend; schmaler, dunkler Flügelhinterrand verjüngt sich nach innen zu

▼ **ad.**

▼ **1er S** Oberflügel

◄ **Küstenseeschwalbe**

▲ **Flussseeschwalbe**

▲ **1er S** In Europa selten

▲ **ad.** Heller Vogel

Runder Kopf; wenig Weiß zwischen Schnabel und Kappe

Schnabel kurz, ganz blutrot

▲ **ad.** Alle Handschwingen hell

Unterseite grau, Wangen weiß

Winzige Beine

▼ **JK** Weiße Stirn, feiner, schwarzer Schnabel; Oberseite grau gebändert

◄ **JK** Beigefarbener Anflug, Schnabel anfangs hell

Sehr ähnlich der Flussseeschwalbe, aber mit kürzerem Schnabel – dunkelrot, ohne Schwarz an der Spitze; Kappe runder, weniger flach; Körper gedrungener, Kopf und Hals im Flug weniger weit vorstehend, Schwanz dagegen länger; Armflügel kürzer, Handflügel schmaler, spitzer; Handschwingen oberseits hellgrau, kein dunklerer Keil; Unterseite dunkler grau, durchscheinende Schwungfedern. Flügel länger, spitzer und schmaler als bei der Flussseeschwalbe; rote Beine deutlich kürzer. Flugweise leichter und sehr elastisch. Im JK weiße Stirn, graue, dunkel gebänderte Oberseite, weißer Bürzel; Unterflügel wie ad.; Oberflügel vorn dunkel, aber weißer Vorderrand; Schnabel dunkel. Ruft ansteigend „krrri-ärrr".

155

Rosenseeschwalbe
Sterna dougallii

L 33–38 cm | SP 75–80 cm | G 95–130 g

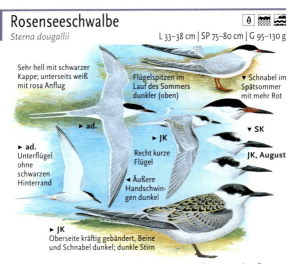

Heller als Flussseeschwalbe, unterseits weiß, rosa überflogen; Schnabel länger, schwärzer, während des Sommers mit zunehmend roter Basis; lange, rote Beine. Oberflügel sehr hellgrau, äußere Handschwingen mit schmalem, dunklem Keil; sehr langer Schwanz. Im JK oberseits dunkel gebändert, Schnabel und Beine dunkel. Ruft tief, krächzend „krääk" oder „tschü-wrik".

Lachseeschwalbe
Gelochelidon nilotica

L 35–38 cm | SP 76–86 cm | G 200–250 g

Mittelgroße, helle Seeschwalbe der Küste und Süßgewässer im Binnenland. Schnabel dick, ganz schwarz. Im PK recht grau, im SK heller und mit dunkler Maske. Oberflügel grau mit schwärzlichen Spitzen der äußeren Handschwingen; Unterflügelspitze mit auffälligem schwarzem Hinterrand; Bürzel sehr hellgrau; Schwanz kurz, gegabelt, hellgrau. Ruft tief, nasal „käwäck".

MÖWEN- UND ALKENVÖGEL

Brandseeschwalbe
Sterna sandvicensis

L 36–41 cm | SP 95–105 cm | G 210–260 g

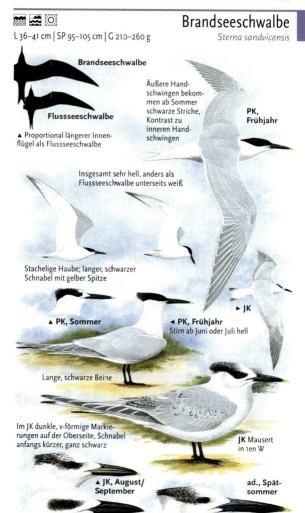

Brandseeschwalbe

Flussseeschwalbe

▲ Proportional längerer Innenflügel als Flussseeschwalbe

Äußere Handschwingen bekommen ab Sommer schwarze Striche, Kontrast zu inneren Handschwingen

PK, Frühjahr

Insgesamt sehr hell, anders als Flussseeschwalbe unterseits weiß

Stachelige Haube; langer, schwarzer Schnabel mit gelber Spitze

▲ PK, Sommer

◄ PK, Frühjahr
Stirn ab Juni oder Juli hell

► JK

Lange, schwarze Beine

Im JK dunkle, v-förmige Markierungen auf der Oberseite, Schnabel anfangs kürzer, ganz schwarz

JK Mausert in 1en W

▲ JK, August/September

ad., Spätsommer

▲ Lachseeschwalbe, JK

Eine große, sehr helle Seeschwalbe der Meeresküste; Schnabel schwarz mit hellgelber Spitze; lange, sehr helle Flügel, nahe der Spitze dunkler; Bürzel und recht kurzer Schwanz weiß, Unterseite schneeweiß, anders als bei Fluss- und Küstenseeschwalbe; Beine schwarz. Im Frühsommer schwarze Kappe, bald darauf weiße Stirn. Im JK oberseits schuppig mit schwarzbraunen Markierungen; Oberflügel mit dunkleren Handschwingen, Flügelspitzen dunkel. Schnabel anfangs kürzer und ganz schwarz. Flugweise kraftvoll, oft recht hoch, mit tieferen Flügelschlägen als bei der Flussseeschwalbe, kräftiger als bei der Küsten- und der (ebenso hellen) Rosenseeschwalbe. Tauchstoß mit deutlichem Platsch. Typischerweise laute, raue, kratzige Rufe „kirräk".

MÖWEN- UND ALKENVÖGEL

Trauerseeschwalbe
Chlidonias niger

L 22–24 cm | SP 63–68 cm | G 50–75 g

Eine kleine, zierliche Sumpfseeschwalbe, zieht über das Meer. Stößt oft kurz zur Wasseroberfläche, um ein Insekt aufzunehmen, taucht nur selten; „steht" oft mit langsamen Flügelschlägen und abwärts gerichtetem Kopf im Wind. Im PK an Kopf und Körper schwarz, Unterschwanz weiß, helle Unterflügel. Oberseite, Flügel und Schwanz grau; feiner, schwärzlicher Schnabel; Beine schwarz. Im Herbst Schwarz des Körpers mit Weiß durchsetzt, Oberflügel dann oft mit dunklen äußeren Handschwingen. Im SK unterseits weiß mit dunklen Brustseitenflecken, dunkler Kappe mit „Ohrenschützern" und weißem Gesicht. Immat. ähnlich SK, oberseits jedoch bräunlich grau mit hellen Federspitzen; arttypische Brustflecken. Ruft nasal, scharf „kick".

Weißflügel-Seeschwalbe
Chlidonias leucopterus

L 20–23 cm | SP 50–56 cm | G 60–80 g

Etwas gedrungener als Trauerseeschwalbe. Kürzerer Schnabel, längere Beine, steifere, direktere Flugweise. Im PK glänzend schwarz, Flügel oberseits grau mit weißem Vorderflügelfeld, untere Flügeldecken schwarz; Bürzel und Schwanz weiß, Beine rot. Im SK hell, Bürzel weißlich, dunkler Ohrfleck. JK im Herbst mit dunklem Sattel, hellen Flügeln und weißem Bürzel.

Weißbart-Seeschwalbe
Chlidonias hybrida

L 23–25 cm | SP 57–63 cm | G 70–80 g

Größer als Trauerseeschwalbe. Flug direkter, weniger schwankend, Schnabel dolchförmig. Im PK mit schwarzer Kappe, Gesicht und Kehle weiß, Unterseite dunkelgrau, Unterflügel weiß, Oberflügel sehr hell, zu den Spitzen hin fast weißlich; Schnabel dunkelrot. Im SK gestrichelte Kappe, Oberseite und Bürzel hellgrau. Im JK Mantel ingwerbraun, schwarz und weiß geschuppt.

MÖWEN- UND ALKENVÖGEL

Zwergseeschwalbe
Sternula albifrons

L 22–24 cm | SP 48–55 cm | G 50–65 g

Sehr kleine, helle Seeschwalbe der Küste. Stets weiße Stirn. Schwarze Kappe, silbergraue Oberseite, weißer Körper, kurzer, gegabelter Schwanz; Oberflügel mit dunklem Keil an der Spitze; Schnabel dolchförmig, gelb mit schwarzer Spitze; Beine orangegelb. Im JK oberseits dunkel gebändert, mit dunklem Flügelvorderrand, Schnabel schwärzlich. Ruft scharf, kratzend „krit-krit".

Raubseeschwalbe
Hydroprogne caspia

L 47–54 cm | SP 96–111 cm | G 200–250 g

Eine riesige Seeschwalbe, größer als Sturmmöwe, mit struppiger, schwarzer Kappe, mächtigem, rotem Schnabel und schwarzen Beinen. Unterflügel mit basstölpelähnlicher schwarzer Spitze. Im JK oberseits dunkel gebändert, Kappe dicht weiß gestrichelt; Schnabel orangerot mit schwarzer Spitze. Beim Stoßtauchen lauter Platsch. Ruft tief, reiherartig „krää-är".

Krabbentaucher
Alle alle

L 17–19 cm | SP 40–48 cm | G 140–170 g

Ein winziger, rundlicher Alk mit froschartigem Kopf und kurzem, hohem Schnabel. Im PK Kopf und Brust schwarz. Im SK schwarze, unter das Auge reichende Kappe, übrige Unterseite weiß; Oberseite schwarz, auf den Schulterfedern fein weiß gestreift. Im Flug schmale Flügel mit weißem Hinterrand. Ad. tauchen mit leicht geöffneten Flügeln wie kleine Eiderenten.

Papageitaucher
Fratercula arctica

L 26–29 cm | SP 47–63 cm | G 310–500 g

Ein schwarzweißer Alk mit orangefarbenen Beinen. Im PK Kappe und Brustband grauschwarz, hellgraue Kopfseiten; Schnabel sehr farbenfroh. Im SK Schnabel kleiner und matter gefärbt, Gesicht viel dunkler grau. JK mit noch kleinerem, überwiegend dunkelgrauem Schnabel. Kein weißer Flügelhinterrand. Flug schnell, niedrig und direkt mit schwirrenden Flügelschlägen.

Trottellumme
Uria aalge

L 38–41 cm | SP 64–73 cm | G 850–1100 g

Ein eleganter Seevogel mit langem Körper und Dolchschnabel. Taucht von der Wasseroberfläche aus; brütet auf steilen Klippen. Oberseite dunkelbraun (südliche Vögel) oder schwarz (nordische Vögel), Unterseite weiß. Im PK dunkle Brust, im SK dunkle Kappe, dunkler Wangenstrich; Schwanz kurz, breit; Unterflügel hell. Rufe kehlig grummelnd; Junge auf See hoch pfeifend.

Dickschnabellumme
Uria lomvia

L 39–43 cm | SP 64–75 cm | G 810–1200 g

Wie eine schwärzliche Trottellumme mit dickerem Schnabel und weißem Längsstreif am Schnabelwinkel. Weiß auf dem Vorderhals im PK spitz zulaufend, Flanken ungestrichelt weiß. Im SK Schnabelstreif unauffälliger; Kappe reicht unter die Augen; kein dunkler Wangenstrich, nur unteres Gesicht weiß; breitere weiße Bürzelseiten, weißere Unterschwanzdecken.

MÖWEN- UND ALKENVÖGEL

Tordalk
Alca torda

L 37–39 cm | SP 63–67 cm | G 590–730 g

Gedrungener als Trottellumme; oberseits schwärzlich; hoher, schmaler, stumpfer Schnabel mit weißen Querlinien und weißer Längslinie vor dem Auge; spitzer Schwanz. Im SK dunkle, unter die Augen reichende Kappe, aber ohne Wangenstreif, ferner mit breiteren weißen Bürzelseiten und schneeweißen Unterflügeldecken. Ruft tief grunzend „göärrr".

Gryllteiste
Cepphus grylle

L 30–32 cm | SP 52–58 cm | G 340–450 g

Ein kleiner Seevogel, einzeln oder paarweise im Bereich kleiner Felsinseln (nicht auf hohen Klippen oder in großen Scharen auf dem Wasser darunter). Im PK mit ovalem, weißem Flügelfeld, weißen Unterflügeln, roten Beinen und rotem Rachen. Im SK oberseits gebändert, Kopf überwiegend weißlich, weißes Flügelfeld. Im JK brauner, ähnlich SK, aber Flügelfeld gebändert.

Flughühner, Tauben, Kuckucke

Flughühner sind Samen verzehrende Bodenvögel der offenen, trockenwarmen Landschaften Südeuropas, sie treten kaum außerhalb ihrer regulären Verbreitung auf. Am Boden erinnern sie etwas an Hühnervögel, in der Luft sind sie aber wesentlich agiler; auf ihren täglichen Flügen von und zu den Wasserstellen fliegen sie hoch und rasant. Flughühner besitzen winzige Schnäbel und sehr kurze Beine, einige Arten haben lange, spitze Schwänze.

Tauben sind häufige und erfolgreiche Vögel in Wäldern, in der Feldflur und mitten in Städten; jedoch erleiden die wandernden Turteltauben vor allem durch Intensivierung der Landwirtschaft und hohen Jagddruck erhebliche Verluste. Typische Merkmale der Tauben sind der rundliche Kopf mit kurzem Schnabel, der recht lange Schwanz, die ziemlich langen Flügel und das weiche, dichte Gefieder. Ihre Gesänge sind typischerweise gurrend oder rollend, den meisten Tauben fehlt jedoch ein auffälliger Flugruf.

Die **Kuckucke** sind schlank gebaut, langschwänzig und haben spitze Flügel mit breiter Basis, sie erinnern im Flug etwas an Greifvögel. Ihre Eier legen sie bekanntermaßen in die Nester anderer Vogelarten. Der „Kuckucksruf" ist fast jedem Kind geläufig, doch nur wenige Menschen haben je einen Kuckuck gesehen. Kuckucke sind Insektenfresser, besonders im Mai sind sie auf ein gutes Angebot an fetten Raupen angewiesen.

Sandflughuhn
Pterocles orientalis

L 33–35 cm | SP 60–63 cm | G 400–550 g

Gedrungener und größer als Spießflughuhn, Schwanz kurz, keine Schwanzspieße; Bauch schwarz. ♂ an Kopf und Brust grau, Kehle orangefarben, Oberseite braun mit orangebeigefarbener Fleckung. ♀ eher beige, fein gebändert und gefleckt. Unterflügel im Flug wie beim Spießflughuhn, schwarzer Bauch jedoch stets auffällig. Flugrufe rollend „tschürr-err-err".

Spießflughuhn
Pterocles alchata

L 31–39 cm | SP 55–63 cm | G 250–290 g

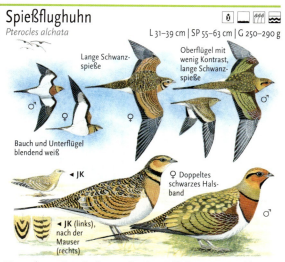

Ein taubenartiger Bodenvogel mit rundlichem Körper, kleinem Kopf und langen, gewinkelten Flügeln. ♂ an Gesicht und Brustband kupferorange, Hals grün, Oberseite grünlich mit gelblicher Fleckung. ♀ bräunlich, Hals und Brust orangebraun mit drei schmalen, schwarzen Bändern; Oberseite gebändert. Unterseits schwarze Flügelspitzen. Ruft „katar-katar".

Palmtaube
Streptopelia senegalensis

L 25–27 cm | SP 40–45 cm | G 80–135 g

Eine kleine Taube des extremen Südostens von Europa. Dunkel mit rotbrauner Oberseite, dunkel blaugrauem Flügelfeld, dunkleren Flügelspitzen, rosafarbenem Kopf und schwarz gesprenkeltem Brustband. In Städten oft vertraut, Nahrungssuche häufig um Hotels und unter Tischen von Straßencafés. Stotternde Gesangsstrophen: „do-do-do-do-do", auf 3. und 4. Silbe betont.

Felsentaube
Columba livia

L 31–34 cm | SP 63–70 cm | G 250–350 g

Wildvögel mit schlankem Schnabel und kleiner, weißer Wachshaut; domestizierte Vögel mit dickem Schnabel und großer, heller Wachshaut. Echte Wildvögel ansprechend hell blaugrau, am Hals mit Grün- und Purpurglanz; dunkler Nacken, 2 breite, schwarze Flügelbinden, weißes Bürzelfeld und weiße Flügelunterseite. Haus- und Straßentauben variabel. Ruft tief gurrend.

FLUGHÜHNER, TAUBEN UND KUCKUCKE

Hohltaube
Columba oenas

L 32–34 cm | SP 63–69 cm | G 290–330 g

Bläulich mit hellem Feld in der Flügelmitte, Flügelspitzen und -hinterrand dunkler; kein Weiß

Hohltaube gleitet mit angehobenen, Ringeltaube mit flacheren Flügeln

Runder Kopf und kurzer Schwanz bewirken andere Gestalt als bei Ringeltaube oder Haus-/Straßentaube

▲ Hohltaube startet mit stark gebogenen Flügeln, Ringeltaube mit flacheren Flügeln

Steht oft aufrecht

▲ Ringeltaube

ad.

▲ Kleine, schwarze Flügelbinden

Runder Kopf, kein Weiß am Hals; korallenrote Beine

Weiße Außenfahne an der Schwanzkante

Eine mittelgroße, bläuliche Taube des Wald- und Kulturlands, felsiger Landschaften und Steinbrüche; wirkt am Boden eher blaugrau als die ähnliche Ringeltaube. Kopf klein und rund, Schwanz ziemlich kurz; Brust matt rosa, glänzend grüner Halsfleck; 2 kurze, schwarze Flügelbinden. Im Flug Unterflügel mittelgrau; Oberflügel mit hellem Mittenfeld, Spitzen und Hinterrand matt schwarz; Bürzel hell, Schwanz mit dunkler Binde. Im Vergleich zur Ringeltaube Kopf weiter vorragend und runder, aber Flügel und Schwanz kürzer; gewöhnlich mit breiterem Kopf und weniger nach hinten gewinkelten Flügeln als Haus- oder Straßentauben. Gleitet im Schauflug mit angehobenen Flügeln. Reviergesang dumpf pumpend „oh-ruo-oh-ruo-oh …".

FLUGHÜHNER, TAUBEN UND KUCKUCKE

Ringeltaube
Columba palumbus

L 40–42 cm | SP 75–80 cm | G 480–550 g

Breiter, heller Bürzel, schwarze Schwanzendbinde

Ringeltauben

Groß mit langen Flügeln und langem Schwanz

Hohltaube

Auffälliges weißes Flügelband, weiße Halsflecken und helle Schwanzbinde bilden kennzeichnende Kombination

Während des Balzflugs steiler Aufstieg und mehrmaliges, peitschenartiges Flügelklatschen

Fliegt geräuschvoll flügelklatschend ab, Flug schnell und direkt

Beim stehenden Vogel sind kleiner Kopf und volle Brust auffällig

◄ JK Weißes Flügelabzeichen, aber kein Weiß am Hals

ad.

Eine große, ansprechend gefärbte Taube mit langen Flügeln und langem Schwanz, breitem, schwerem Körper, kleinem, rundlichem, blaugrauem Kopf; Oberseite matt grau, Bürzel heller, Schwanz mit heller Binde in der Mitte und dunkler Endbinde; Brust kräftig weinrot; Hals mit breitem, weißem Fleck. Im Flug dunkle Flügelspitzen und auffälliges weißes Querband auf halber Länge. Beine hellrosa. Schnabel rot und gelb. Im JK uneinheitlich gefärbt sowie ohne Weiß am Hals. Zu den Zugzeiten und bei der Nahrungssuche oft in Schwärmen. Meist scheu und wachsam, in Stadtparks oder großen Gärten aber oft erstaunlich vertraut. Beim Abflug lautes Flügelklatschen, aber kein Warnruf; Reviergesang dumpf, aber angenehm gurrend.

Türkentaube
Streptopelia decaocto

L 31–33 cm | SP 47–55 cm | G 150–220 g

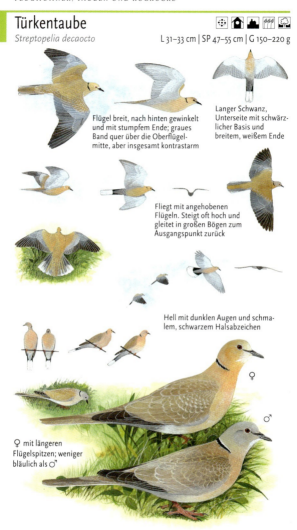

Flügel breit, nach hinten gewinkelt und mit stumpfem Ende; graues Band quer über die Oberflügelmitte, aber insgesamt kontrastarm

Langer Schwanz, Unterseite mit schwärzlicher Basis und breitem, weißem Ende

Fliegt mit angehobenen Flügeln. Steigt oft hoch und gleitet in großen Bögen zum Ausgangspunkt zurück

Hell mit dunklen Augen und schmalem, schwarzem Halsabzeichen

♀ mit längeren Flügelspitzen; weniger bläulich als ♂

Eine häufige, weit verbreitete, langschwänzige Taube südlicher Nadelwälder sowie von Städten und Dörfern, Parks und Gärten und rings um Bauernhöfe. Kopf klein, ad. mit schmalem, schwarzem Halsabzeichen. Körper hell sandgraubraun, Flügelspitzen dunkel, Flügelmitte hell blaugrau; Schwanz unterseits mit breiten, weißen Steuerfederspitzen und dunkler Basis. Augen dunkel (von Nahem rötlich), Schnabel schlank, dunkel; Beine dunkelrosa. Fliegt mit gebogenen Flügeln, langer Schwanz auffällig. Gleitet beim Schauflug mit gespreiztem Schwanz. Ruft im Flug „kwörrr", Paare bei Flugjagden laut und nasal „chwäh". Reviergesang ein auf der 2. Silbe betontes Gurren „du-duh-du", mitunter auch gleichmäßige Betonung der 3 Silben.

FLUGHÜHNER, TAUBEN UND KUCKUCKE

Turteltaube
Streptopelia turtur

L 26–28 cm | SP 47–53 cm | G 130–180 g

◂ Bläuliches Band quer über die Oberflügelmitte

Wirft sich im Flug oft von einer Seite auf die andere, Flügel nach hinten gewinkelt

Unterseits schwarzer Schwanz mit weißer Endbinde

Kontrastreich schwarzweißes Schwanzmuster mit weißer, in der Mitte unterbrochener Endbinde

◂ ad. Sauber gestreiftes Halsabzeichen, kontrastreich gemusterte Oberseite, rosafarbene Brust

▴ Türkentaube
Weiße Schwanzendbinde breiter

ad.

JK Oberseite matter, brauner gefärbt und weniger kräftig gemustert; ohne Halsabzeichen (vgl. mit Palmtaube)

Eine kleine, ansprechend gefärbte, kontrastreiche Taube mit auffälligem Schwanzmuster. Lebt im warmen, trockenen Tiefland mit Waldrändern, hohem Gebüsch und Hecken; fehlt in weiten Teilen Süddeutschlands. Fliegt schnell mit ruckartigen Schlägen der etwas gewinkelten Flügel. Kopf grau, Unterseite hellrosa und beige; Oberseite rostbraun, kräftig braunschwarz gemustert; blaugraues Feld in der Flügelmitte; Bürzel braun, Schwanz dunkel, oberseits mit scharf abgesetzter, keilförmiger weißer Spitze (schmaler, aber reiner weiß als bei der Türkentaube). Ad. mit bläulich und schwarz gestreiftem Halsfleck, fehlt bei den unscheinbareren Jungvögeln. Schauflug in Bögen auf mittlerer Höhe. Reviergesang schnurrend „turrr-turrr-turrr ..." (Name!).

Kuckuck
Cuculus canorus

L 32–34 cm | SP 55–65 cm | G 105–130 g

Ist sofort an seinem typischen „Ruf" zu erkennen; Schwanz und Flügel lang und recht breit, schmaler, spitzer Kopf, kurzer, etwas abwärts gebogener Schnabel. Steht auf Ästen, Leitungen und Pfählen, Flügel etwas gesenkt, oft seitliche Schwanzbewegungen oder Schwanz etwas angehoben und Steuerfedern leicht gespreizt. Fliegt schnell und direkt. Ad. grau, unterseits heller mit feiner Bänderung und noch hellerem Unterschwanz; Schwanz dunkel mit weißen Flecken. JK graubraun oder rostbraun, kräftig gebändert und mit hellem Nackenfleck. Manche ♀ kräftig rostbraun (häufiger in Osteuropa). Reviergesang („Kuckucksruf") meist zweisilbig, laut und weittragend „gu-kuh", manchmal „gu-gu-kuh". ♀ äußern kehlige Trillerreihen.

FLUGHÜHNER, TAUBEN UND KUCKUCKE

Häherkuckuck
Clamator glandarius

L 38–40 cm | SP 55–65 cm | G 150–190 g

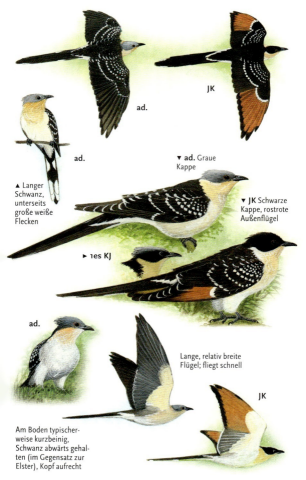

▲ Langer Schwanz, unterseits große weiße Flecken

ad.

▼ ad. Graue Kappe

▼ JK Schwarze Kappe, rostrote Außenflügel

► 1es KJ

ad.

Lange, relativ breite Flügel; fliegt schnell

JK

Am Boden typischerweise kurzbeinig, Schwanz abwärts gehalten (im Gegensatz zur Elster), Kopf aufrecht

Gesamteindruck ähnlich Kuckuck, kurzer, gebogener Schnabel, jedoch Flügel länger und schlanker, werden im Flug nach hinten gewinkelt; Schwanz lang, schmal, spitz zulaufend. Der Häherkuckuck wirkt im Flug und stehend ungewohnt, erzeugt bei weniger erfahrenen Beobachtern Ratlosigkeit. Altvögel mit grauer Kappe und angedeutetem Schopf, Kehle und Brust gelblich beige; Oberseite grau mit großen, weißen Flecken. Im JK mit schwarzer Kappe, Oberseite dunkler mit kleineren Flecken, Schwanz schwärzlich mit breiten weißen Spitzen der Steuerfedern, Außenflügel mit großem, kräftig rostbraunem Feld. Auffliegende Häherkuckucke sind überaus auffällig. Reviergesang rau knatternd „tscherr-tscherr-tsche-tsche-tsche".

Eulen

Eulen sind in ihrer äußeren Erscheinung den meisten Menschen vertraut – rundlicher Kopf mit nach vorn gerichteten Augen, die in einem flachen oder scheibenförmigen Gesichtsschleier liegen; sie sind aber eher bekannt aus Büchern, Filmen und Karikaturen als aus der Natur.

Die Eulen sind überwiegend nächtlich aktive Beutegreifer, manche können aber im Tageslicht beobachtet werden, vor allem, wenn ihr Ruheplatz von einer lärmenden, „mobbenden" Kleinvogelschar verraten wurde. Alle Eulen besitzen ein weiches, geräuschdämmendes Gefieder mit einer Sägekante an der äußersten Schwungfeder, was zu fast lautlosem Flug befähigt. Die weltweit verbreiteten **Schleiereulen** haben einen eher herzförmigen Gesichtsschleier und recht lange Beine.

Typische Eulen besitzen ein dichter gemustertes Tarnkleid, viele mit Federohren, die aufgerichtet oder eng an den Kopf angelegt werden können. Größere Eulen schlagen Säugetiere und Vögel, viele der kleineren Arten fangen Insekten. Einige Eulen sind sehr standorttreu und zeitigen alljährlich ein kleineres Gelege, während andere nomadisch leben und nur in günstigen Jahren brüten und dann viele Junge aufziehen.

Schleiereule
Tyto alba

L 33–39 cm | SP 85–93 cm | G 290–460 g

Eine auffallend helle Eule; Brust weiß (West- und Südeuropa) oder gelborange, schwarz gepunktet (Mittel- und Osteuropa). Oberseite variabel grau gemustert. Weißer, herzförmiger Gesichtsschleier, schwarze Augen. Beine lang und dünn. Fliegt niedrig, etwas schwankend; rüttelt oft, um Beutetiere zu lokalisieren. Fauchende, zischende und kreischende Laute.

Sperbereule
Surnia ulula

L 36–39 cm | SP 69–82 cm | G 250–380 g

Eine langschwänzige Eule nordischer Wälder; recht kurze, schlanke Flügel; auffälliges Gesichtsmuster mit weißem Schleier, schwarz umrahmt, helles V auf der Stirn; Augen gelb; Oberseite mit viel Weiß, Unterseite gebändert. Im JK sehr dunkel mit weißem V auf der Stirn und stechend gelben Augen. Ruft falkenähnlich; Reviergesang des ♂ rollend-trillernd „üllüllüllüllü ...".

EULEN

Waldkauz
Strix aluco

L 37–43 cm | SP 94–104 cm | C 330–590 g

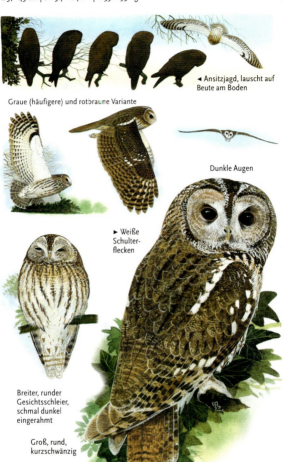

◄ Ansitzjagd, lauscht auf Beute am Boden

Graue (häufigere) und rotbraune Variante

Dunkle Augen

► Weiße Schulterflecken

Breiter, runder Gesichtsschleier, schmal dunkel eingerahmt

Groß, rund, kurzschwänzig

Eine große, rundköpfige Eule der Wälder, Parks sowie alter Bäume in großen Gärten, viel häufiger zu hören als zu sehen. Streng nachtaktiv, jedoch manchmal im Tagesversteck vor einer Baumhöhle oder im dichten Efeu einer Hauswand zu entdecken, wenn Kleinvögel den Kauz laut zeternd umfliegen. Wirkt großköpfig; Gefieder rotbraun oder graubraun mit Reihen weißer Flecken. Augen schwarz, ganz ohne Gelb oder Orange. Kann schläfrig und rund aussehen oder auch wachsam und aufrecht. Steht in der Dämmerung oft auf Pfählen oder exponierten Ästen, Bestimmung am besten anhand von Silhouette, Lebensraum und Lautäußerungen. Ruft laut, nasal „kju-wick"; Gesang unheimlich tremolierend „huuu-huhuhu-huu".

EULEN

Waldohreule
Asio otus

L 35–37 cm | SP 84–95 cm | G 210–330 g

Grauer Hinterflügel

Dunkler Bugfleck

Schwanz fein dunkel gebändert

Dunkle Unterseite

Federohren bei Gefahr aufgerichtet, oft aber in breiterem V gehalten oder angelegt

◄ Augen orange

Handflügel nahe der gebänderten Spitze gelblich beige

Bei Gefahr sehr schlank

Eine mittelgroße, aufrecht stehende, streng nachtaktive Eule der Wälder und dichter Gehölze; am Tagesruheplatz oft rundlich mit zu einem Schlitz verengten Augen und katzenartigem Gesichtseindruck. Augen tief orangefarben; Gefieder kräftig gefleckt und gestreift, Unterseite mit dichten Streifen und Bändern. Im Flug ähnlich der Sumpfohreule, Hinterflügel und Schwanz gleichmäßiger gebändert, Flügelspitzen weniger markant schwarz; orangebeigefarbenes Feld zwischen Flügelspitze und Bug kleiner und oft dunkler, weißer Flügelhinterrand schwach entwickelt oder fehlend. Warnruf des ♀ scharf „ruäk"; Reviergesang des ♂ gedämpft „uh"; Junge rufen hoch und klagend „zieh".

EULEN

Sumpfohreule
Asio flammeus

L 34–42 cm | SP 90–105 cm | G 260–350 g

Fliegt beim Schauflug hoch, Jagdflug niedrig und etwas schaukelnd

► Weißer Hinterrand

Dunkler Bugfleck

▼ Dunkle Schwanzbinden

Unterflügel hell mit deutlichen dunklen Abzeichen

Kleine Federohren, sind oft nicht sichtbar; gelbe Augen mit schwarzer Umrandung

Kontrastreich schwarze Flügelspitzen, davor gelblich beige

Oberseits gefleckt, Brust gestrichelt, Bauch weiß

Eine mittelgroße, helle, gelblich braune Eule mit hellen Flecken auf den Flügeln, gelben, schwarz eingefassten Augen im schwarzweißen Gesicht und breitem, rundem Schleier. Oberseite kräftig dunkel gefleckt, Brust gestrichelt. Im Flug lange Flügel mit weißem Hinterrand und deutlichem dunklem Bugfleck sowie schmalen dunklen Spitzen, weißem Hinterrand und kräftig gelblich beigefarbenem Feld auf dem Handflügel. Jagt oft am Tag in niedrigem, weihenartigem Flug. Zur Balzzeit tragen die Männchen ihren Gesang in hohem, gaukelndem Flug vor: ein tiefes, hohl klingendes „bu-bu-bu-bu-bu..."; zusätzlich produzieren sie knatternde Flügelgeräusche. Warnruf kläffend „tschäff".

EULEN

Zwergohreule
Otus scops

L 19–20 cm | SP 47–54 cm | G 150 g

Kleine Ohreule mit gelben Augen

◂ Federohren oft angelegt, sieht aus wie „Beulen" an den Kopfecken

„Ohren" aufgerichtet

Lange, schmale Flügel lassen den Vogel nachts größer erscheinen

◂ Graue oder rotbraune Variante, beide häufig

Unterflügel gebändert

Kleine, nachtaktive Eule der Parks, Waldränder und Alleen. Oberkopf waagerecht oder mit kurzen Federohren an den Kopfecken; Gefieder graubraun bis rotbraun mit dunkel rostfarbenen Arealen oberseits. Helle Fleckenreihen auf den Schultern, Unterseite gestrichelt. Wirkt im Schein von Taschenlampen oder Straßenlaternen hell. Reviergesang monoton, tief pfeifend „dju".

Sperlingskauz
Glaucidium passerinum

L 16–17 cm | SP 32–39 cm | G 50–80 g

Sehr klein, schlägt aber recht große Beutetiere

Sperlingskauz   Zwergohreule   Steinkauz

Gelbe Augen, weiße „Augenbrauen"

Runder Kopf, gestrichelte Brust

▸ Sträubt oft die Kopffedern

Gebänderter Schwanz

▸ Unterseits gebänderte Schwungfedern

Eine winzige Eule, meist in nördlichen Wäldern. Körper rundlich, gebänderter Schwanz oft gestelzt; Gefieder dunkel bräunlich, Unterseite heller, Flanken gebändert. Kurze, weiße „Augenbrauen". Flugweise spechtartig in Bögen. Herbstgesang aus rund 10 ansteigenden Pfeiftönen (Tonleiter). Reviergesang aus gimpelähnlichen Pfeiftönen „djü üüü djü üüü ...".

Steinkauz
Athene noctua

L 21–23 cm | SP 50–56 cm | G 140–200 g

Kleine, untersetzte Eule mit flachem Scheitel; niedrige, helle „Augenbrauen", gelbe Augen

Schneller, wellenförmiger Flug

Oberseite braun mit dichter, weißer Fleckung

Oft am Tag zu sehen in offener Landschaft

Eine kleine, gedrungene, flachköpfige Eule; Stirn gefleckt, lange, flache, weißliche „Augenbrauen"; Augen gelb, schwarz eingefasst. Gefieder erdbraun mit hellerer Unterseite. Steht aufrecht auf Zweigen, Pfosten, Scheunendächern, oft tagsüber. Flug niedrig, schnell und wellenförmig. Ruft laut, scharf „kuwitt". Reviergesang lang gezogen, fragend „guuhk".

Raufußkauz
Aegolius funereus

L 24–26 cm | SP 50–62 cm | G 150–200 g

Unterseite hell, gefleckt oder gebändert

Hohe „Augenbrauen", fragender Gesichtsausdruck

Rein nachtaktiv, lebt verborgen im Wald

◄ JK

◄ Rostbraun, helle Schulterfleckung, gelbe Augen

Streng nachtaktive Waldkleineule; ständig „erstaunter" Gesichtsausdruck durch hohe „Augenbrauen" und rundes Gesicht; heller Gesichtsschleier dunkel umrandet, markante gelbe Augen. Oberseite warm braun mit weißer Fleckung. Im JK einheitlich dunkelbraun mit hellerem Gesicht. Reviergesang des ♂ (nachts) anschwellend, hohl klingend „bu-bu-bu-bu-bu …".

EULEN

Habichtskauz
Strix uralensis

L 60–62 cm | SP 103–124 cm | G 500–1300 g

◂ Waldkauz

Sehr groß, sehr hell; kleine, dunkle Augen

Großer, runder Kopf

Langer Schwanz

Eine sehr große Eule naturnaher Wälder. Ähnelt einem riesigen, hellen, lang gestreckten Waldkauz, aber mit längerem Schwanz, einfarbigerem Gesicht, kleineren Augen und hellgelbem Schnabel. Im Flug lange Flügel und langer Schwanz auffallend, kein helles Handflügelfeld. Ruft graureiherartig krächzend. Reviergesang tief „wuho ... wuho owuho". In Nestnähe gefährlich.

Bartkauz
Strix nebulosa

L 64–70 cm | SP 130–150 cm | G 500–1900 g

Kleine, gelbe Augen

Sehr groß, grau, markanter Gesichtsschleier

▸ Hell gelblich braunes Handflügelfeld (vgl. Habichtskauz)

Eine fast uhugroße Eule mit großem Kopf und rundem Gesichtsschleier aus konzentrischen Linien; Augen klein, stechend gelb. Schwarzer Bereich um die gelbe Schnabelspitze. Gefieder überwiegend grau. Im Flug helles Handflügelfeld auffallend. Bei Gefahr lautes Schnabelknappen. Reviergesang ein pumpendes, schwer zu ortendes „bwo-bwo-bwo ...". In Nestnähe gefährlich.

EULEN

Uhu
Bubo bubo

L 60–75 cm | SP 140–170 cm | G 1,5–3 kg

Im Flug massiv, kräftige Flügelschläge, Flügel eng gebändert

Stechend orangefarbene Augen, große Federohren

Riesige, dunkle Ohreule der Wälder und Felsen

Federohren aufgerichtet

Eine sehr große, kräftig gebaute, großköpfige Eule mit breiten, kraftvollen Flügeln. Weit auseinander stehende Federohren, dunkles Gesicht mit orangefarbenen Augen; heller Bereich um die Schnabelspitze. Oberseite schwärzlich oder dunkelbraun, gebändert und gefleckt. Unterseite hell beigebraun, dunkel gestreift. Ruft bellend „kva kva ...". Gesang dumpf „bu-ho".

Schnee-Eule
Bubo scandiacus

L 55–65 cm | SP 120–150 cm | G 1,2–2,5 kg

Gelbe Augen wirken aus der Ferne dunkel

♂

Riesige, weiße Eule des hohen Nordens; ♂ fast rein weiß, ♀ gebändert

♀

Etwas ruckartige Flügelschläge

◀ JK Grau, weißes Gesicht

▼ Schleiereule

♀

Einzigartige stattliche, großköpfige und dickfüßige Eule des hohen Nordens. ♂ weiß, nur an Flügeln und Schwanz spärlich dunkel gebändert. ♀ unterseits fein gebändert, oberseits breitere Bänderung. Im JK unscheinbar graubraun, an Gesicht und Flügeln weiß. Gelbe, schwarz eingefasste Augen wirken oft ganz dunkel. Flug kraftvoll mit schnellen, tiefen Abwärtsschlägen.

Segler, Racken-, Spechtvögel u. a.

Die **Segler** verbringen nahezu das ganze Leben im Flug; da sie unfähig sind, auf ihren winzigen Füßen zu stehen oder zu laufen, bleiben sie oft lange Zeit ununterbrochen in der Luft, um Insekten zu jagen. Nur zum Brüten verlassen sie den Luftraum kurzzeitig.

Deutlich größer sind die **Nachtschwalben**. Diese nächtlichen Jäger haben es auf Schmetterlinge und Käfer abgesehen. Ihr mechanisch schnurrender Gesang verrät sie mitunter in der späten Dämmerung.

Weltweit gibt es über 90 Arten von **Eisvögeln**, aber nur eine davon kommt in Europa vor.

Der farbenprächtige Eisvogel ist nah verwandt mit den **Spinten**, zu denen der Bienenfresser gehört (er verzehrt wirklich Bienen) sowie den größeren, aber etwas ähnlichen **Racken** und den unverkennbaren **Wiedehopfen** mit nur einer einzigen Art überhaupt.

Die **Spechte** haben kräftige, meißelartige Schnäbel, mit denen sie auf der Suche nach Insektenlarven Baumrinde und morsches Holz bearbeiten; die „Erdspechte" und der Wendehals verzehren hauptsächlich Ameisen. Ihre Jungen ziehen die Spechte in meist selbst gezimmerten Baumhöhlen auf. Sie verständigen sich mit nicht selten klangvollen Rufen und Gesängen, viele demonstrieren ihre Revieransprüche durch lautes Trommeln auf hohle Äste.

Alpensegler
Apus melba

L 20–22 cm | SP 51–58 cm | G 75–100 g

Ein großer, kraftvoller Segler, ständig in der Luft, gesellig. Lange, sichelförmige Flügel, jedoch breiter als beim Mauersegler; Kopf kurz, stumpf, Schwanz gegabelt. Oberseite mittelbraun, unauffällige weiße Kehle, braunes Brustband, weißes Bauchfeld. Fliegt oft in großer Höhe, dabei leuchtet das Bauchfeld in der Sonne. Ruft laut trillernd „tri-ti-tititi ...".

Kaffernsegler
Apus caffer

L 14 cm | SP 33–37 cm | G 20–30 g

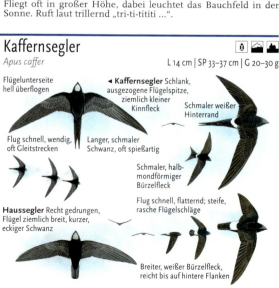

Kaffernsegler: Seltener Brutvogel Südwestspaniens; schlank, dunkel mit langem, spitzem Schwanz, manchmal bei Spreizung tief gegabelt; sichelförmige Flügel, schmaler, bogenförmiger, weißer Bürzelfleck; weißer Kinnfleck. **Haussegler** (*Apus affinis*): Seltener Ausnahmegast; gedrungen, mit kurzem, eckigem Schwanz, breiter, weißer Bürzelfleck und weiße Kehle.

Mauersegler
Apus apus

L 16–17 cm | SP 42–48 cm | G 36–50 g

- Diffus helle Kehle
- Schwungfedern glänzen oft bei starker Sonne
- Unterflügelkontrast recht gering
- Schnelle, tiefe Flügelschläge, immer wieder lange Gleitstrecken; Beuteflüge in langsamerem Tempo
- Färbung rußschwarz, wird im Sommer zunehmend brauner; Unterflügel dunkel, Hinterflügel nur wenig heller

Im größten Teil Europas der einzige Segler. Gefieder schwärzlich, Kopf stumpf, Körper schmal, Schwanz gegabelt; Flügel sichelförmig, werden steif gehalten. Fliegt bei schlechtem Wetter oft niedrig, sonst aber hoch; helle Kehle unauffällig. Schwungfedern in starkem Licht oft glänzend. Über dem Brutplatz oft in rasanten Trupps, dabei laute, schrille Rufreihen.

Fahlsegler
Apus pallidus

L 16–17 cm | SP 39–46 cm | G 50 g

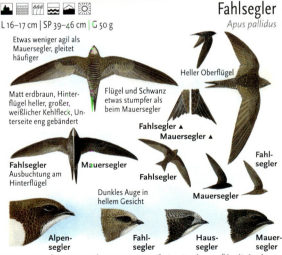

- Etwas weniger agil als Mauersegler, gleitet häufiger
- Heller Oberflügel
- Matt erdbraun, Hinterflügel heller, großer, weißlicher Kehlfleck, Unterseite eng gebändert
- Flügel und Schwanz etwas stumpfer als beim Mauersegler
- Fahlsegler ▲
- Mauersegler ▲
- Fahlsegler — Ausbuchtung am Hinterflügel
- Mauersegler
- Fahlsegler
- Fahlsegler
- Mauersegler
- Dunkles Auge in hellem Gesicht
- Alpensegler
- Fahlsegler
- Haussegler
- Mauersegler

Vorwiegend im Mittelmeerraum, oft in Städten. Ähnlich dem Mauersegler, aber Kopf, Flügelspitzen und Schwanzende etwas weniger spitz. Bei gutem Licht erkennbar heller, insgesamt erdbraun, an Kehle und Gesicht heller, oberseits innerer und hinterer Flügel heller. Von Nahem unterseits helle Federränder (schuppiger Effekt) erkennbar. Rufe leicht abfallend.

Ziegenmelker
Caprimulgus europaeus

L 26–28 cm | SP 54–60 cm | G 75–100 g

◄ ♂ Große, weiße Flecken an Flügelspitzen und Schwanzecken

► ♀ Ohne weiße Flecken

▲ ♀ mit ganz braunem Schwanz, auch im JK

Auf dem Nest getarnt

Nächtlicher Sommervogel der Heiden und Kiefernwälder. Kopf flach, Schnabel sehr klein, Körper lang gestreckt; Schwanz lang und breit, Flügel mit stumpfen Enden. Fliegt wendig, vollführt akrobatische Flugmanöver, Schwanz dabei oft gefächert. ♂ mit weißen Abzeichen an Flügeln und Schwanz, sonst dunkel. Ruft nasal „grruit"; Reviergesang anhaltend schnurrend.

Rothals-Ziegenmelker
Caprimulgus ruficollis

L 30–32 cm | SP 60–65 cm | G 75–100 g

Etwas größer und langschwänziger als Ziegenmelker

◄ Weißliche Flecken, bei ♀ kleiner

♂

Äußere Steuerfedern weiß (♂)

◄ Ohne Weiß an äußeren Steuerfedern, auch im JK

Rotbraunes Nackenband schwer zu sehen; Gesang bestes Merkmal

Weißer Kehlfleck, weiße Flügelflecken bei ♂ am größten

Rotbraunes Nackenband

In Europa nur auf der Iberischen Halbinsel – auf sandigen Heiden mit Baumgruppen und aromatischen Kräutern. Sehr ähnlich Ziegenmelker, jedoch unterseits eher orangebeige, Vorderflügel grau; Nackenband unauffällig. Meist in der Dämmerung als Silhouette zu sehen. Gesang wichtig, monoton, rhythmisch, klingt wie Schlagen auf Holz: „kjü-tok-kjü-tok-kjü-tok …".

SEGLER, RACKENVÖGEL, SPECHTE UND ANDERE

Eisvogel
Alcedo atthis

L 16–17 cm | SP 24–26 cm | G 35–40 g

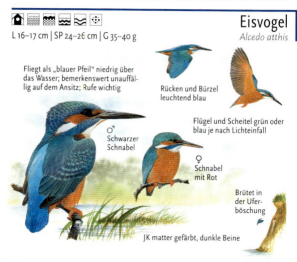

Einzigartiger Kleinvogel an Gewässern, meist durch die Rufe zu entdecken oder kurz im Flug über das Wasser zu sehen. Dolchförmiger Schnabel, großer Kopf, kurzer Schwanz. Oberseits auffällig grünblau, Bürzel und Rücken metallisch blau; Halsseitenfleck und Kehle weiß; Unterseite rostbraun. ♀ mit orangeroter Unterschnabelbasis. Ruft durchdringend „tjieht".

Bienenfresser
Merops apiaster

L 25–27 cm | SP 36–40 cm | G 50–70 g

Exotisch gefärbter Vogel der offenen Landschaft mit schlankem, spitzem, leicht abwärts gebogenem Schnabel und langem Schwanz; Flügel lang, dreieckig und spitz, im Gleitflug flach gehalten. Gefieder oberseits rotbraun mit goldgelben Schultern, unterseits grünblau, Kehle gelb; Unterflügel silbern bis hell kupferrot mit schwarzem Hinterrand. Ruft ständig rollend „prrüp".

SEGLER, RACKENVÖGEL, SPECHTE UND ANDERE

Blauracke
Coracias garrulus

L 30–32 cm | SP 52–57 cm | G 120–190 g

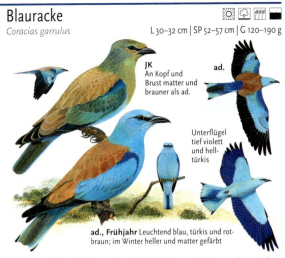

JK An Kopf und Brust matter und brauner als ad.

ad.

Unterflügel tief violett und helltürkis

ad., Frühjahr Leuchtend blau, türkis und rotbraun; im Winter heller und matter gefärbt

Dohlengroß, schlank, steht oft auf Leitungsdrähten oder niedrig auf Bäumen. Schnabel kräftig, dunkel, Schwanz kurz, gerade abgeschnitten; Flügel ziemlich lang, stumpf endend. Gefieder helltürkis, unterseits grüner, im Frühjahr leuchtende Farben. Im Flug Flügel leuchtend blau, purpur und schwarz. JK matter. Ruft „rak-rak". Taumelnde Schauflüge mit heiseren „rrä"-Folgen.

Wiedehopf
Upupa epops

L 26–28 cm | SP 44–48 cm | G 60–75 g

Flug recht zielgerichtet mit flatternden, unsteten Flügelschlägen

◄ Federhaube bei Erregung, vor Abflug und nach Landung fächerartig aufgerichtet

Im Herbst/Winter matter gefärbt, mehr beigebraun

Am Boden durch Licht und Schatten unauffällig

Trotz des auffälligen Gefieders oft schwer zu entdecken. Langer, dünner, leicht gebogener Schnabel, langer Schwanz, kurze Beine. Läuft am Boden mit nickenden Kopfbewegungen, langer Schnabel bei der Nahrungssuche meist im Bodenbewuchs verborgen. Richtet bei Erregung Federhaube plötzlich fächerartig auf. Reviergesang dumpf, weit hörbar „hup-hup-hup".

SEGLER, RACKENVÖGEL, SPECHTE UND ANDERE

Wendehals
Jynx torquilla

L 16–17 cm | SP 25–27 cm | G 30–45 g

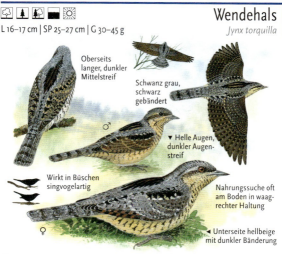

Ein spechtartiger Vogel mit rundem Kopf, kurzem, zugespitztem Schnabel und ziemlich langem Schwanz. Hüpft auf dem Boden und auf schrägen Ästen. Gefieder rindenartig grau, braun und beige gemustert; Unterseite fein gebändert, Kehle gelblich beige; Schwanz dicht gebändert. Dreht und wendet den Hals bei Gefahr. Reviergesang laut, anschwellend „gjä-gjä-gjä ...".

Schwarzspecht
Dryocopus martius

L 45–57 cm | SP 67–73 cm | G 250–370 g

In der Gestalt wie riesiger Grünspecht, mit schlankem Hals und großem Kopf. Schwarz bis auf roten Scheitel (♂) oder roten Nacken (♀), hellen Schnabel und helle Augen. Streift im Winter oft weit umher. Ruft im Flug laut „prü-prü-prü ...", nach dem Landen „kliäh". Gesang im Frühjahr schallend „kwi-kwi-kwi ..."; Trommelwirbel kräftig, langsam.

Grünspecht
Picus viridis

L 31–33 cm | SP 40–42 cm | G 180–220 g

Ein großer Specht mit langem Körper, oft am Boden (Erdspecht). Oberseits apfelgrün mit gelbem Bürzel; Scheitel rot, Gesicht schwarz; dunkler Wangenstreif, beim ♂ mit roter Mitte. Im JK dicht gestreift und gebändert. Flug niedrig, schnell, wellenförmig, gelber Bürzel auffällig. Reviergesang laut, lachend „klü-klü-klü …"; ruft laut und hart „kjückjückjück".

Grauspecht
Picus canus

L 25–26 cm | SP 38–40 cm | G 130–180 g

Wie ein kleiner, „halsloser" Grünspecht ohne rote Kappe, ♂ nur mit rotem Vorderscheitel. Kleiner, runder Kopf, kurzer Schnabel. Kopf grau mit schwarzem Zügel und schwarzem Wangenstreif (ohne Rot); Augen dunkler als beim Grünspecht. Flug wellenförmig, schnell. Reviergesang ähnlich dem des Grünspechts, aber weniger lachend, langsamer, allmählich abfallend.

Dreizehenspecht
Dryobates tridactylus

L 21–22 cm | SP 40 cm | G 60–75 g

Zurückgezogen lebender, kleiner Specht der Fichtenwälder im Gebirge und in Nordeuropa. Wirkt insgesamt ziemlich dunkel, kein Rot im Gefieder. Kopf breit schwarzweiß gestreift; Scheitel beim ♂ gelb, beim ♀ schwarzweiß meliert. Rücken weiß oder mehr gebändert. Unterseite weiß, dicht dunkel gebändert. Ruft weich „kjük"; Trommelwirbel länger als beim Buntspecht.

Kleinspecht
Dendrocopos minor

L 14–15 cm | SP 25–27 cm | G 18–22 g

Der kleinste Specht, oft an Zweigen hoch in Bäumen. Rundköpfig, kurzschnäblig und schlank; Oberseite schwarzweiß gebändert. ♂ mit rotem, ♀ mit schwarzem Scheitel; Körpergefieder ohne Rot. Flug kraftlos flatternd, wellenförmig. Ruft leiser, weicher als Buntspecht. Reviergesang hoch und schnell „kie-kie-kie ...". Trommelwirbel deutlich länger und heller als beim Buntspecht.

Buntspecht
Dendrocopos major

L 22–23 cm | SP 34–39 cm | G 70–90 g

Auffälliger Specht, oberseits schwarzweiß, unterseits beige, lange, weiße Schulterflecken, kräftig hellroter Unterschwanz; Stirn beige, Scheitel schwarz. Ad. ♂ mit rotem Nacken, Jungvögel mit rotem Scheitel; schwarzes Band über die Wange reicht bis Nacken und Schulter. Ruft scharf, laut „kick", auch gereiht; Trommelwirbel kurz und in schneller Schlagfolge.

Blutspecht
Dendrocopos syriacus

L 22–23 cm | SP 38–44 cm | G 60–80 g

Ein großer, schwarzweißer Specht SO-Europas. Ähnlich Buntspecht, aber mit weniger kräftiger Unterschwanzfärbung (mehr rosa). Oft an Straßenmasten. ♂ mit großem, rotem Nackenfleck; JK mit kleinem, rotem Scheitelfleck. Schwarz der Wangen ohne Verbindung zum Schwarz von Nacken und Schultern. Ruft weich „kück"; Trommelwirbel etwas länger als beim Buntspecht.

SEGLER, RACKENVÖGEL, SPECHTE UND ANDERE

Mittelspecht
Dendrocopos medius

L 20–22 cm | SP 35 cm | G 60–75 g

Im Vergleich zum Buntspecht Kopf und Schnabel kleiner, stets roter Scheitel. Rosarote Unterschwanzfärbung geht allmählich in Rosabeige des Bauches über. Weiße Wangen ohne dunkles Querband zwischen Nacken und Halsseiten. ♂ mit kräftig rotem Scheitel, oft bei der Balz gesträubt. Ruft schwach „kück"; klagender Reviergesang „gwähk gwähk …".

Weißrückenspecht
Dendrocopos leucotos

L 24–26 cm | SP 40–45 cm | G 105–115 g

Größter der „Buntspechte". Langer, spitzer Schnabel, Körper und Schwanz lang; Gesicht mit viel Weiß; schwarzer Wangenstreif erreicht nicht Nacken oder Schultern; kein weißer Schulterfleck. Unterschwanz schwach rosarot; Flügeldecken gebändert. Rücken weiß (Mittel- und Osteuropa) oder dicht gebändert (Balkan, Türkei). Ruft „kjück"; langer Trommelwirbel.

Lerchen, Schwalben, Stelzenverwandte

Lerchen haben meist kurze Schnäbel und sind typische Bodenvögel mit langer Hinterzehe für das Laufen in kurzem Bewuchs; wegen ihrer ähnlich schlichten Färbung sind viele Arten leicht miteinander zu verwechseln. Einige haben komplizierte Gesänge, die sie oft in hohem Singflug vortragen.

Mit ihren langen Flügeln und dem gegabelten Schwanz erinnern die **Schwalben** etwas an Segler, mit denen sie oft im Luftraum Insekten jagen. Im Gegensatz zu Seglern können sie jedoch mit ihren kleinen Füßen laufen.

Die hochbeinigen **Stelzenverwandten**, zu denen Pieper und Stelzen zählen, besitzen eine lange Hinterzehe, um bei der Nahrungssuche auf dem Boden gut laufen zu können. Stelzen zeichnen sich neben dem typischen langen, wippenden Schwanz durch auffällige Färbung oder Gefiederkontraste aus, die meisten Pieperarten sind dagegen eher schlicht bräunlich gefärbt und mit Streifenmuster. Man erkennt beide an ihrer wellenförmigen Flugweise, besonders Pieper unternehmen häufig Singflüge, indem sie von einem Baum oder Busch oder vom Boden aus starten. Bei der Artbestimmung achte man besonders auf die Rufe und Gesänge.

LERCHEN, SCHWALBEN UND STELZENVERWANDTE

Feldlerche
Alauda arvensis

L 18–19 cm | SP 30–36 cm | G 35–45 g

Eine vertraute Lerche des offenen Kulturlands, der Heiden und Moore. Kurze, stumpfe Haube, dicht gestrichelte Brust, weiße Unterseite. Flügel im Flug dreieckig mit hellem Hinterrand. Oberseite beigebraun mit typischem Lerchenmuster; Scheitel fein gestrichelt, heller Überaugenstreif. Schnabel recht dick, zugespitzt (aber viel schlanker als bei der Grauammer). Schwanz in der Mitte hell, an den Seiten dunkel und mit breiten, weißen Kanten. Beine hellrosa, sehr lange Hinterkralle. Im Flug Flügelhinterrand recht gerade. Ruft kurz rollend „tschrrl", „prütt" oder „tirr". Gesang aus abwechslungsreich zwitschernden, trillernden und wirbelnden Strophen mit vielen Imitationen anderer Vogelstimmen; singt meist hoch am Himmel rüttelnd.

LERCHEN, SCHWALBEN UND STELZENVERWANDTE

Heidelerche
Lullula arborea

L 15 cm | SP 27–30 cm | G 24–35 g

Kleine, gedrungene, breitflügelige Lerche mit kurzem, abgerundetem Schwanz

Am Boden unauffällig; singt oft auf Baumspitzen oder in hohem, kreisendem Singflug

Flug wellenförmig, flatternd; sehr breite Flügel

Kurze Haube kann aufgestellt werden; helle Überaugenstreifen treffen sich fast im Nacken; Wangen rostbraun

Schwarz-weiß-schwarzes Abzeichen am Flügelrand

Schwanz mit heller Mitte und weißen Ecken

Eine kurzschwänzige, breitflügelige Lerche mit wellenförmiger Flugbahn. Lange, breite, helle Überaugenstreifen bis zum Nacken; Wangen rostbraun, dunkel eingerahmt. Kein weißer Flügelhinterrand; Schwanz nur an den Ecken weiß. Ruft weich „dadidloi" oder „didlui"; Gesang aus sehr vielen verschiedenen, abfallenden Strophen, meist weich auf „ü" oder trillernd.

Ohrenlerche
Eremophila alpestris

L 14–17 cm | SP 30–35 cm | G 35–45 g

Einfarbige Flügel, Schwanz mit schmalen, weißen Kanten

► ♂, **Balkan**
Oberseits grau

♂ Lange „Ohren", im Gesicht kräftig gelb

▼ PK, ♀

▲ ♀, **Balkan**

Im SK mit braunen Federrändern, Gelb heller

▼ SK, ♂

► ♀ Keine „Ohren"

Schmale, weiße Schwanzkante

Eine schlanke, lang gestreckte Lerche mit markantem Kopfmuster, besonders im PK. Oberseite matt braun, Unterseite weiß (Brutvögel Südosteuropas oberseits grau). Variables schwarzes Brustband, im SK darunter noch ein braunes Band; Gesicht gelb. Flügel dunkel, Schwanz mit weißen Kanten. Ruft dünn piepernähnlich „zieh" und „tsiiep"; Gesang melodisch zwitschernd.

Stummellerche
Calandrella rufescens

L 13–14 cm | SP 24–32 cm | G 20–25 g

Eine kleine, streifige Lerche der Dünenlandschaft und trockenen Schlammflächen. Brust gestrichelt; lange Flügelspitzen. Kurze, stumpfe, aufrichtbare Haube; heller Bereich um das Auge. Flügel recht gleichmäßig gefärbt mit wenig Kontrast zwischen den Deckfederreihen; Brust gleichmäßig dicht gestrichelt wie bei der Feldlerche. Kein weißer Flügelhinterrand. Ruft trocken „prrrd".

Kurzzehenlerche
Calandrella brachydactyla

L 14–16 cm | SP 30 cm | G 25 g

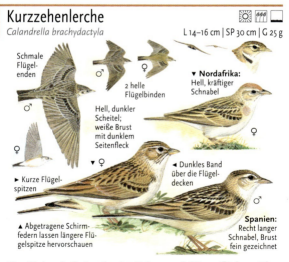

Eine kleine, helle Lerche der Kultur- und Wiesenflächen. Oberseits gestreift mit dunklen Mittleren und hellen Großen Armdecken; lange Schirmfedern lassen nur die äußerste Handschwingenspitze frei. Brust gewöhnlich ungestrichelt, jedoch variable Flecken oder Strichel an den Brustseiten. Scheitel rotbraun oder gestrichelt, weißer Überaugenstreif. Ruft „trit" oder „tschirrep".

Haubenlerche
Galerida cristata

L 17 cm | SP 30–35 cm | G 30–35 g

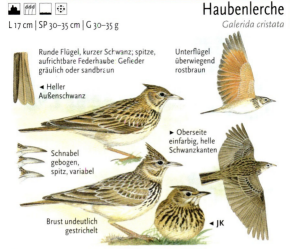

Eine große, gedrungene Lerche mit breiten Flügeln und spitzer, aufrichtbarer Federhaube. Schnabel lang, ziemlich dick, Oberschnabel etwas abwärts gebogen. Brust mit undeutlicher Strichelung. Oberflügel einfarbig ohne weißen Hinterrand; Unterflügel rostbraun. Außenschwanz schwärzlich mit hellen Kanten. Flugweise flatternd, wellenförmig. Ruft pfeifend „swie-ti-tü".

Theklalerche
Galerida theklae

L 17 cm | SP 30–35 cm | G 30 g

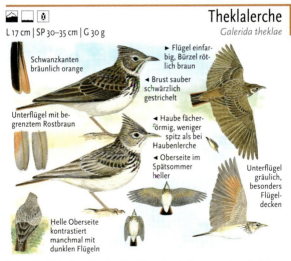

Sehr ähnlich der Haubenlerche, schwierig zu unterscheiden; meist an buschreicheren Stellen oder an felsigen Hängen. Haube eher fächerförmig, Bruststrichelung deutlicher, Schnabel weniger gebogen. Unterflügel gräulich, manchmal etwas rostbraun auf den Schwungfedern; Schwanzmitte eher rötlich braun. Singt weicher, melodischer, abwechslungsreicher als Haubenlerche.

Kalanderlerche
Melanocorypha calandra

L 18–19 cm | SP 35–40 cm | G 45–50 g

Eine große Lerche mit dickem Schnabel, weißen Streifen über den Augen und unter den Wangen; schwärzlicher Brustseitenfleck. Offene Flügel dunkel, unterseits schwärzlich, breiter, weißer Hinterrand. Wirkt lang- und breitflügelig, kurzschwänzig. Ruft trocken rollend „tschrrriep". Singt in hohem Singflug, Strophen etwas langsamer und rauer als bei der Feldlerche.

Dupontlerche
Chersophilus duponti

L 18 cm | SP 30 cm | G 30–45 g

Eine sehr scheue, unauffällige Lerche in kurzem Bewuchs der Gras- und Salzsteppen. Steht oft aufrecht mit gerecktem Hals, dabei schlanker, etwas abwärts gebogener Schnabel kennzeichnend. Spanische Brutvögel oberseits dunkelbraun, Brust dunkel gestrichelt, Flügel einfarbig dunkel. Singt in großer Höhe, Strophen mit kratzigen Abschnitten. Rufe ähnlich Haubenlerche.

Felsenschwalbe
Ptyonoprogne rupestris

L 14,5 cm | SP 32 cm | G 20–25 g

Frisches Gefieder hell gräulich, besonders Oberseite mit Bürzel; wird durch Abnutzung bräunlicher

▼ Unterflügeldecken schwärzlich, kontrastreich abgesetzt

Gleitet sehr geschickt

▲ Steuerfedern mit weißen Flecken

Unterseite düster

Eine gedrungene Schwalbe mit breitem Flügelansatz; fliegt sehr elegant und wendig über tiefen Schluchten oder Bergspitzen, pendelt oft an Felswänden hin und her. Oberseits gräulich, wird durch Abnutzung bräunlicher; Unterflügeldecken sehr dunkel. Weiße Flecken auf den Steuerfedern sichtbar bei Spreizung. Ruft hart „prit" und hell „pli". Gesang rau zwitschernd.

Uferschwalbe
Riparia riparia

L 12 cm | SP 26–29 cm | G 13–14 g

Oberseite schlammbraun, Unterseite weiß

Gewinkelte Flügel mit breitem Ansatz

Flugweise kraftlos flatternd

Schmales, braunes Brustband

▼ JK

Schwanz einfarbig, schwach gegabelt

Eine kleine, gedrungene Schwalbe in Uferbereichen, Sandgruben und an der Steilküste. Unterseite weiß mit braunem Brustband; Oberseite einheitlich braun. Flugweise ziemlich kraft- und ziellos, dreieckige Flügel nach hinten gewinkelt. Brütet kolonieweise an Steilufern von Flüssen und an der Meeresküste sowie in Sandgruben. Ruft häufig „brrrt", bei Gefahr gellend „ziiier".

Rauchschwalbe
Hirundo rustica

L 17–19 cm | SP 32–35 cm | G 16–25 g

Oberseite glänzend blauschwarz, Flügel brauner

► JK

Kehle tief rostbraun

◄ ad. ▲

Unterseite beige, rahmfarben oder hellorange

Breite, weiße Binde auf dem gefächerten, tief gegabelten Schwanz

Ältere ♂ mit den längsten Schwanzspießen

Flügel lang mit breitem Ansatz, Enden spitz, nach hinten gewinkelt

♀ Schwanz kürzer

♂ Schwanz lang

Jagdflug typischerweise niedrig und rasant mit schnellen Schwenks und geschicktem Ausweichen vor Hindernissen

Mehlschwalbe　　Rauchschwalbe　　Rötelschwalbe

Die eleganteste, rasanteste der heimischen Schwalben, fliegt oft niedrig über dem Boden. Oberseite glänzend blauschwarz, Stirn, Kinn und Kehle rostbraun, dunkelblaues Brustband. Unterseite hell bis orangebeige. Schwanz tief gegabelt mit langen Schwanzspießen und einer Reihe weißer Flecken in der Mitte. Ohne weißen Bürzel der Mehlschwalbe oder hellen Bürzel der Rötelschwalbe. Im JK matter gefärbt, Kehle und Gesicht heller, Schwanz kürzer und ohne Spieße. Brütet im Inneren von Gebäuden wie Ställen und Scheunen. Steht oft auf Drähten und Antennen. Im Herbst in Trupps im Schilf. Ruft wiederholt „witt" oder „witt-witt"; Gesang wohlklingend, anhaltend plaudernd mit trillernden, knirschenden Motiven und schnurrendem Schluss.

Rötelschwalbe
Cecropis daurica

L 16–17 cm | SP 30–35 cm | G 20 g

Eine typische Schwalbe, wirkt aber etwas kurzschwänziger und steifflügeliger und fliegt weniger reißend als die Rauchschwalbe – häufig langes, fast falkenartiges Kreisen. Oberseite und Flügel dunkel, Bürzel jedoch auffallend hell, sandbeige mit kräftigerem Orange zum Rücken hin. Oberschwanzdecken schwärzlich. Überaugenstreif und Hinterhals rostrot (im Flug schwieriger zu sehen); Wangen hellbeige, Kehle ganz hell. Unterseite hellbeige mit feiner Strichelung, außer auf den auffällig schwarzen Unterschwanzdecken, die den Schwanz „angestückelt" aussehen lassen. Steuerfedern ganz dunkel, Schwanzspieße ziemlich dick, leicht gebogen. Singt in kurzen, zwitschernden Strophen. Typischer Flugruf ist ein sperlingsartiges, etwas nasales „tschriet".

Mehlschwalbe
Delichon urbicum

L 12,5 cm | SP 26–29 cm | G 15–21 g

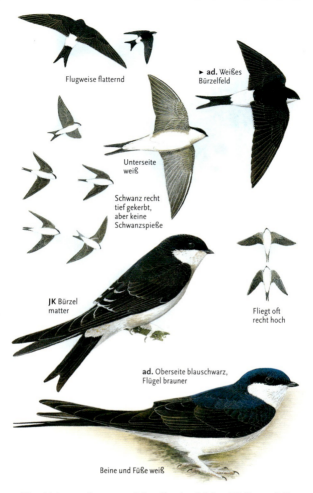

Flugweise flatternd

▶ **ad.** Weißes Bürzelfeld

Unterseite weiß

Schwanz recht tief gekerbt, aber keine Schwanzspieße

JK Bürzel matter

Fliegt oft recht hoch

ad. Oberseite blauschwarz, Flügel brauner

Beine und Füße weiß

Eine kleine, gedrungene Schwalbe der Städte, Dörfer und Gehöfte. Deutlich zweifarbig mit auffälligem, breitem, weißem Bürzelfeld. Oberseite blauschwarz, Flügel braunschwarz, Unterseite ganz weiß, einschließlich Kinn und Unterschwanzdecken. Schwanz recht tief gekerbt. Beine kurz, weiß befiedert. Im JK matter, weniger bläulich gefärbt, Bürzel verwaschen beige, aber nie mit schwarzem Unterschwanz wie bei der schlankeren Rötelschwalbe. Fliegt mit steif gehaltenen Flügeln, weniger elegant als die Rauchschwalbe – oft höher, abwechselnd mit flatternden Flügelschlägen und in Kreisbahnen gleitend. Brütet in fast geschlossenen Nestern unter Dächern und Überhängen. Ruft hart „pritprit"; bei Gefahr durchdringend „zier".

Bergpieper
Anthus spinoletta

L 16,5–17 cm | SP 23–28 cm | G 20–30 g

petrosus, PK
Oberseits zunehmend dunkler, unterseits weißer, grobe, unscharfe Zeichnung

▶ *petrosus*, ad.

petrosus, Herbst
Oberseits gräulich, unterseits gelblich beige, dunkler Außenschwanz

Dunkle Beine

petrosus, JK
Dunkler, grüner, kurzschwänziger als ad.

petrosus, ad.
Schmalflügelig

petrosus
Schottland

▶ *petrosus*, ♂, ♀

◀ *littoralis* und *spinoletta*, ♂

◀ *littoralis* und *spinoletta*, ♀

◀ ▼ *littoralis*
Flügel breiter als Schwanzlänge

◀ *littoralis*, JK

▼ *littoralis*, PK

♂ Kinnstreif

spinoletta, PK
Pyrenäen

Dunkle Beine, helle Flügelbinden

◀ *spinoletta*
Kein Kinnstreif

spinoletta Grauer Kopf, heller Überaugenstreif

◀ ▲ *spinoletta*, SK

spinoletta, JK
Braun bis November

petrosus   *littoralis*   *spinoletta*

Bergpieper: Gebirgsvogel auf felsigen Matten; im Winter im Flachland. Kopf grau, weißer Überaugenstreif; einfarbige Oberseite; helle, ungemusterte Unterseite, an der Brust mit rosa Anflug. Im SK heller und brauner als Strandpieper, heller Latz; Unterseite kalt weißlich, Brust und Flanken dunkel gestrichelt; weißer Außenschwanz, dunkelbraune Beine. Ruft „fist". **Strandpieper** (*Anthus p. petrosus*): Oberseite matt grauoliv mit undeutlicher, dunkelgrauer Fleckung; Außenschwanz rauchgrau; Beine dunkelbraun bis schwärzlich. Ganzjährig an der Küste der Britischen Inseln. „**Felsenpieper**" (*Anthus p. littoralis*, Skandinavien): Im SK ähnlich *petrosus*; im PK Kopf grauer, weißer Überaugenstreif, gestrichelte Brustseiten. Ruft „piist".

LERCHEN, SCHWALBEN UND STELZENVERWANDTE

Spornpieper
Anthus richardi

L 18–20 cm | SP 29–33 cm | G 30–35 g

Ein großer, langbeiniger Pieper; Schnabel drosselartig kräftig; lange Beine, sehr lange Hinterkralle; Gefieder hell- bis orangebraun, an Brust und Flanken verwaschen beige, übrige Unterseite weiß; Mantel dicht gestreift, Brust mit wenigen feinen Stricheln; Schwanz lang, sehr dunkel mit weißen Seiten. Rüttelt kurz vor dem Landen. Ruft durchdringend „tschriep".

Brachpieper
Anthus campestris

L 16,5 cm | SP 28–30 cm | G 35 g

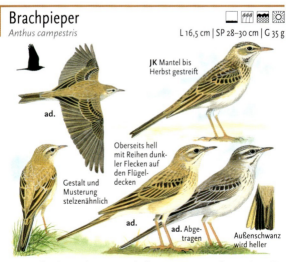

Ein großer, langschwänziger, heller Pieper mit stelzenartiger Gestalt; Schnabel schlank. Ad. sandfarben bis beige, kaum gemustert, auf dem geschlossenen Flügel eine Reihe dunkler Federmitten erkennbar; Beine lang, hell gelblich orange, Hinterkralle recht kurz. Im JK für wenige Wochen im Spätsommer oberseits kräftig gefleckt, Brust gestrichelt. Ruft „tjüb" oder „dschilp".

Baumpieper
Anthus trivialis

L 15 cm | SP 25–27 cm | G 20–25 g

Ein kleiner, stark gestreifter Pieper; eleganter, kräftiger, länglicher als Wiesenpieper; wirkt in der Färbung glänzender und eher gelblich oder beige. Überaugenstreif markanter, Schnabel kräftiger, Flanken hell mit sehr feiner Strichelung; Hinterkralle kurz. Ruft rau „psii". Gesang aus verschiedenen trillernden Touren; singt auf Baumspitzen, fallschirmartiger Singflug.

Rotkehlpieper
Anthus cervinus

L 15 cm | SP 22–25 cm | G 16–25 g

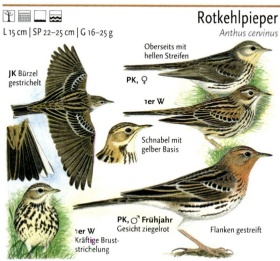

Kräftig gebauter, kurzschwänziger Pieper der Feuchtgebiete und Tundra. Ad. mit zweifarbigem Schnabel; Gesicht und Kehle gelblich bis ziegelrot; manche Vögel dunkler, manche heller und verwaschen; Oberseite kräftig gestreift, Unterseite und Bürzel schwarz gestrichelt. Im JK ohne Rot, meist gräulich mit deutlich gestrichelter, beigefarbener Brust. Ruft hoch und dünn „tsiiieh".

Wiesenpieper
Anthus pratensis

L 14,5 cm | SP 22–25 cm | G 16–25 g

Ein kleiner, rastlos wirkender Pieper, sehr ähnlich Baumpieper, im Herbst auch jungem Rotkehlpieper; im Frühjahr oft eher olivfarben oder gräulich; typischerweise schwächerer Überaugenstreif als beim Baumpieper. Brust beige, Bauch weißer, lange dunkle Strichel (mehr als beim Baumpieper, weniger als beim Rotkehlpieper). Vögel im Herbst unterseits mehr beige, Kehle warm beige. Hinterkralle viel länger als beim Baumpieper. Flugweise kraftlos flatternd, startet aber flott und fliegt unstet, ruft dünn und hektisch „ist ist ist". Rufe viel weniger „explosiv" als beim Rotkehlpieper, im Vergleich zu Strand- und Bergpieper schwächer, dünner. Gesang aus langen, hellen, dünnen Touren ohne die abschließende „zia"-Folge des Baumpiepers.

LERCHEN, SCHWALBEN UND STELZENVERWANDTE

Gebirgsstelze
Motacilla cinerea

L 18–19 cm | SP 25–27 cm | G 15–23 g

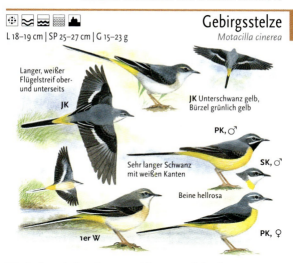

Die Stelze mit dem längsten Schwanz und den kürzesten Beinen; Bürzel gelbgrün, Unterschwanz gelb, Mantel grau (anders als Bach- oder Schafstelze). ♂ im PK schwarze Kehle und kräftig gelbe Brust. Schwanz lang mit weißen Kanten. Breiter, weißer Flügelstreif, unterseits auffällig. Ruft durchdringend „tzi" oder „tzi-tzi". Gesang schrill zwitschernd und trillernd.

Zitronenstelze
Motacilla citreola

L 17 cm | SP 24–27 cm | G 15–20 g

Erinnert an Schaf- und Bachstelze. ♂ im PK grauer Mantel, Kopf und Unterseite gelb, schwarzes Nackenband. ♀ sowie ♂ im SK heller; hellgelber Überaugenstreif setzt sich als Umrandung der Ohrdecken fort. Im JK gräulich, an den Brustseiten verwaschen gelb, Unterschwanz weiß, deutliche weiße Flügelbinden, helle Ohrdeckenumrandung. Ruft im Flug rau „triip" oder „sriip".

Wiesenschafstelze
Motacilla flava

L 17 cm | SP 23–27 cm | G 16–22 g

Eine wohlproportionierte Stelze der Wiesen und Gewässerufer, sehr variabel, viele Formen (jetzt Arten) in Europa. ♂ unterseits kräftig gelb; Oberseite grünlich; Flügel dunkel mit hellen Binden. ♀ matter gefärbt, oberseits grünlich (manche recht grau), unterseits rahmfarben, Unterschwanz gelblicher. Im JK noch brauner, unterseits beige mit dunkler Kehleinfassung und hellem Überaugenstreif. Stets mit langem, schmalem Schwanz und dünnen, schwarzen Beinen. Wiesenschafstelze mit blaugrauem Kopf und weißem Überaugenstreif. Verwandte Arten vorwiegend in der Kopfzeichnung der ♂ unterschiedlich. Flugrufe in Europa je nach Art verschieden: westliche und nördliche dünn und klangvoll „tswiep", süd- und südosteuropäische rauer „zrri".

LERCHEN, SCHWALBEN UND STELZENVERWANDTE

Bachstelze
Motacilla alba

L 18 cm | SP 25–30 cm | G 19–27 g

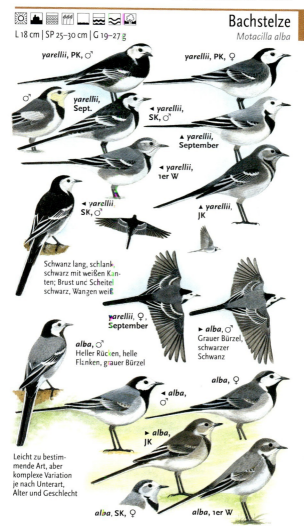

Schwanz lang, schlank, schwarz mit weißen Kanten; Brust und Scheitel schwarz, Wangen weiß

alba, ♂ Heller Rücken, helle Flanken, grauer Bürzel

alba, ♂ Grauer Bürzel, schwarzer Schwanz

Leicht zu bestimmende Art, aber komplexe Variation je nach Unterart, Alter und Geschlecht

Häufige und weit verbreitete, schwarz-weiß-graue Stelzen mit langem Schwanz und weißen Schwanzkanten. Mitteleuropäische **Bachstelze** mit aschgrauem Mantel, weißen Flanken sowie sauberem, schwarzem „Latz". ♀ unauffälliger und weniger kontrastreich. Im 1en W und SK kontrastloser Kopf, weißer Kinn- und Kehlbereich sowie schwarzes Brustband. Im 1en S mit bräunlichen Schwungfedern. **Trauerbachstelze** (*M. yarellii*, Britische Inseln, lokal Dänemark, sporadisch mitteleuropäische Nordseeküste) mit glänzend schwärzlicher Oberseite, dunklen Flanken sowie schwärzlichen Flügeln mit weißen Binden und weißen Federrändern. Ruft häufig „ziw-litt", „zli-ipp", „zitt" oder „zissick". Gesang verhalten zwitschernd, oft in Nestnähe.

Zaunkönige, Braunellen u.a.

In dieser Farbgruppe sind Arten aus vier Singvogelfamilien zusammengefasst: **Seidenschwänze**, **Wasseramseln**, **Zaunkönige** und **Braunellen**.

Der Seidenschwanz ist ein recht plumper, kurzschnäbliger und kurzbeiniger Vogel nordischer Wälder, den man meist in Trupps auf Beeren tragenden Bäumen und Büschen sieht.

Die Wasseramsel ist der einzige Singvogel, der seine Nahrung unter Wasser in klaren, schnell fließenden Bächen und Flüssen sucht. Mit ihren kräftigen Füßen kann sich die Wasseramsel an Flusskieseln und Felsen festhalten; die typische Haltung mit dem Kopf nach unten und dem Schwanz nach oben sowie eifriges Rudern mit den Flügeln hält den Vogel unter Wasser.

Der winzige, auffallend laute Zaunkönig ist häufig und auf der Nordhalbkugel weit verbreitet; er lebt in dichtem Unterwuchs der Wälder, in Hecken und üppig bewachsenen Naturgärten.

Die Braunellen, bei uns durch zwei Arten vertreten, sind kleine zurückgezogen lebende Vögel, die geduckt und ähnlich Mäusen am Boden laufen. Die Heckenbraunelle ist weit verbreitet von der Meeresküste bis in die Latschenregion im Hochgebirge. Andere Arten wie die Alpenbraunelle sind typische Vögel der felsigen Matten im Hochgebirge.

Seidenschwanz
Bombycilla garrulus

L 18 cm | SP 32–35 cm | G 45–70 g

Ein gedrungener, aufrecht stehender, behände kletternder Vogel; typisch durch lange Federhaube, untersetzten Körper, kurze Beine und kurzen Schwanz; im Flug ähnlich Star mit dreieckigen Flügeln, aber längerer Hinterkörper kennzeichnend. Wirkt aus der Ferne eher schlicht und hell, von Nahem sind fuchsrotes Gesicht und schwarzer Kehllatz auffällig. Gefieder überwiegend dunkel graurosa, Bürzel zart blaugrau, Unterschwanz dunkler, matt rostrot; Schwanz schwarz mit breiter, gelber Spitze. Flügel schmal, spitz zulaufend, schwarz mit weißer Binde sowie variabel gebändert durch weiße und gelbe Handschwingenspitzen, bei ad. ♂ am auffälligsten. Ruft schrill klingelnd, vibrierend „sirrr", meist im Chor. Kommt oft zum Wasser.

Zaunkönig
Troglodytes troglodytes

L 9–10 cm | SP 13–17 cm | G 8–13 g

Lauter Gesang mit tiefem Triller, singt oft mit gestelztem Schwanz

Schnabel zart spitz, leicht gebogen

Fliegt niedrig und schnell mit schwirrenden Flügeln

Oberseits warm braun, unterseits heller, langer Überaugenstreif, Flügel und Flanken gebändert

JK

Ein winziger, rundlicher, rastlos wirkender Vogel der Wälder, Hecken, Parks und Gärten, gern am Wasser; schlüpft wie eine Maus im bodennahen Gestrüpp. Gefieder warm braun, langer Überaugenstreif. Schwanz kurz, breit, wird oft gestelzt; Beine kräftig, recht lang. Ruft hart „teck", oft gereiht, daneben schnurrend „zerrr"; Gesang volltönend, laut schmetternd und trillernd.

Wasseramsel
Cinclus cinclus

L 18 cm | SP 25–30 cm | G 55–75 g

ad. Großer, weißer Brustlatz

cinclus, **N-Europa**
Braunschwarzer Bauch

aquaticus, **Mitteleuropa**
Rotbrauner Vorderbauch

cinclus

aquaticus

Kurzer Schwanz, kräftige Beine und Füße; steht häufig knicksend auf einem Stein; schwimmt und taucht

JK Unterseits heller, gebändert

Ein rundlicher, kurzschwänziger Vogel an Fließgewässern; großer, weißer Brustlatz. In Mitteleuropa *(aquaticus)* mit braunerem Kopf und rotbraunem Vorderbauch. Schwarzbäuchige Vögel (N-Europa) mit dunklerem Kopf und einheitlich braunschwarzem Bauch. Im JK heller und grauer, unterseits überwiegend matt weißlich, grau gebändert. Ruft scharf „zrit".

Heckenbraunelle
Prunella modularis

L 13–14 cm | SP 19–21 cm | G 19–24 g

Dunkel bräunlich, oberseits schwarz gestreift, Unterseite grau, Flanken olivbraun

ad., Herbst

Schnabel schlank

Graues Gesicht, Wangen und Oberkopf brauner; Augen hellbraun, Beine rötlich

▼ ♂ Balz

Oft geduckt, bewegt sich ruckartig

♀ mit kürzerem Schwanz

▲ ♂, Frühjahr

Steht bei Gefahr aufrechter

JK   ad.

Ein kleiner, dunkler, unauffällig braun und grau gefärbter Vogel in dichtem Gebüsch der Gärten, Parks und Wälder, aber auch in Gehölzdickicht von Mooren und Gebirge; Schnabel schlank, anders als bei den gestreiften Finken und Sperlingen. Gesicht und Brust mittelgrau, Wangen und Oberkopf braun, Augen hellbraun. Oberseits braun und schwarz gestreift, Flanken variabel beige, matt braun gestreift. Beine rötlich orange. Gestalt rotkehlchenartig, aber Haltung bei der Nahrungssuche mehr geduckt; zuckt bei der Balz mit Flügeln und Schwanz und bewegt die ausgebreiteten Flügel; oft 3 Vögel zusammen. Singt in aufrechter Haltung, meist exponiert auf mittelhoher Warte. Ruft scharf „sieh" und vibrierend „didi"; Gesang eilig zwitschernd.

Alpenbraunelle
Prunella collaris

L 15–17,5 cm | SP 22 cm | G 25 g

Wie eine große Heckenbraunelle der Gebirge, jedoch leicht zu übersehen und aus der Ferne recht unscheinbar, von Nahem aber auffällig. Nahrungssuche oft auf kurzgrasigen Wiesen oder niedrigen Zwergstrauchflächen in felsigem Gelände, auch unterhalb der Baumgrenze; fliegt aufgescheucht oft außer Sichtweite, erlaubt mitunter aber auch erstaunlich nahe Beobachtung. Größer und kompakter als Heckenbraunelle, aber Flügel und Schwanz länger; wirkt ziemlich dunkel und grau; dunkles Feld im geschlossenen Flügel, weiß gesäumt, oft auffallend. Breite, kräftig rostbraune Flankenstreifen, gebänderte Kehle und gelbe Schnabelbasis nur aus der Nähe zu erkennen. Ruft rollend „tschirrüp", „drü-drü"; Gesang feldlerchenartig.

Drosseln und Kleindrosseln

Dies ist eine sehr vielgestaltige Gruppe. Die eigentlichen **Drosseln** sind meist recht groß und haben kräftige Beine und Schnäbel; als Nahrung dienen vielfach Früchte und Beeren, aber auch Regenwürmer oder Schnecken. Es gibt unter ihnen Arten, die eher einzelgängerisch sind, aber auch viele sehr gesellige, die oft in gemischten Schwärmen Nahrung suchen und übernachten.

Die kleineren Arten dieser Gruppe, Kleindrosseln, die zur Familie der **Schnäpperverwandten** zählen, werden auch Erdsänger genannt, sie umfassen neben Rotkehlchen und Rotschwänzen auch den seltenen Heckensänger und die kontrastreich gefärbten Steinschmätzer der offenen Landschaft. Viele von ihnen stehen oft auf hohen Stauden oder Telefondrähten und sind daher leicht zu beobachten, während andere wie die Nachtigall nur selten den Schutz dichter Vegetation verlassen und daher schwer zu entdecken sind – die Nahrungssuche findet meist unter niedrigem, dichtem Bewuchs statt und die Singwarten sind gewöhnlich ebenfalls nicht einsehbar. Viele der Kleindrosseln sind Zugvögel, einige unternehmen weite Wanderungen und treffen in unterschiedlichen Regionen Europas auf nicht ziehende Artgenossen. Viele Arten dieser Gruppe sind exzellente Sänger, wie die Nachtigall. Einige wie Amsel und Rotkehlchen bevölkern in großer Zahl unsere Gärten und Parks und sind den meisten Menschen vertraut.

DROSSELN UND KLEINDROSSELN

Rotkehlchen
Erithacus rubecula

L 14 cm | SP 20–22 cm | G 16–22 g

ad. Oberseite olivbraun, Gesicht und Brust kräftig orangerot, wird zunehmend heller; Halsseiten blaugrau

Ungemustertes Gesicht, große dunkle Augen

Weißlicher Brustfleck hellste Stelle der Unterseite

JK Warm beigebraun mit hellerer Oberseitenfleckung und dunkler Querfleckung auf der Brust

Knickst häufig, hüpft mit etwas hängenden Flügeln

Ein rundlicher Kleinvogel mit großen Augen; häufig in Wäldern, Parks und Gärten. Oberseite olivbraun, Unterseite beige, Gesicht und Kehle orangerot; Kehlseiten variabel blaugrau. Im JK anfangs ohne Rot; beige und dunkel gefleckt. Knickst häufig und stelzt den Schwanz. Ruft scharf „zick", oft schnell gereiht, Gesang feierlich, Strophen klar, herabperlend.

Nachtigall
Luscinia megarhynchos

L 16,5 cm | SP 23–26 cm | G 18–27 g

JK Oberseits gefleckt

Manche mehr gefleckt oder mit undeutlichem Brustband

Schwanz rotbraun

Kopf gräulich, heller Augenring, ungemusterte Unterseite typisch

Kleine 1. Handschwinge (dunkel dargestellt), erreicht Handdeckenlänge

Unterschwanz rostbeige

Ein heimlicher Vogel dichter Gebüsche. Oberseite braun, Bürzel und Schwanz rotbraun, heller Augenring; Unterseite hell graubeige. Ziemlich lange Flügel, oft etwas hängend. Ruft fitisähnlich „huit"; Gesang aus kräftigen, sehr abwechslungsreichen Strophen mit klaren Flötentönen und hart schmetternden Folgen sowie anschwellendem „Schluchzen".

DROSSELN UND KLEINDROSSELN

Sprosser
Luscinia luscinia

L 16,5 cm | SP 24–26 cm | G 25–30 g

Kleine 1. Handschwinge (dunkel dargestellt) erreicht nicht Handdeckenlänge

Bürzel und Schwanz recht matt gefärbt

Schwanz matt rotbraun

Unterseite variabel grau oder beige, an der Brust feine Schaftstriche

Westliche Vögel eher grau, östliche mehr rotbraun

Sehr ähnlich der Nachtigall, aber typischerweise grauer (weniger so in Osteuropa). Schwanz weniger kräftig rotbraun, Brust matt graubraun, mehr oder weniger gefleckt; Kinnstreif angedeutet. Ruft durchdringend „hied"; Gesang ähnlich dem der Nachtigall, Strophen aber länger, lauter, kräftiger, mit ratternden Tonfolgen und ohne das anschwellende Crescendo („Schluchzen").

Blaukehlchen
Luscinia svecica

L 14 cm | SP 20–22 cm | G 15–23 g

Gestalt wie Rotkehlchen

Rostrote Schwanzseiten

♂ Spanien

Weißer Überaugenstreif

♂ Ohne „Stern" (Niederlande)

♂ Weißsternig (Mitteleuropa)

♀, Frühjahr

◄ ♀ Blauer Typ

SK, ♀

1er W, ♂

Gesicht und Brust variabel blau, schwarz und beige

♂ Rotsternig (Nordeuropa)

Gestalt ähnlich Rotkehlchen, aber kontrastreiche Musterung mit rostroten Schwanzseiten; langer, weißer Überaugenstreif. ♂ im PK leuchtend blaue Brust mit weißem, rotem oder fehlendem Fleck („Stern"). ♀ mit wenig oder ohne Blau und heller, schwarz eingefasster Kehle. Ruft hart „tack". Gesang abwechslungsreich mit gepressten Lauten und meisterhaften Imitationen.

Heckensänger
Cercotrichas galactotes

L 15 cm | SP 22–27 cm | G 20–25 g

Ein lebhafter Erdsänger. Hüpft sehr schnell und stelzt häufig hektisch den Schwanz; oft in der Nähe von Feigenkakteen oder in sandigen, trockenen Schluchten. Westliche Unterart oberseits überwiegend hell rostbraun, östliche Unterart kalt braun. Auffälliger, heller Überaugenstreif. Schwanz mit schwarzweißen Spitzen. Ruft hart „teck". Gesang ähnlich Singdrossel.

Gartenrotschwanz
Phoenicurus phoenicurus

L 14 cm | SP 20–24 cm | G 10–20 g

Ein schlanker, eleganter Erdsänger offener Wälder, Parks und Gärten mit alten Bäumen; Bürzel und Schwanz auffällig rostrot. ♂ oberseits grau mit weißer Stirn und schwarzem Gesicht. ♀ weniger farbenfroh, unterseits orangebeige, heller Augenring. ♂ im Herbst mit das Schwarz verdeckenden, hellen Federspitzen. Ruf „hüit-tek-tek". Gesang wehmütig, aus dreiteiligen Strophen.

DROSSELN UND KLEINDROSSELN

Hausrotschwanz
Phoenicurus ochruros

L 14,5 cm | SP 23–26 cm | G 14–20 g

Ein dunkler Rotschwanz der Städte, Dörfer und felsigen Lebensräume. ♂ schiefergrau mit schwarzem Gesicht und weißem Flügelfeld, Bürzel und Schwanzseiten rostbraun. ♀ und viele bereits brütende immat. ♂ grauer mit brauneren Flügeln und schwächerem Flügelfeld. Junge ♀ bräunlich grau. Gesang aus gepressten, knirschenden und melodischen Tönen.

Braunkehlchen
Saxicola rubetra

L 12,5 cm | SP 21–24 cm | G 16–24 g

Ein kleiner, gedrungener, aufrecht stehender Vogel der Wiesen, Heiden und Moore. Auffälliger weißer Überaugenstreif; helle Kehle, weiße Schwanzseiten. ♂ mit kontrastreicher Kopfzeichnung, aprikosenfarbener Brust sowie weißen Flügel- und Schulterabzeichen. ♀ heller und mehr beige. Ruft hart „teck-teck"; Gesang aus kurzen, kratzig und gepresst klingenden Strophen.

225

Schwarzkehlchen

Saxicola rubicola

L 12,5 cm | SP 18–21 cm | G 14–17 g

Ein kleiner, kurzschwänziger Vogel, oft auf Büschen und Zäunen. Kopf dunkel, Halsseiten hell, Bürzel heller, ganz schwarzer Schwanz. ♂ an Kopf und Kehle schwarz, auffällige weiße Halsseiten. ♀ am Kopf brauner, unauffälligere Halsseiten. Immat. mit heller Kehle, aber ohne Überaugenstreif des Braunkehlchens. Ruf hart „trat-trat". Gesang ähnlich Heckenbraunelle.

„Mittelmeer-Steinschmätzer"

Oenanthe hispanica

L 14,5 cm | SP 25–30 cm | G 15–25 g

Steinschmätzer mit verwirrender Gefiedervariation, ♂ mit oder ohne schwarze Kehle. Schmale, ungleichmäßige, schwarze Endbinde. 2 Formen, heute meist mit Artstatus: **Maurensteinschmätzer** *(hispanica)* im W, **Balkansteinschmätzer** *(melanoleuca)* im O. Daneben der sehr ähnliche, sehr weit östliche **Nonnensteinschmätzer** *(pleschanka)*. Stehen oft auf niedrigen Büschen.

DROSSELN UND KLEINDROSSELN

Steinschmätzer
Oenanthe oenanthe

L 14,5 cm | SP 26–32 cm | G 7–30 g

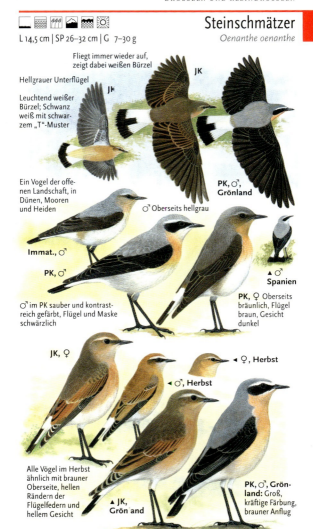

Ein verbreiteter Erdsänger der Moore, Heiden, steinigen Wiesen und vielfach der Gebirge und Küsten. Auffälliger weißer Bürzel, Schwanz mit schwarzem, umgekehrtem „T", breite, schwarze Endbinde. ♂ im Frühjahr mit grauem Mantel (grönländische Unterart mit braunem Anflug), Flügel braunschwarz, Unterseite hellbeige (grönländische Vögel kräftiger pfirsichfarben); schwarze Maske, weißer Überaugenstreif. ♀ oberseits graubraun, unterseits beige, Flügel und Maske braun. Im Herbst in allen Kleidern brauner, unterseits beige, Flügel dunkel mit breiten, hell goldbraunen Federrändern. Steht ziemlich aufrecht, Nahrungssuche am Boden. Ruft hart „tschak-tschak"; Gesang melodisch zwitschernd und pfeifend, oft im tänzelnden Singflug.

DROSSELN UND KLEINDROSSELN

Trauersteinschmätzer
Oenanthe leucura

L 18 cm | SP 30–35 cm | G 25–35 g

Leuchtend weißer Bürzel, Schwanz mit schwarzem „T"-Muster, breite, schwarze Endbinde

♂

Schwungfedern oben und unten heller

♀ Brauner als ♂

Ein großer, stämmiger, schwärzlicher Steinschmätzer mit viel Weiß an Bürzel, Steiß und Schwanz

Ein großer, dunkler Steinschmätzer, auffallend schwärzlich bis auf das leuchtende Weiß von Bürzel, Steiß und Schwanz; breite, schwarze Endbinde. ♀ eher braunschwarz. Steht aufrecht oder waagrecht auf Felsen, bewegt den Schwanz auf und (langsam) ab. Ruft dünn „pü-pü-pü" und hart „tscheck". Gesang aus melodisch trillernden, etwas unterdrückt klingenden Strophen.

Isabellsteinschmätzer
Oenanthe isabellina

L 16,5 cm | SP 27–31 cm | G 25–40 g

Hell mit rechteckigem, weißem Bürzel, breiter Schwanzendbinde und kurzem Mittelstreif (auffällig im Flug)

Kurzer Überaugenstreif, hinter dem Auge undeutlich

Mantel und Flügel etwa gleich gefärbt

♂

Einfarbiger Flügel mit dunkler Alula

Weiße Unterflügeldecken

JK, ♀

Lange Flügel, kurzer Schwanz

Ein heller, großer, aufrecht stehender Steinschmätzer. Recht kleiner, matt weißer Bürzelfleck; Schwanz mit breiter Endbinde und kurzem Mittelstreif; Oberseite und Flügel matt hellbraun mit wenig Kontrast bis auf dunkle Alula; Unterflügel sehr hell. Weißer Überaugenstreif, hinter dem Auge schmaler (beim Steinschmätzer breiter); dunkler Zügelstreif. Ruft „wie-uit".

Steinrötel
Monticola saxatilis

L 18,5 cm | SP 30–35 cm | G 50–70 g

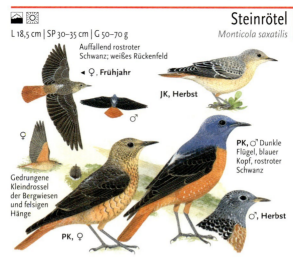

Eine kurzschwänzige Kleindrossel mit rostrotem Schwanz auf Bergwiesen und in Felsschluchten. ♂ mit leuchtend blauem Kopf, variablem weißem Rückenfeld sowie orangefarbener Unterseite. ♀ dunkelbraun, oberseits mit dichtem, orangebeigem Schuppenmuster, unterseits orangebeige, braun gebändert. Ruft hart „tscheck" und flötend „dju". Gesang erinnert an Rotdrossel.

Blaumerle
Monticola solitarius

L 20 cm | SP 35–40 cm | G 60–80 g

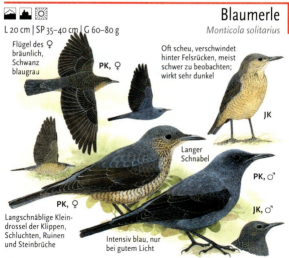

Eine langschwänzige, dunkle Kleindrossel der Felsregionen, Schluchten und Ruinen. ♂ tief blau, wirkt aus der Ferne aber nur dunkel. ♀ oberseits dunkelbraun, unterseits dunkel orangebeige, dicht braun gebändert. Schwanz und Flügel dunkel, ohne Rosttöne. Ruft hart „tschak-tschak" und hoch klagend „uip-uip". Gesang flötend und kehlig zwitschernd, ähnlich Misteldrossel.

Amsel
Turdus merula

L 24 cm | SP 34–38 cm | G 80–110 g

Eine häufige, sehr weit verbreitete Drossel der Wälder, Gehölze, Parks und Gärten. ♂ tief schwarz, Schnabel und Lidring gelb. Im Flug Außen- und Unterflügel heller. ♀ dunkelbraun, Schnabel dunkel oder gelblich; Kehle heller, gestreift; Unterseite zart gefleckt, aber nie kräftig gemustert, Grundfärbung stets dunkler und matter als bei den „gefleckten Drosseln". Im JK ähnlich oder rostbräunlich, Kopf mehr rostfarben, Oberseite und Flügeldecken rostbeige gefleckt. Immat. ♂ matt schwarz, Flügel brauner, Schnabel und Lidring dunkel. Ruft metallisch „pix-pix-pix ..." oder schnalzend „tjack-tjack-tjack ...". Abwechslungsreicher Gesang aus flötenden und orgelnden Tonfolgen sowie gepresstem Zwitschern.

DROSSELN UND KLEINDROSSELN

Wacholderdrossel
Turdus pilaris

L 25,5 cm | SP 39–42 cm | G 80–130 g

Grauer Bürzel und schwarzer Schwanz, anders als jede andere Drossel

Singt häufig im Flug

Kräftiger, gelber Schnabel, dunkle Maske

Unterflügeldecken und Steiß weiß

ad.

Oberseits grau-braungrau-schwarz, Brust rostgelb, geflecht

Im Frühjahr Brust und Flanken dunkler

► ♂ Schwanz kürzer

Eine große, stimmfreudige, vor allem im Winter sehr gesellige Drossel; brütet in aufgelockerten Waldgebieten und Parks. Unterflügeldecken weiß; Kopf grau, Mantel braun, Bürzel und Rücken grau, Schwanz schwarz, Brust rostgelb. Ruft häufig schackernd „schak-schak-schak ..." oder heiser, gepresst „gieh"; Gesang aus gepresst zwitschernden Strophen.

Ringdrossel
Turdus torquatus

L 23–24 cm | SP 38–42 cm | G 95–130 g

Lange, recht schmale Flügel mit hellem Feld oberseits

1er W, ♀ Brustband undeutlich, helles Schuppenmuster

PK, ♂

Weißes oder helles Band auf oberer Brust

SK, ♂

PK, ♂

PK, ♀

♀, M-Europa

► JK Bräunlich, helles Brustband; helles Flügelfeld

▲ PK, ♂, M-Europa

Eine scheue, dunkle Drossel höher gelegener, meist felsiger Landschaft. ♂ schwarz mit weißem Brustband, Flügel deutlich heller. ♀ graubraun, „schuppig" durch helle Federränder; undeutliches Brustband. ♂ der Alpen unterseits mit deutlichem, weißem Schuppenmuster. Ruft tief und hart „tok". Gesang aus monotonen, singdrosselähnlichen Strophen.

Singdrossel
Turdus philomelos

L 23 cm | SP 33–36 cm | G 70–90 g

Kleine, unterseits stark gefleckte Drossel, Flecken v-förmig; Bauch weißer als bei der Misteldrossel

Manche Unterarten sind dunkler

Unterflügel orangegelblich

Fliegt oft niedrig

1er W Flügel mit hellen Flecken

Eine kleine, helle, gefleckte Drossel der Wälder, Gehölze, Parks und Gärten; fliegt niedrig. Oberseite einfarbig olivbraun, Kopf nur schwach gemustert; Brust gelblich beige, Bauch weiß; Unterseite mit dichten, dunklen, v-förmigen Flecken übersät. Ruft scharf „zipp"; Gesang sehr abwechslungsreich aus flötenden und zwitschernden Motiven, jeweils 2- bis 4-mal wiederholt.

Rotdrossel
Turdus iliacus

L 21 cm | SP 33–35 cm | G 55–75 g

Fliegt oft hoch, in Trupps

Unterflügeldecken matt rostrot

▲ Weißer Fleck auf hinteren Flanken auffällig

Kopf gestreift

Flanken matt rostrot, Steiß weiß, Brust gefleckt und gestreift

Schnabel schwarz und gelb

ad., ♀

1er W, ♂ Helle Flecken auf den Flügeln

Eine dunkle, aparte Drossel mit auffälligem Kopfmuster. Oberseits dunkel graubraun, markanter, heller Überaugen- und Bartstreif; Unterseite silbrig weiß, dunkle Strichel fließen zu Streifen zusammen; Flanken und Unterflügeldecken matt rostrot. Flugruf hoch und rau „zjieh". Gesang zweiteilig aus meist abfallenden, schnellen Flötentönen und gepresstem Zwitschern.

DROSSELN UND KLEINDROSSELN

Misteldrossel
Turdus viscivorus

L 27 cm | SP 42–48 cm | G 110–150 g

Langer Schwanz, lange Flügel, heller Bürzel

Fliegt typischerweise bei Störung weit weg und hoch

Weiße Unterflügeldecken

JK im Flug mit auffällig hellem Kopf

Variable, weiße Schwanzecken

Flug schnell, wellenförmige Flugbahn

Heller als andere Drosseln, Flügeldecken mit hellen Rändern; viel größer und langschwänziger als Singdrossel

Brustflecken rund oder halbmondförmig

Korsika und Sardinien: Kleiner, grauer

Unterseits einheitlicher beige als Singdrossel

Kraftvoll, aufrecht, rennt und hüpft oft weit

Mittel- und Nordeuropa

JK Oberseite kräftig hell gefleckt und gebändert; heller Kopf

JK

Eine große Drossel mit langem Schwanz und langen Flügeln; hell mit überwiegend rundlichen Flecken und weißen Unterflügeldecken. Größer als Amsel, lang gestreckter als Singdrossel, hüpft kraftvoller; fliegt meist höher, bei Störung weiter weg, oft deutlich über Wipfelhöhe. Oberseite hell graubraun, Flügelfedern hell gesäumt; Bürzel etwas heller, wärmer beigebraun; Schwanz mit weißen Ecken. Unterseite rahmbeige mit breiten, rundlichen, schwarzen Flecken. Im JK markant gemustert mit hellen, tropfenförmigen Flecken. Weiße Unterflügeldecken wie Wacholderdrossel, aber längere, spitzere Flügel. Ruf kennzeichnend trocken schnarrend „trrrr". Gesang aus lauten, wehmütigen, amselähnlichen, aber eintönigeren Strophen.

Zweigsänger, Schnäpper u. a.

Zu den meist kleinen, schlanken Zweigsängern zählen viele weit verbreitete und häufige Arten, aber auch einige seltene, die nur gebietsweise auftreten. Man unterteilt mehrere Familien:
Grassänger (Schwirle) leben zurückgezogen und verraten sich durch ihre lang anhaltenden, schwirrenden Gesänge. Schwirle findet man meist in Feuchtgebieten, an Fluss- und Seeufern und auf Feuchtwiesen. **Rohrsängerverwandte** leben meist in Schilf oder anderen Feuchtgebieten, sie sind ungemustert oder gestreift und tragen auffällige, laute Gesänge vor, manche mit exzellenten Imitationen vermischt, besonders die Spötter. **Laubsänger** sehen viel zarter aus, die meisten sind klein, schlank und grünlich gefärbt. **Grasmücken** wirken dagegen meist schwerfälliger, weniger einfarbig und besitzen klarere Gefiedermerkmale. Die **Halmsänger**, eine vorwiegend afrikanische Vogelfamilie, trifft man auf offenen Hochgrasflächen; in Europa sind sie nur mit einer Art, dem Zistensänger, vertreten.
Goldhähnchen sind unsere kleinsten Vögel, aber nicht näher mit Zweigsängern verwandt; kennzeichnend sind das streifige Kopfmuster und die sehr hohen und feinen Lautäußerungen.
Die Schnäpper, recht eng mit Kleindrosseln verwandt (und mit ihnen zusammen in die Familie **Schnäpperverwandte** gestellt) haben kurze Beine und stehen oft aufrecht auf einer Warte.

Rohrschwirl
Locustella luscinioides

L 14 cm | SP 15–20 cm | G 12–15 g

Hell, warm braun, Kehle heller; Bauch und Unterschwanz beigebraun

Abgerundeter Schwanz

Dunkler Typ

Hell Mittel Dunkel

Flügelkante gerundet

Rohrschwirl
Schlagschwirl

Lange Unterschwanzdecken

♀ mit kürzerem Schwanz

Ein typischer Schwirl mit spitzem Schnabel, flacher Stirn, grauweißer, gerundeter Flügelkante und langem, voluminösem Hinterkörper mit breitem Schwanzende. Lebt im Schilf, meist durch den Gesang zu entdecken. Gefieder ungezeichnet warm braun, an der Kehle heller, Unterschwanz rostbeige. Ruft scharf „pvit". Gesang eher surrend, beginnt mit einigen „tschik"-Lauten.

Schlagschwirl
Locustella fluviatilis

L 13 cm | SP 15–18 cm | G 10–12 g

Flügel mit weißlicher Kante, gerundeter Schwanz; lange Unterschwanzdecken typisch für Schwirle

Einfarbige Oberseite

Kehle zart gestrichelt

♀ mit kürzerem Schwanz

Dunkelbraun, Brust mehr oder weniger gestrichelt

ad. Hell

1er W Grauer, dunkler

► Unterschwanzdecken; dunkle und helle Extremfärbung

Breiter, runder, dunkler Schwanz

Ein scheuer Grassänger feuchter Dickichte und flussbegleitender Büsche. Ähnlich Rohrschwirl, aber dunkler, Unterschwanzdecken noch länger und mit sichelförmigen, weißlichen Spitzen; kurzer, undeutlicher Überaugenstreif, variable Strichelung an Kehle und Brust. Gesang mechanisch wetzend, erinnert an Zikaden oder an eine Nähmaschine. Singt Tag und Nacht.

Feldschwirl
Locustella naevia

L 12–13,5 cm | SP 15–19 cm | G 11–15 g

Oberseite olivbraun, gestreift, Unterseite gräulich weiß oder gelblich

Singt in der Dämmerung oder tagsüber bei schwül-warmem Wetter; Schnabel weit geöffnet

Kriecht wie eine Maus durch hohes Gras; ist zurückgezogen, außer beim Singen

◄ Oberseitenmusterung von hinten am besten zu sehen

Lange Unterschwanzdecken; flacher Kopf, dünner Schnabel und abgerundeter Schwanz schwirltypisch

JK Wenige Flankenstrichel; oberseits dunkle Flecken und helle Federränder, markanter als bei ad.

Unterschwanzdecken mit langen, diffusen Flecken

Fliegt fast unter den Füßen auf, legt nur kurze Strecken in niedrigem, wellenförmigem Flug zurück; verschwindet meist in niedrigem Busch

ad., ♀, Herbst

Der am weitesten verbreitete Schwirl, lebt in Feuchtgebieten mit hohem Gras und Hochstauden. Sehr zurückgezogen, singt jedoch mitunter tagsüber auf exponierter Warte. Kopf schlank und flach, Schnabel dünn; Flügel mit gerundeter Kante; langer Schwanz, lange Unterschwanzdecken etwas kürzer als bei Rohr- und Schlagschwirl, deutlich länger als beim Schilfrohrsänger. Oberseite braun, manche grauer, manche gelblicher, Musterung auf den Schirmfedern am dunkelsten. Unterseite gelblich beige, ungezeichnet oder mit angedeuteter Strichelung auf der oberen Brust; Unterschwanzdecken mit diffusen Längsflecken. Ruft scharf, hoch „tik" oder „tswitt"; Gesang ein lang anhaltendes, metallisches, insektenartiges Schwirren, höher als Rohrschwirl.

Seggenrohrsänger
Acrocephalus paludicola

L 13 cm | SP 17–19 cm | G 10–15 g

Ein kleiner, kräftig gestreifter Rohrsänger weiter Seggenmoore. Gelblich beige mit schwärzlichen Streifen; heller Scheitel- und Überaugenstreif, hell beigefarbene Oberseitenstreifen, gestrichelter Bürzel; Unterseite beige, bei ad. fein gestrichelt. Immat. unterseits ungezeichnet pfirsichfarben. Ruft hart „tack"; Gesang ähnlich Schilfrohrsänger, aber weniger abwechslungsreich.

Schilfrohrsänger
Acrocephalus schoenobaenus

L 13 cm | SP 17–21 cm | G 10–13 g

Ein kleiner, gestreifter, beigebrauner Rohrsänger mit markantem Überaugenstreif. Lebt in mit Schilf durchsetztem Gebüsch und Uferdickicht. Dunkler Zügelstreif; Oberseite gestreift, Bürzel heller, ungezeichnet rostbraun; Unterseite bei ad. ungezeichnet, im JK Brust fein gestrichelt. Ruft laut „tjeck", rollend „errr". Gesang trillernd, schwätzend und pfeifend; oft Singflüge.

Mariskenrohrsänger
Acrocephalus melanopogon

L 12–13 cm | SP 17–21 cm | G 10–15 g

Wie ein dunkler, kontrastreicher Schilfrohrsänger, aber Scheitel dunkler, Überaugenstreif weißer, breiter, keilförmig, Ohrdecken dunkler, dünner Wangenstreif, eher weiße Kehle und orangefarbene Brust. Oberseite warm braun mit schwärzlicher Streifung, Bürzel heller. Flügel kurz. Ruft kehlig „treck"; Gesang melodischer als Teichrohrsänger, mit nachtigallähnlichen Tonfolgen.

Feldrohrsänger
Acrocephalus agricola

L 13 cm | SP 15–17 cm | G 10–15 g

Ein bräunlicher Rohrsänger in Schilfgebieten des äußersten Südosteuropas. Ähnlich einem kräftig gefärbten, hellen Teichrohrsänger. Sehr kurze Flügelspitzen, langer, gerundeter Schwanz. Im PK mit gelblich rostbraunem Bürzel und hellen Augen. Gesang ähnlich dem des Teichrohrsängers, aber weniger kräftig, kontinuierlicher und mit mehr Imitationen.

Teichrohrsänger
Acrocephalus scirpaceus

L 13 cm | SP 18–21 cm | G 11–15 g

▶ **JK, Herbst** Anfangs etwas rotbrauner als ad., später allmählich sandfarbener

Ein oberseits einfarbiger, langschwänziger Rohrsänger des Schilfs

ad., Herbst Abgetragen: sandbraun, Bürzel kräftiger gefärbt

Schwache Kopfzeichnung, weiße Kehle, langer Schnabel

▶ **ad., Frühjahr** Oberseits mit grauolivfarbenem Anflug, Bürzel mehr rotbraun

Beine dunkler; grauer als Sumpfrohrsänger

Singt auf Schilfhalmen oder im Weidengebüsch; wirkt in Ruhehaltung gedrungen

Klettert mithilfe der kräftigen Füße geschickt im senkrechten Schilf

Manchmal weißlicher Zügelbereich

Fliegt schnell über Schilfwipfel

Teichr.: Kurzer Flügel, 7 Handschwingenspitzen

Sumpfr.: Lang, 8 Spitzen

Teichr.: Schwanz weniger gerundet als beim Sumpfr.

Ein typischer einfarbig brauner Rohrsänger dichter Schilfbestände. Langer, spitzer Schnabel, flacher Scheitel (beim Singen spitzer), lang gestreckter Körper; langer, leicht gerundeter Schwanz; Unterschwanzdecken länger als bei Spöttern (Blass-, Orpheusspötter), jedoch nicht so lang und dick wie bei Schwirlen (Rohr-, Schlagschwirl). Bewegt sich geschickt durch das Schilf, klettert Halme empor und singt nahe der Spitze. Oberseite warm braun, Gesichtsmusterung schwach, angedeuteter Augenring, dunkler Zügelstreif; Bürzel wärmer braun, besonders im JK; Unterseite hell. Ruft kurz „tschä" oder „trr"; Gesang gemächlich, rhythmisch mit vielen Wiederholungen, knarrende Tonfolgen, aber auch mit pfeifenden Motiven.

Sumpfrohrsänger
Acrocephalus palustris

L 13 cm | SP 18–21 cm | G 11–15 g

Ein oberseits einfarbiger Zweigsänger mit abgerundetem Schwanz, in dichter, feuchter Vegetation an Gewässern und in feuchtem Gebüsch

Im JK am intensivsten rotbraun und dem Teichrohrsänger am ähnlichsten; Krallen hell (beim Teichrohrsänger dunkel)

JK, Herbst

Typischerweise eher olivfarben, weniger rotbraun als Teichrohrsänger; Vögel im Herbst aber einander sehr ähnlich

ad., Frühjahr Helle Flanken ohne Rotbraun

Sumpfrohrs.
Teichrohrs.

Kalt erdbraun, manche eher olivfarben; Kehle heller

Schnabel etwas breiter als beim Teichrohrsänger

◀ **JK, Herbst**

▲ In Ruhe rundlich, Kopf runder als beim Teichrohrsänger

Schlank, eng anliegendes Gefieder, wenn wachsam; Kopf flach, Nacken gewinkelt

ad.

ad. Etwas schmalere Flügel als Teichrohrsänger

Flügelstruktur Rot: Sumpfrohrsänger, Schwarz: Teichrohrsänger

Sehr ähnlich dem Teich- und Buschrohrsänger (Letzterer mit kürzeren Flügelspitzen). Im Frühjahr etwas matter, mehr olivbraun gefärbt, oberseits grauer, Bürzel etwas wärmer braun als übrige Oberseite; Handschwingen länger, helle Spitzen etwas deutlicher, Schirmfedern mit helleren Rändern; Unterseite matt gelblich weiß. Beine heller, brauner (beim Teichrohrsänger grau), besonders im JK, Herbst; Jungvögel sind jedoch kräftiger gefärbt, etwas rotbrauner als ad. und damit sehr ähnlich jungen Teichrohrsängern. Brütet in feuchtem, auch höherem Gebüsch, an Gräben, gern in Hochstauden (Brennnesseln und Mädesüß). Gesang angenehm flüssig quirlend und gequetscht gurgelnd, virtuose Imitationen von sehr vielen Vogelstimmen.

Drosselrohrsänger
Acrocephalus arundinaceus

L 19–20 cm | SP 25–26 cm | G 30–40 g

Ein sehr großer Zweigsänger hoher Schilfbestände, fast singdrosselgroß. Gefieder ähnlich Teichrohrsänger, aber mit deutlicherem Überaugenstreif, dunklem Augenstreif und viel kräftigerem, weniger spitzem Schnabel. Schwanz hell sandbraun, oft etwas gefächert. Gesang laut, rau knarrend und quietschend, aber auch melodische Folgen; viele Wiederholungen.

Buschrohrsänger
Acrocephalus dumetorum

L 13 cm | SP 17–19 cm | G 10–15 g

Ein heimlicher Zweigsänger in hohem Gebüsch und Hochstauden, nicht im Schilf oder Feuchtland. Sehr ähnlich Teich- und Sumpfrohrsänger; oberseits graubraun mit wärmer braunem Bürzel; Augenstreif angedeutet. Schnabel lang, hell, Spitze und First dunkler. Ruft „zrrrt" oder „tscheck". Gesang langsamer als beim Sumpfrohrsänger, Motive werden mehrfach wiederholt.

ZWEIGSÄNGER, SCHNÄPPER UND ANDERE

Fitis
Phylloscopus trochilus

L 10,5–11,5 cm | SP 17–22 cm | G 6–10 g

♂, **Frühjahr**
Oberseits manchmal recht dunkel olivfarben, unterseits weißlich mit hellgelbem Anflug

♂, **Sommer**
Durch Abnutzung unscheinbarer

▼ ♀ Schwanz kürzer als beim ♂

Schlägt den Schwanz nicht abwärts

▲ JK Unterseite und langer Überaugenstreif kräftig gelb; Schirmfedern dunkel

Beine gewöhnlich hellbraun, manchmal dunkler

JK

ad.

JK

♂, **N-Skandinavien:** Oberseits grauer, unterseits heller, viele aber ähnlich den Vögeln Mitteleuropas

Fitis

♂

Vergleiche Kopfform, Schirmfederlänge (grün), Handschwingenprojektion (gelb), Schwanzlänge

Zilpzalp

Fliegt rasch, niedrig, etwas sprunghaft, meist in die nächste Deckung

♀   ♂

Ein häufiger, schlanker, grünlicher Laubsänger der Weiden- und Birkenbestände, buschiger Lebensräume und Parks. Typischerweise helle Beine, recht flacher Kopf und lange Flügel sowie kennzeichnender Gesang. Oberseite hell graugrün bis olivgrün mit hellem Überaugenstreif, im JK länger und gelblicher. Unterseite weißlich, auf der Brust mit hellgelbem Anflug, im JK insgesamt kräftiger gelb. Beine hellbraun, selten dunkel. Handschwingenprojektion etwas länger als beim Zilpzalp. Schlägt den Schwanz nicht abwärts wie der Zilpzalp. Ruft zweisilbig und mehr fragend als Zilpzalp: „hü-it"; Gesang aus lieblichen, melancholischen, abfallenden Strophen, in der Struktur ähnlich dem des Buchfinks, aber viel weicher und stimmungsvoller.

Zilpzalp
Phylloscopus collybita

L 10–11 cm | SP 15–21 cm | G 6–9 g

Häufig in Wäldern, Durchzügler aber in ganz unterschiedlichen Lebensräumen; wenige überwintern im westlichen Europa, sehr viele in Südeuropa. Kleiner Laubsänger mit rundlichem Kopf, kleinem Schnabel und dünnen, schwarzen Beinen. Oberseits olivgrün, Unterseite gelblich; im JK unterseits kräftiger gelblich. Heller Überaugenstreif, im JK kräftiger; heller Halbmond unter dem Auge. Vögel N- und O-Europas *(abietinus)* unscheinbarer, brauner gefärbt; Brutvögel Sibiriens *(tristis)* grauer, Überaugenstreif und Unterseite weißlich, zarte, helle Flügelbinde. Handschwingenprojektion kleiner als beim Fitis. Schlägt häufig den Schwanz abwärts. Ruft einsilbiger als Fitis: „huid". Gesang leicht zu merken: „zilp-zalp-zelp-zilp-zalp", daneben kurz „trr-trr".

ZWEIGSÄNGER, SCHNÄPPER UND ANDERE

Wanderlaubsänger
Phylloscopus borealis

L 10,5–11,5 cm | SP 16–22 cm | G 8,5–12 g

Weniger schlank als Grünlaubsänger, Schnabel kräftiger. Oft mit 2. Flügelbinde. Oberseite graugrün, dünne, helle Flügelbinde, Unterseite weißlich oder olivgrau. Dunkler Augenstreif und langer, breiter, heller Überaugenstreif, erreicht nicht den Schnabel. Unterschnabelspitze dunkel; Beine meist heller rosabraun als beim Grünlaubsänger. Ruft scharf „dzrit".

Grünlaubsänger
Phylloscopus trochiloides

L 10 cm | SP 15–21 cm | G 6,5–9 g

Ein kleiner, großköpfiger, olivgrüner Laubsänger mit weißer Unterseite. Lange, hellgelbliche Überaugenstreifen, sehr schmale, helle Flügelbinde, selten eine zweite angedeutet. Schnabel klein, dünn, hell mit dunklem First. Helle Überaugenstreifen treffen sich über dem Schnabel. Ruft scharf „tslie" oder „tsilie". Gesang schnell, lebhaft, rasche Tonhöhenwechsel und Triller.

Waldlaubsänger
Phylloscopus sibilatrix

L 12 cm | SP 19–24 cm | G 7–12 g

Ein sehr ansprechender Laubsänger des unterwuchsarmen Buchenwalds. Oberseite kräftig grün, breiter, gelber Überaugenstreif; Kehle und Brust hellgelb, Unterseite weiß; Flügel lang, braun mit gelblichen Federrändern. Ruft fast einsilbig „tsip" und traurig „tüh"; Gesang aus 2 Teilen, einer metallischen Schwirrstrophe und melancholischen, weichen „djü"-Folge.

Berglaubsänger
Phylloscopus bonelli

L 11,5 cm | SP 19–23 cm | G 7–11 g

Unscheinbarer als Waldlaubsänger, Kopf grauer, nur angedeuteter, schmaler Überaugenstreif, nahezu kein Augenstreif; Bürzel gelblich, Flügel mit grünlich gelben Rändern, Schirmfedern weißlich gerandet; Unterseite rein silberweiß. Ruft hell „wü-if" oder „dü-ie". **Balkanlaubsänger** *(P. orientalis)* ruft sperlingsartig „tschip"; Gesang (beide) eine kurze, trillernde Schwirrstrophe.

Gelbspötter
Hippolais icterina

L 13,5 cm | SP 20–24 cm | G 10–14 g

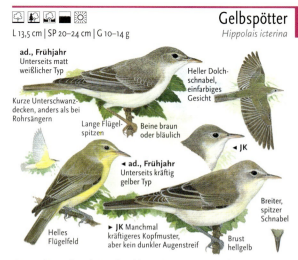

Ein recht großer, langschnäbliger Zweigsänger. Oberseits grünlich, unterseits hellgelb, Gesicht hell. Schnabel dolchartig, an der Basis rosaorange; Beine grau. Meist auffälliges helles Flügelfeld; lange Flügelspitzen. Immat. im Herbst heller, unscheinbarer, unterseits gelblich weiß. Ruft „dederoit"; Gesang laut, abwechslungsreich, melodisch, rau mit meisterhaften Imitationen.

Orpheusspötter
Hippolais polyglotta

L 13 cm | SP 18–20 cm | G 11–14 g

Ein Spötter mit geradem Schwanz und rundem Kopf, sehr ähnlich Gelbspötter, aber mit kürzeren Flügelspitzen. Größer als Fitis, kräftigere, braungraue Beine, dickerer Schnabel. Oberseite grünlich, Flügelfeld schwach oder fehlend. Unterseite hell zitronengelb, im JK heller, mehr beige. Ruft zeternd „trrt"; Gesang schwätzend, weniger abwechslungsreich als Gelbspötter.

ZWEIGSÄNGER, SCHNÄPPER UND ANDERE

Olivenspötter
Hippolais olivetorum

L 15 cm | SP 24–26 cm | G 15–25 g

Ein sehr großer, lang gestreckter, langflügeliger Zweigsänger der Eichenwälder, Oliven- und Mandelhaine und Streuobstflächen Südosteuropas. Auffallend kräftiger Schnabel, breites, weißliches Flügelfeld, graue Oberseite; Flügelspitzen und Schwanz schwarz. Immat. mehr beige. Bewegungen und Flugweise schwerfällig. Ruft schnalzend „tschak". Gesang tief und kehlig.

Blassspötter
Hippolais pallida

L 12–13,5 cm | SP 18–21 cm | G 10–15 g

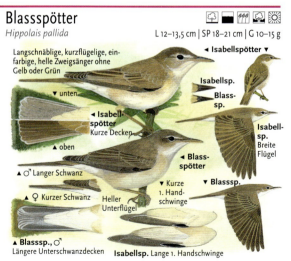

Blassspötter und **Isabellspötter** *(Hippolais opaca)*: Graubeigefarbene Zweigsänger, unterseits heller; Schnabel lang (bei Blassspötter kleiner), kräftig; schlagen ständig den Schwanz abwärts. Unterschwanzdecken kürzer als bei Teich- und Sumpfrohrsänger; Kinnstreif angedeutet. Rufen „tscheck"; Gesang rau, eilig schwätzend mit monotonen Wiederholungen.

Buschspötter
Hippolais caligata

L 11,5–12 cm | SP 18–20 cm | G 10 g

Steppenspötter *(H. rama)* sehr ähnlich **Buschspötter**, beide kleiner als Blass-/Isabellspötter, erinnern an Laub- oder Rohrsänger. Schnabel hell mit dunkler Spitze. Deutlicher Überaugenstreif, angedeutete dunkle Scheitelseiten. Buschspötter mit kürzeren Flügelspitzen als Steppenspötter. Schwanzbewegungen aufwärts gerichtet. Gesang nasal schwätzend, ohne Imitationen.

Seidensänger
Cettia cetti

L 13,5 cm | SP 15–19 cm | G 12–18 g

Ein dunkler, heimlicher Zweigsänger in dichtem Bewuchs, an Gräben und in feuchtem Gebüsch. Singt häufig, verschwindet aber schnell wieder und singt an anderer Stelle. Gefieder dunkel rotbraun, heller Überaugenstreif, Unterseite gräulich; Schwanz breit, rund. Ruft scharf „plitt"; Gesang eine flüssige Folge lauter Stakkatotöne, klingt „wie aus der Pistole geschossen".

Dorngrasmücke
Sylvia communis

L 14 cm | SP 19–23 cm | G 12–18 g

Ein recht großer, langschwänziger Zweigsänger mit kurzem Schnabel und weißer Kehle in niedriger, oft dorniger Buschvegetation. Steht nicht selten auf hohen Leitungsdrähten. Helle Beine und rostbraune Flügelfärbung, anders als bei allen anderen europäischen Zweigsängern, außer Brillengrasmücke. ♂ mit einheitlich grauem Kopf und unterbrochenem, weißem Augenring, weißer Kehle, rosa überflogener Brust, dunklem, weiß gerandetem Schwanz und breiten, rostbraunen Flügelfedersäumen. ♀ am Kopf brauner, an der Brust mehr beige. Im JK kräftig gefärbt mit bräunlichem Kopf und rostbraunen Flügeln. Ruft rau „tschärr" und nasal „wäid wäid wäid ..."; Gesang aus kurzen, schwätzenden und rau kratzenden Strophen.

ZWEIGSÄNGER, SCHNÄPPER UND ANDERE

Klappergrasmücke
Sylvia curruca

L 13 cm | SP 17–19 cm | G 10–16 g

Einfarbige Flügel ohne Rostbraun

ad., ♂ Leicht im Buschwerk zu übersehen

♂, Frühjahr

JK Sehr apart, weißer Augenring

Schlanker, dunkler Schwanz mit weißen Kanten, kürzer als bei Dorngrasmücke

♀, Sommer

♂, Frühjahr Manchmal unterseits mehr rosa, Ohrdecken dunkler

Starker Kontrast zwischen dunklen Ohrdecken und weißer Kehle

JK   ad.

▶ ♀, Frühjahr
Kopf heller als bei ♂

Dunkle Beine, anders als Dorngrasmücke

♂, Frühjahr
Singend

ad., September
Brauner als im Frühjahr

Östliche Formen im Feld kaum unterscheidbar

JK, September
Graue Kappe, dunklere Ohrdecken, weißer Augenring, weiß gerandete Flügelfedern

Ein ansprechender, grauer Zweigsänger in dichten Büschen und am Waldrand. Dunkle Ohrdecken kontrastreich von weißer Kehle abgesetzt; Schwanz mit weißen Kanten, Beine dunkel. Kopf dunkler als bei Dorngrasmücke, variabel dunkle Ohrdecken oder dunkle Maske; Oberseite dunkler braun, Flügel einheitlich dunkel; Unterseite hell rosafarben. Im JK auffälliger, weißer Augenring, starker Kontrast zwischen dunklen Ohrdecken und weißer Kehle, Brust graubeige überflogen. Ruft trocken „teck", unregelmäßig wiederholt; Gesang aus hohem, unterdrückt schwätzendem Vorgesang und hölzernem Klappern. Östliche Formen mit ausgeprägterem Vorgesang. Männchen singen meist in einem Busch oder Baum verborgen.

Weißbart-Grasmücke
Sylvia cantillans

L 12 cm | SP 13–18 cm | G 9–12 g

Eine lebhafte, kleine Grasmücke in niedrigem Gestrüpp. ♂ blaugrau mit rotem Augen- und Lidring, weißem Bartstreif, Kehle und Unterseite rostorange bis ziegelrot. ♀ heller, brauner, Kopf gräulich mit weißlichem Augenring und rosabeigefarbener Kehle. Gefieder im Herbst brauner, Schirmfedern dunkel mit hellbraunen Rändern. Ruft „tett"; Gesang zwitschernd, knirschend.

Brillengrasmücke
Sylvia conspicillata

L 12,5 cm | SP 14–17 cm | G 10 g

Eine seltene Grasmücke sehr kurzer Vegetation, mit rostbraunen Flügeln und weißer Kehle. ♂ mit grauem Kopf, schwarzem Gesicht, weißem Augenring und tief rosafarbener Brust. ♀ brauner mit rostbraunen Flügeln und schmalen, unauffälligen, dunklen Schirmfedermitten (bei der Dorngrasmücke breiter). Ruft rasselnd „tschärrr", Gesang schwätzend und zwitschernd.

Samtkopf-Grasmücke
Sylvia melanocephala

L 13,5 cm | SP 15–18 cm | G 10–14 g

Langer, schlanker Schwanz, oft gestelzt ♂

Fliegt niedrig, schnell

Weiße Schwanzecken oft kurz vor der Landung zu sehen

JK

► ♂ Wirkt grau mit dunklerem, weiß gesäumtem Schwanz

PK, ♂ Überwiegend grau mit samtschwarzer Kapuze, weißem Kinn und rotem Augenring

PK, ♂ Vogel mit braunerer Oberseite

▲ ♀, **Frühjahr** Kapuze und Oberseite brauner

1er W, ♀

JK Unscheinbarer und brauner, wenig Kontraste; Kehle weiß, rötlicher Augenring, langer, dünner Schwanz

JK   ad.

Ein häufiger, lärmender Zweigsänger in niedrigen Büschen, Hecken, Gärten und gestrüppreichen Hügelflanken Südeuropas. Schlank und langschwänzig, dunkler Kopf, weiße Kehle. Männchen mit schwarzer Kapuze, weißer Kehle, rotem Augenring und grauem Körper. Weibchen brauner mit gräulichem Kopf, matt weißer Kehle sowie sandbeigefarbener Unterseite und brauneren Flanken. Schirmfedern dunkel mit hellen Säumen. Schwanz schwärzlich mit breiten, weißen Rändern; weiße Schwanzecken im Flug oft zu sehen. Stelzt beim Schlüpfen durch den Bewuchs häufig den Schwanz. Ruft maschinengewehrartig ratternd. Gesang aus kurzen, schwätzenden Strophen, enthält knarzende, knirschende und melodische Lautfolgen.

Provencegrasmücke
Sylvia undata

L 12,5–14 cm | SP 13–18 cm | G 9–12 g

Eine kleine, langschwänzige, dunkle Grasmücke in niedriger Gebüsch- und Heidelandschaft. Wenig Kontrast zwischen dunklem Grau von Kopf und Oberseite, den brauneren Flügeln und der weinroten Unterseite. Roter Augenring. ♀ matter, oberseits brauner, an der Kehle heller. Im JK heller, mit brauner Oberseite. Ruft nasal „tschörr"; Gesang tief zwitschernd und kratzend.

Sardengrasmücke
Sylvia sarda

L 13–14 cm | SP 25–30 cm | G 10–15 g

Wie eine graue Provencegrasmücke. ♂ insgesamt grau, um das Auge schwärzlich. **Balearengrasmücke** (*Sylvia balearica*) mit orangefarbener Schnabelbasis, hell orangebraunen Beinen, weißer Kehle und hellerer Unterseite als Sardengrasmücke. ♀ beider Arten brauner. Im JK noch brauner. Gesang zwitschernd und schwätzend, bei der Balearengrasmücke kratziger.

Maskengrasmücke
Sylvia rueppelli

L 14 cm | SP 18–21 cm | G 10–15 g

Ein großer, überwiegend grauer Zweigsänger Südosteuropas. ♂ auffällig und kaum zu verwechseln. ♀ oberseits etwas brauner; Kopf grau, starker Kontrast zwischen dunklen Wangen und weißem Bartstreif; Kehle hellgrau oder gefleckt. Flügelfedern auffällig weiß gesäumt. Schwanz lang mit weißen Kanten. Ruft hart „zäck" und „zerrr"; Gesang trocken schwätzend, etwas stotternd.

Orpheusgrasmücke
Sylvia hortensis

L 15 cm | SP 20–25 cm | G 15–30 g

Eine große Grasmücke mit weißer Kehle und hellen Augen. Unterschwanz diffus gebändert, Beine dunkel. ♂ mit grauem Mantel und weißlicher Unterseite. ♀ etwas brauner, Scheitel grauer. Im JK noch brauner, Kapuze grau, Augen dunkel. Ruft hart „täck"; Gesang etwas drosselähnlich, in Südosteuropa (**Nachtigallengrasmücke**, *S. crassirostris*) viel abwechslungsreicher.

ZWEIGSÄNGER, SCHNÄPPER UND ANDERE

Sperbergrasmücke
Sylvia nisoria

L 15,5 cm | SP 15–20 cm | G 12–15 g

Helle Handschwingenspitzen, 2 helle Flügelbinden

▲ 1er W, ♂
Unterschwanz gemustert, dunkle Augen

Schwanz gerade abgeschnitten

► ad., ♀, Frühjahr
Gelbe Augen, schwache Bänderung, helle Flügelbinden

Größe, Gestalt und Bänderung ähnlich Wendehals

Gelbe Augen

♂, Frühjahr
Kräftige Bänderung ab 2em Jahr

◄ 1es Frühjahr, ♂
Dunkle Augen

Oben Unten

Eine große, graue Grasmücke in Dornengebüsch. Schwanz lang, Schnabel kurz, kräftig. ♂ oberseits grau mit 2 weißen Flügelbinden, unterseits hell, dicht grau gebändert, Augen gelb. ♀ brauner, unterseits schwächer gebändert. Im JK hell bräunlich grau mit 2 beigen Flügelbinden; Steiß gebändert; dunkle Augen. Ruft ratternd „trrrrrrr-t-t-t"; Gesang laut zwitschernd, oft im Singflug.

Gartengrasmücke
Sylvia borin

L 14 cm | SP 20–24 cm | G 16–23 g

Hellbraun, unterseits mehr beige, Schnabel dick, Kopf rundlich; am Hals grau

◄ ♂, Frühjahr

◄ ♂ Oberschwanzdecken überragen Flügelspitzen

Einfarbiger Zweigsänger in Büschen, unterwuchsreichen Wäldern und dichten Hecken; langer schwätzend-orgelnder Gesang

► ♀ Flügelspitzen gleich lang wie Oberschwanzdecken

♀

JK Helle Federsäume, manche unten gelblicher

Eine gedrungene, rundköpfige, kurzschnäblige Grasmücke in dichten Büschen. Gefieder hell graubraun, unterseits heller. Kopf nahezu ungemustert, Überaugenstreif und Augenstreif angedeutet; sanfter Gesichtsausdruck; schwacher, grauer Halsfleck; Flügel einfarbig. Ruft „tschek", weicher als die Mönchsgrasmücke; Gesang volltönend plaudernd und orgelnd.

Mönchsgrasmücke
Sylvia atricapilla

L 13 cm | SP 20–23 cm | G 14–20 g

Ein gedrungener Zweigsänger in Dickicht und Wäldern. ♂ grau mit schwarzer Kopfplatte. ♀ brauner mit rotbrauner, weniger kontrastreicher Kopfplatte. Augen unterhalb der Kopfplatte (anders als bei Graumeisen). Flügel und Schwanz einfarbig. Ruft hart „täck"; Gesang zweiteilig: schwätzender Vorgesang und lauter, flötender „Überschlag" mit großen Tonhöhensprüngen.

Zistensänger
Cisticola juncidis

L 10 cm | SP 12–15 cm | G 10 g

Ein winziger, stark gestreifter Vogel dichter Grasbestände. Klein und gedrungen, oberseits gestreift, unten hell; Schwanz kurz und breit, unterseits mit weißen Federspitzen; wirkt von hinten kurzschwänzig. Meist im wellenförmig kreisenden Singflug zu sehen; oben auf jedem Bogen erfolgt ein kurzes „tsip", etwa im Abstand von einer Sekunde wiederholt. Ruft laut „tschip".

Wintergoldhähnchen
Regulus regulus

L 9 cm | SP 13–15,5 cm | G 5–7 g

Schmaler, gelber Scheitelstreif, schwarz begrenzt

Einfarbiges Gesicht, dunkle Augen, feiner Bartstreif

♀ Gelber Scheitelstreif

Nahrungssuche oft hoch in Nadelbäumen, aber auch in Gebüsch; rüttelt häufig; meist recht vertraut

Helle Flügelbinde, oft v-förmig

♂ Scheitelmitte mit einigen kräftig orangefarbenen Federn, bei der Balz zu sehen

Ein winziger, kompakter, laubsängerartiger Vogel des Nadelwalds. Färbung hell olivgrün mit schwarzweißer Flügelbinde; Gesicht hell, ungemustert, mit auffälligen, dunklen Augen und zartem Bartstreif. Schwarze Scheitelseiten, schmaler, gelber Scheitelstreif, Federn bei der Balz gefächert. Ruft fein „si-si-si"; Gesang hoch, rhythmisch, endet mit betontem Schlusston.

Sommergoldhähnchen
Regulus ignicapillus

L 9 cm | SP 13–16 cm | G 5–7 g

► ♀, Winter

JK

♀ Scheitelstreif orangegelb, weniger kräftig gefärbt als beim ♂

Auf den „Schultern" bronze- oder goldfarbener Schimmer

♂ Scheitelstreif orangerot, Federn bei der Balz breit gefächert

Schwarze Scheitelseiten mit auffällig gefärbtem Scheitelstreif, breiter, weißer Überaugenstreif, schmaler, schwarzer Augenstreif, graue Wangen, grünlicher Mantel

Ähnlich dem Wintergoldhähnchen, aber Gefieder oberseits grünlicher, unterseits heller; breitere, schwarze Scheitelseiten, tief orangeroter Scheitelstreif, keilförmiger, weißer Überaugenstreif, schwarzer Augenstreif, graue Wangen, „goldener" Schulterbereich. Ruft tiefer und kräftiger „sit"; Gesangsstrophen kürzer, auf gleicher Tonhöhe und ohne betonten Schlussteil.

ZWEIGSÄNGER, SCHNÄPPER UND ANDERE

Grauschnäpper
Muscicapa striata

L 14 cm | SP 23–25 cm | G 14–19 g

Steht aufrecht und aufmerksam auf einer hohen oder niedrigen Warte, achtet auf fliegende Insekten

ad., ♂

Flügel und Schwanz lang

Gefieder und Lautäußerungen unscheinbar, Beutejagd jedoch auffällig

JK

JK Oberseite kräftig hell gefleckt

Trauerschnäpper Kürzerer Schwanz und helle Flügelbinden

◄ **ad.** Scheitel, Kehle und Brust diffus gestreift

Flügelfedern hell gerandet

Steht aufrecht auf kurzen Beinen; langer Schwanz; schlüpft nicht durch das Laub wie Zweigsänger

► Schnabel breit, flach, mit Borsten an der Basis

Ein unscheinbarer grauer, unauffälliger Kleinvogel der Waldränder, Parks, Friedhöfe, Biergärten und Wälder mit altem Baumbestand. Steht aufrecht auf kurzen Beinen, Schwanz und lange, oft zuckende Flügelspitzen weisen abwärts (nicht wie typische Zweigsänger in horizontaler Haltung); schlüpft und hüpft nicht durch das Blattwerk. Jagdflug auf fliegende Insekten, kehrt danach rasch zur Warte zurück. Scheitel braun, zart gestrichelt; große, dunkle Augen. Unterseite silbrig graubeige mit diffus gestreifter Brust; Schwanz graubraun. Im JK oberseits hellbeige gefleckt. Ruft fast ständig scharf „pst", „zieht" und „zie-zk-zk"; Gesang anspruchslos und unauffällig, aus hellen, abgehackt klingenden Zirplauten.

Trauerschnäpper
Ficedula hypoleuca

L 13 cm | SP 21–24 cm | G 12–15 g

Ein kräftig gebauter Singvogel offener Wälder und Parks. Fängt fliegende Insekten, kehrt aber meist nicht zur selben Warte zurück (anders als Grauschnäpper), fliegt auch auf den Boden. Kann mit Halsband- und Halbringschnäpper verwechselt werden. ♂ oberseits schwarz, unterseits weiß; 1 oder 2 weiße Stirnflecken, weißes Feld auf geschlossenem Flügel reicht zu den Schirmfedern. Spanische Brutvögel *(iberiae)* mit breitem, weißem Handschwingenfleck und hellgrauem Rückenfleck. ♀ braun und beigeweiß mit variablem Kinnstreif und weniger Weiß im Flügel. Im JK oberseits gefleckt. Vögel im Herbst mit brauner Oberseite. Ruft oft „bit"; Gesang aus einfachen, auf- und absteigenden, munteren Strophen.

Halsbandschnäpper
Ficedula albicollis

L 13 cm | SP 21–23 cm | G 10–15 g

Vor allem Ost- und Südosteuropa. Halsring vollständig, großes weißes Flügel- und Rückenfeld. ♀ mit großem, weißem Handschwingenfleck. Ruft voll „siep"; Gesang langsamer als beim Trauerschnäpper. **Halbringschnäpper** *(Ficedula semitorquata)* mit nur halbem, weißem Halsring. ♀ graubraun mit schmaler, oberer Flügelbinde und schmalen, weißen Schirmfedersäumen.

Zwergschnäpper
Ficedula parva

L 11,5 cm | SP 18–21 cm | G 10 g

Ein kleiner, rundköpfiger Schnäpper mit hellem Augenring und steinschmätzerähnlichem Schwanzmuster. ♂ mit grauem Kopf und variablem Rot an der Kehle. In anderen Kleidern oberseits braun, unterseits beigeweiß, an der Brust pfirsichfarben. Fängt Insekten von einer Warte aus, zuckt oft mit den Flügeln und stelzt den Schwanz. Gesang aus hellen, abfallenden Strophen.

Meisen, Baumläufer, Kleiber u.a.

Meisen sind kleine, rundliche Vögel mit starken Beinen und kurzem, kräftigem Schnabel, viele Arten besuchen häufig Futterhäuser in Gärten und Parks. Sie bewegen sich bei der Nahrungssuche flink und oft sehr geschickt im Geäst, nicht selten auch an den äußersten Zweigen. Man unterscheidet drei Hauptgruppen: die farbenfrohen grün, blau und gelben Arten mit schwarzen und weißen Markierungen, die schlichteren, nur geringfügig unterschiedlichen, braun, schwarz und beige gefärbten sowie die langschwänzigen, schwarzweißen **Schwanzmeisen**, die wie **Bartmeisen** und **Beutelmeisen** jeweils eine eigene Familie bilden.

Baumläufer sind in Europa durch zwei einander überaus ähnliche Arten vertreten, deren unterschiedliche Rufe und Gesänge wichtige Bestimmungshilfen sind. Baumläufer leben fast ausschließlich auf Bäumen; sie besitzen einen Stützschwanz als Kletterhilfe.

Kleiber sind beim Klettern an Bäumen bzw. Felsen auf ihre starken Füße angewiesen, sie können auch abwärts mit dem Kopf nach unten vorankommen.

Mauerläufer, nah mit Kleibern verwandt, sind Hochgebirgsvögel, die an Felswänden klettern; oft leben sie in schwer erreichbarem Gelände. Sie sind begehrte Beobachtungsobjekte.

Bartmeise
Panurus biarmicus

L 16 cm | SP 16–18 cm | G 12–18 g

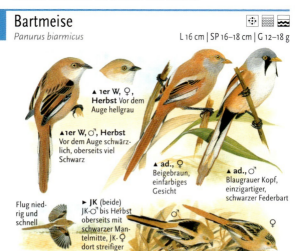

▲ 1er W, ♀
Vor dem Auge hellgrau

▲ 1er W, ♂, **Herbst**
Vor dem Auge schwärzlich, oberseits viel Schwarz

▲ ad., ♀
Beigebraun, einfarbiges Gesicht

▲ ad., ♂
Blaugrauer Kopf, einzigartiger, schwarzer Federbart

Flug niedrig und schnell

▶ JK (beide)
JK-♂ bis Herbst oberseits mit schwarzer Mantelmitte, JK-♀ dort streifiger

Ein kleiner, überwiegend zimtbraun gefärbter Schilfvogel, durch den langen Schwanz und die typischen Rufe leicht zu bestimmen. Fliegt mit schwirrenden Flügelschlägen über den Schilfwipfeln. Flügel streifig, Schwanz mit weißen Kanten; Schnabel wachsgelb. ♂ mit graublauem Kopf und schwarzem Federbart. Im JK oberseits dunkler. Ruft nasal „ping" oder „tsching".

Beutelmeise
Remiz pendulinus

L 11 cm | SP 16–17 cm | G 8–10 g

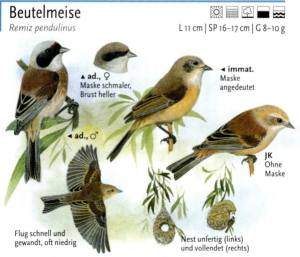

▲ ad., ♀
Maske schmaler, Brust heller

◀ immat.
Maske angedeutet

◀ ad., ♂

JK
Ohne Maske

Flug schnell und gewandt, oft niedrig

Nest unfertig (links) und vollendet (rechts)

Ein sehr kleiner, meisenartiger Vogel in Feuchtgebieten mit Weidengebüsch und Pappelbeständen. Kopf grau mit schwarzer Maske, Mantel rotbraun, Unterseite rosabeige. ♂ mit breiter Maske und tief rotbraunem Flügelfeld. Immat. am Kopf hellbraun, ohne Maske. Schnabel spitz, dunkel; Beine schwarz. Rufe kennzeichnend hoch und fein „tssieh"; einfacher Gesang.

Schwanzmeise
Aegithalos caudatus

L 14 cm | SP 16–19 cm | G 7–9 g

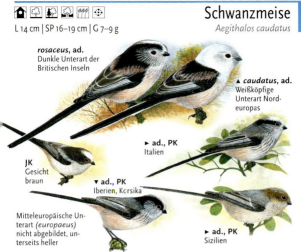

rosaceus, ad. Dunkle Unterart der Britischen Inseln

▲ *caudatus*, ad. Weißköpfige Unterart Nordeuropas

► ad., PK Italien

JK Gesicht braun

▼ ad., PK Iberien, Korsika

Mitteleuropäische Unterart (*europaeus*) nicht abgebildet, unterseits heller

► ad., PK Sizilien

Ein Kleinvogel mit rundlichem Körper, winzigem Schnabel und extrem langem Schwanz. Oft in kleinen Trupps. Meist mit schwärzlichem Scheitelseitenstreif; Unterseite mit rosa Anflug. Im JK dunkler, ohne Rosa. Oft sehr vertraut. Den Kontaktruf, ein sanftes „sisisi", hört man fast ständig, daneben hoch, energisch „zerrr" und weich „tschip". Gesang unscheinbar.

Balkanmeise
Parus lugubris

L 14 cm | SP 21–23 cm | G 17–19 g

ad.

Große, braunschwarze Kopfkappe und sehr breiter, braunschwarzer Latz begrenzen die weißen Wangen

Größer als Sumpf- oder Weidenmeise, oberseits bräunlicher

◄ ad. Recht auffällige helle Flügelfederränder, Schwanz einfarbig

Eine große, gedrungene Meise; bewohnt buschige Hänge und felsige Gebiete mit einzelnen Bäumen in Südosteuropa. Sehr breiter Latz und ausgedehnte, braunschwarze Kopfplatte umrahmen keilförmige, weiße Wangen. Mantel bräunlich grau. Ruft sperlingsähnlich „tschrrrt", „tscherrr" oder „zri-zri-zri"; Gesang aus einfachen Strophen „tschriv-tschriv-tschriv …".

Lapplandmeise
Parus cinctus

L 13 cm | SP 19–21 cm | G 10–15 g

Lapplandmeise
Mantel mit grauem Anflug, wird durch Abnutzung brauner

Lapplandmeise
Helles Flügelfeld, großes, weißes Wangenfeld, bräunliche Kopfplatte

Lasurmeise *(P. cyanus)*
Gefieder einzigartig blau und weiß; viel Weiß in Flügeln und Außenschwanz, weißer Scheitel

Großköpfige Meise mit brauner Kopfplatte und großem Latz; Gefieder flauschig-locker; Mantel anfangs mit grauem Anflug, später brauner. Lebt in Wäldern N-Skandinaviens. Ruft ähnlich Weidenmeise, aber weniger gedehnt. **Lasurmeise** *(Parus cyanus)* vor allem in Sibirien, sehr selten in Nordeuropa. Langschwänzig; Gefieder hell graublau und weiß. Ruft ähnlich Blaumeise.

Sumpfmeise
Parus palustris

L 11,5 cm | SP 18–19 cm | G 10–12 g

Sumpfm.

♂ hat längeren Schwanz als ♀

Weidenm.

Glänzend schwarze Kopfplatte, kleiner Kinnfleck, oberseits einfarbig graubraun, höchstens schwaches Flügelfeld; Unterseite graubeige bis grauweiß

Kein Weiß im Nacken, keine Flügelbinden, kein Grün, Blau oder Gelb

Mitteleuropa
Grauer als auf Brit. Inseln

Ruf bestes Kennzeichen

Ein kleiner, graubrauner Waldvogel. Schwarze Kopfplatte reicht über die Augen und bis zum Hinterhals, Wangen weißlich; kleiner, schwarzer, scharf begrenzter Kinnfleck. Mantel graubraun, Flügel einfarbig, Unterseite graubeige bis grauweiß; meist weniger braun als Weidenmeise. Ruft „pistjä-dä-dä-dä"; Gesang einfach und klappernd „zji-zji-zji ..." oder „tjepptjepp ...".

MEISEN, BAUMLÄUFER, KLEIBER UND ANDERE

Weidenmeise
Parus montanus

L 12–13 cm | SP 17–18 cm | G 9–11 g

Weidenmeise mit längerer, matt schwarzer Kopfplatte, größerem Kinnfleck und dickerem Schnabel als Sumpfmeise

◄ Weidenmeise

◄ Sumpfmeise

Breiter Kopf, großes, weißes Wangenfeld

Typischerweise helles Flügelfeld und kräftig beigebraune Flanken

Skandinavien Größer, grauer, unterseits heller

Sehr ähnlich der Sumpfmeise, oft in feuchteren Lebensräumen wie Weiden- und Birkenbeständen, Moorgehölzen sowie in Nadelwald bis zur Latschenregion. Wirkt „stiernackig"; Kopfplatte matt schwarz, Kinnfleck groß, diffus. Helles Flügelfeld, Flanken kräftiger beigebraun, in Nordeuropa heller. Ruft nasal „zizi-däh-däh-däh"; Gesang wehmütig pfeifend „zjüzjüzjü ...".

Haubenmeise
Parus cristatus

L 11,5 cm | SP 17–20 cm | G 10–13 g

ad. Spitze Federhaube und markantes Kopfmuster kennzeichnend

JK Unscheinbarer, kürzere Haube

Klein, braun; bei der Nahrungssuche in hohen Nadelbäumen oft schwer zu sehen

Turnt lebhaft im Gezweig

Ein lebhafter, überwiegend brauner Kleinvogel in Nadelwäldern oder Inseln von Fichten und Kiefern in Laubwald. Schwarzweiß melierte, spitze und dreieckige Federhaube kennzeichnend; Kopf weißlich, hinter dem Auge schwarzes, halbmondförmiges Abzeichen; Oberseite braun, Unterseite heller. Ruft schnurrend „zi-zi-gürrr"; Gesang aus rufähnlichen Lauten.

Tannenmeise
Parus ater

L 11,5 cm | SP 17–21 cm | G 8–10 g

Grau und beige, 2 weiße Flügelbinden, weiße Wangen, länglicher, weißer Nackenfleck

▼ Weißer Nackenfleck

Kaum größer als Goldhähnchen (unten)

Irland: Wangen gelblicher

▲ ad., Brit. Inseln, Iberien: Mantel mehr olivgrün

Ein sehr kleiner, behände in Nadelbäumen kletternder Vogel, ad. ohne Grün, Blau oder Gelb. Kopf glänzend schwarz mit länglichem, weißem Nackenfleck. Oberseite blaugrau, 2 weiße Flügelbinden, Unterseite bräunlich weiß. Im JK Wangen, Nackenfleck und Unterseite gelblich. Ruft goldhähnchenartig „tsit", „tsi-tsi-tsi" oder „tlüi"; Gesang „zewizewi ..." oder „sitjüsitjüsitjü ...".

Blaumeise
Parus caeruleus

L 11,5 cm | SP 17–20 cm | G 9–12 g

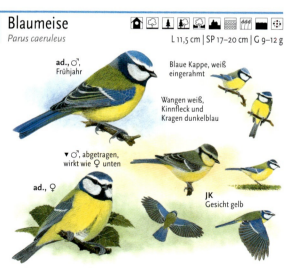

ad., ♂, Frühjahr

Blaue Kappe, weiß eingerahmt

Wangen weiß, Kinnfleck und Kragen dunkelblau

▼ ♂, abgetragen, wirkt wie ♀ unten

ad., ♀

JK Gesicht gelb

Ein kleiner, lebhafter Wald- und Gartenvogel; auffällig blau, hellgrün und gelb gefärbt; blaue Kappe, weiß eingerahmt, weiße Wangen, Kinnfleck und Kragen dunkelblau; Flügel blau mit weißer Flügelbinde, blauer Schwanz; Unterseite hellgelb mit kurzem, schmalem Längsstreif. Ruft „tsi-tsi-tsi", zeternd „tserrrretetet"; Gesang hell und rein „sieh-sieh-sieh-sirrr".

MEISEN, BAUMLÄUFER, KLEIBER UND ANDERE

Kohlmeise
Parus major

L 14 cm | SP 22–25 cm | G 16–21 g

Die größte und häufigste Meise. Typisch sind das große, weiße Wangenfeld, der blauschwarze Scheitel und der lange, schwarze Längsstreif auf der gelben Unterseite (bei ♀ deutlich schmaler). Mantel grünlich, Flügel graublau mit weißer Binde. Ruft häufig laut schnarrend „tschär-r-r-r" oder wie Buchfink „pink"; Gesang „zi-zi-te zi zi te ...", „zipe-zipe ..." oder ähnlich.

Waldbaumläufer
Certhia familiaris

L 12,5 cm | SP 18–21 cm | G 8–12 g

Ein kleiner Singvogel mit mäuseartig huschender Bewegungsweise; klettert ruckartig an Baumstämmen und Ästen. Oberseits braun, hell gefleckt, Unterseite weiß; recht deutlicher, weißer Überaugenstreif. Schnabel dünn, etwas abwärts gebogen. Im Flug langer, schmaler, heller Flügelstreif. Ruft dünn „srie" oder „tieh"; Gesang aus zwei hoch beginnenden, abfallenden Trillern.

Gartenbaumläufer
Certhia brachydactyla

L 12 cm | SP 18–21 cm | G 8–12 g

Sehr ähnlich dem Waldbaumläufer, aber Unterseite meist dunkler, weiße Kehle kontrastiert mit dunklerer Unterseite; wirkt oft etwas rundlicher

Schnabel etwas länger

Gesang wichtigstes Bestimmungsmerkmal

Flügelstreif gleichmäßiger gestuft

◀ Heller Alula-Rand vollständiger

◀ Vergl. Vorderrand des Flügelstreifs

▶ Helle Schirmfederspitzen größer

Waldbaumläufer

Größere, weiße Handschwingenspitzen

Gartenbaumläufer

Sehr ähnlich dem Waldbaumläufer; Färbung eher erdbraun, Kontrast zwischen weißer Kehle und verwaschen bräunlichen Flanken; weiße Handschwingenspitzen deutlicher. Heller Flügelstreif gleichmäßiger gestuft. Wirkt manchmal rundlicher. Ruft hoch und laut „tüt tüt tüt" oder „sri"; Gesang aus einer ansteigenden Reihe von Pfeiftönen „ti ti titeroit tsri".

Kleiber
Sitta europaea

L 14 cm | SP 16–18 cm | G 12–18 g

Dunkle Schwanzbasis

♂ M-Europa
Osteuropa

▶ Nordische Vögel weißer

Schwarze Maske

Klettert an Stämmen und Ästen, auch kopfüber

Weiße Flecken

Schweden

Spanien

Italien

Ein untersetzter Kleinvogel, meist an großen Bäumen. Kräftiger Schnabel, keilförmige Körperform mit kurzem, eckigem Schwanz (kein Stützschwanz). Oberseite blaugrau mit schwarzer Maske, Unterseite hell rostbeige, ♂ mit rotbraunen Flanken. Ruft laut „twett twett twett", „twi" oder „zit"; Gesang weit hörbar und leicht nachzupfeifen: „tuituitui ..." oder „wiwiwiwiwi ...".

Felsenkleiber
Sitta neumayer

L 15 cm | SP 23–25 cm | G 25–35 g

Felsenkleiber: Ein großer, heller Kleiber in Felsgebieten und an Ruinen Südosteuropas; Gesicht sehr hell, langer, schwarzer Augenstreif, Schwanz einfarbig grau. Ruft laut und durchdringend.
Korsenkleiber *(Sitta whiteheadi)*: Ein kleiner, heller Kleiber, nur in Schwarzkiefernwäldern Korsikas; dunkler Scheitel, weißer Überaugenstreif, dunkler Augenstreif. Gesang trillernd.

Mauerläufer
Tichodroma muraria

L 16 cm | SP 30–35 cm | G 25 g

Ein ungewöhnlich prächtiger Kleinvogel der Felswände und Schluchten des Hochgebirges, mitunter an hohen Gebäuden. Breite, weiß gefleckte Flügel mit kräftigem Rot. Im SK mit weißer Kehle. Im PK mit schwarzer Kehle, bei ♂ ausgedehnter und kontrastreicher. Schwanz kurz, gerade abgeschnitten. Flugweise schmetterlingsartig flatternd. Ruft flötend „tüi".

Würger, Stare und Krähenverwandte

Die **Würger** sind mittelgroße Singvögel mit Hakenschnabel und kräftigen, scharfen Krallen, fast wie Miniaturausgaben der Greifvögel. Sie fangen Kleinvögel, Mäuse und große Insekten und spießen ihre Beutetiere nicht selten auf Dornen auf, um sie bequem zerteilen zu können oder um sie als Vorrat aufzuheben. Würger leben meist in offener Landschaft mit einzelnen Bäumen und Büschen oder in buschreichen Heckenlandschaften.

Stare sind geschäftige, lärmende, recht kräftig gebaute Vögel mit spitzen Schnäbeln; kurzer Schwanz, kräftige Beine und hektische Bewegungsweise am Boden sind ebenso typisch. Ferner besitzen sie dreieckige Flügel, fliegen schnell und geradlinig und bilden an den Schlafplätzen oft riesige Schwärme. Die Mitglieder der Familie **Krähenverwandte** sind viel größer, kräftig gebaut mit breitem Kopf und breiten Flügeln, ihre Schnäbel sind stumpf, ihre Füße kräftig; die Nasenlöcher sind mit einer dichten Schicht aus borstigen Federn bedeckt. Die meisten von ihnen sind gute Flieger, besonders Alpendohlen, Alpenkrähen und Kolkraben. Die typischen Arten sind schwarz, Elstern und Häher zeigen dagegen wesentlich auffälligeres Gefieder. Manche Arten sind das ganze Jahr über gesellig.

Schwarzstirnwürger
Lanius minor

L 20 cm | SP 30 cm | G 30 g

Großes, weißes Flügelabzeichen

Schwarzstirnw. Lange Flügelspitze

Unterseits rosa

Raubwürger

PK, ♂
Breites Stirnband

Breite Flügelbinde

Dicker Schnabel und lange Flügelspitzen stets kennzeichnend

◄ JK

PK, ♀

1er W, Sept.–Okt.
Graue Stirn, dicker Schnabel

Steht aufrecht auf der Warte

Ein ziemlich großer, langschwänziger Würger mit auffallend langen, spitzen Flügeln. Färbung hellgrau, schwarz und weiß; breite, schwarze Maske über Stirn und Vorderscheitel, vor allem bei ad. ♂; ziemlich dicker, schwarzer Hakenschnabel. Immat. oberseits gebändert und mit grauer Stirn, Maske in Form eines breiten Augenstreifs vom Schnabel zu den Wangen; im Herbst sauberer grau und ohne Stirnmaske. Flügelspitzen, die über die Oberschwanzdecken hinaus reichen, sind gutes Unterscheidungsmerkmal zu Raubwürger und Mittelmeer-Raubwürger. Lässt sich von einer hohen Warte auf Kleintiere am Boden fallen, verfolgt auch fliegende Beute im Luftraum. Rüttelt singfliegend im Frühjahr über dem Brutplatz. Ruft rau „tsche-tsche".

Raubwürger
Lanius excubitor

L 24–25 cm | SP 30–35 cm | G 50–80 g

Großer, schwarz-weiß-grauer Würger mit schmalem Schnabel, kurzen Flügeln und langem Schwanz

Raubwürger

▶ Manche unten schwach gebändert

ad. 1 oder 2 Flügelbinden

ad., ♀

JK

▶ 7 Handschwingenspitzen

▲ 1 (oben) oder 2 Flügelbinden

▼ **Steppenraubwürger (*Lanius pallidirostris*)** Schmale Flügel, lange Flügelspitzen; großer, weißer Handschwingenfleck

◀ **homeyeri, Ukraine:** oberseits heller

▶ 8 Handschwingenspitzen (manchmal teilweise verborgen)

◀ **1er W** Vor dem Auge hell, Schnabel hell

Steppenraubwürger Großer Handschwingenfleck

Mittelmeer-R., 1er W

▶ Oberschwanzdecken überragen Flügelspitzen

Mittelmeer-Raubwürger (*L. meridionalis*)

Mittelmeer-Raubwürger Dunkler als Raubwürger, unterseits mehr rosa, Körper länger, Flügel kürzer, Schwanz länger

Mittelmeer-R. Weiß nur im Außenflügel

Große, langschwänzige, kurzflügelige Würger; Flügelspitzen kürzer als die Schwanzbasis. **Raubwürger** oberseits hellgrau, unterseits weiß; weiße Linie über schwarzer Maske, weiße Flügelbinde; schwarzer Schwanz, breit weiß gesäumt. Weibchen unterseits fein gebändert. Im JK mit beigefarbenem Anflug, unterseits stärker gebändert, hellere Maske, helle Schnabelbasis. **Mittelmeer-Raubwürger** (*L. meridionalis*, Frankreich und Iberische Halbinsel) oberseits etwas dunkler, unterseits dunkler graurosa, weniger Weiß über schwarzer Maske, außer im Zügelbereich. **Steppenraubwürger** (*L. pallidirostris*; seltener Ausnahmegast im westlichen Europa) heller mit hellem Schnabel und längeren Flügelspitzen; Maske nur hinter den Augen.

Rotkopfwürger
Lanius senator

L 18 cm | SP 25–30 cm | G 25–35 g

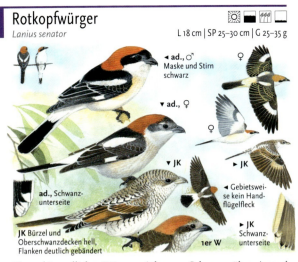

Ein recht rundlicher Würger mit langem Schwanz, überwiegend schwarzweißem Gefieder, rotbraunem Scheitel und Nacken. ♂ mit kontrastreicher schwarzer Maske, Scheitel und Nacken kräftig rotbraun. Großes, weißes Schulterabzeichen, weißer Bürzel und Weiß im Handflügel (außer westliche Mittelmeerinseln) im Flug auffällig. Im JK graubraun, gebändert, Bürzelbereich hell.

Maskenwürger
Lanius nubicus

L 17–18 cm | SP 24–26 cm | G 15–25 g

Seltener Würger Südosteuropas; Gefieder überwiegend schwarzweiß mit auffälliger weißer Stirn, Flanken kräftig orangefarben; Schwanz lang, schmal, schwarz mit weißen Kanten. JK ähnlich schlanken, grauen, jungen Rotkopfwürgern, aber mit rein weißem Handflügelfleck, dunklerer Bänderung und schwärzlichem Schwanz sowie schlankerem Schnabel. Ruft rau „tscheer".

WÜRGER, STARE UND KRÄHENVERWANDTE

Neuntöter
Lanius collurio

L 17 cm | SP 24–27 cm | G 25–30 g

◀ ▼ **ad.,** ♂
Grauer Kopf, schwarze Maske

ad., ♀
Grauköpfiger Typ

Schwarzer Schwanz mit viel Weiß

Schnabel recht kräftig, Kopf rundlich, Flügelspitzen und Schwanz lang

JK Variabel: Oberseite matter oder rötlicher braun

JK Überwiegend rotbraun, Ober- und Unterseite kräftig gebändert

♀ variabel gefärbt, oberseits meist rostbraun; Schwanz mit schmalen, weißen Kanten

◀ **ad., ♀**
Braunköpfiger Typ

▶ **ad., ♂**
Kopf, Bürzel und Rücken grau; schwarzweißer Schwanz für Würger einzigartig (Turmfalke viel größer; Bluthänfling, Beutelmeise viel kleiner)

Ein kleiner, ansprechender Würger mit rotbraunem Mantel in offener Landschaft mit Hecken, Dornbüschen, Wacholderheiden sowie in Moor- und Heidegebieten. Steht aufrecht, oft auf exponierten Warten wie Buschspitzen, Zaunpfählen und Leitungsdrähten. ♂ auffällig mit aschgrauem Scheitel, schwarzer Maske, rotbraunem Rücken, grauem Bürzel und Rücken, schwarzem Schwanz mit weißen Kanten und rosafarbener Unterseite. ♀ brauner, Kopf matt graubraun mit dunklem Wangenfleck; Unterseite weißlich mit feiner Bänderung. Im JK oberseits braun mit dunkler Bänderung, Schulterfedern nicht heller als Mantel (vgl. Rotkopfwürger, JK). Ruft häufig heiser „dschäää" oder „schäk"; Gesang leise, knirschend, gepresst zwitschernd.

Rosenstar
Sturnus roseus

L 21,5 cm | SP 37–40 cm | G 70–90 g

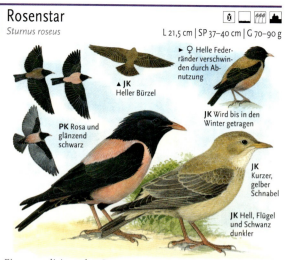

Ein nomadisierender Star aus Osteuropa; fliegt oft in dichten Trupps. Ad. hellrosa, Kopf glänzend schwarz mit herabhängendem Schopf; Flügel, Steiß und Schwanz schwarz. Schnabel kräftig, kurz, rosa. SK und immat. verwaschen rosabraun. Im JK (bis zum Winter) hell graubraun, Flügel dunkler mit hellen Federrändern, Bürzel viel heller; Schnabel kurz, gelblich, Beine rosa.

Einfarbstar
Sturnus unicolor

L 21–23 cm | SP 38–42 cm | G 75–90 g

Ein häufiger Star der Iberischen Halbinsel. Ad. sehr dunkel mit purpurfarbenem Glanz, Flügel brauner. Im SK mit kleinen, hellen Flecken übersät. ♀ grauer als ♂ und mit dunklen Federrändern. Schnabel im PK gelb mit blauer (♂) oder rosafarbener (♀) Basis; Beine tief rosa. JK dunkel mit heller Kehle. Ruft ähnlich wie der Star; Gesang mit länger gezogenen Pfeiftönen als Star.

Star

Sturnus vulgaris

L 21,5 cm | SP 37–42 cm | G 75–90 g

Greifvögel wie Sperber werden mitunter im dichten Pulk eingeschlossen

Dreieckige Flügel, kurzer Schwanz; schneller, direkter oder leicht wellenförmiger Flug

Fängt in der Luft Insekten, wirkt dabei unbeholfen

◄ Helle Unterflügel, dunklerer Körper

► JK Braun, dunkle Maske; dunkler, spitzer Schnabel

Rudert beim Singen mit den Flügeln

► PK, ♂ Sehr dunkel

◄ SK, ♀ Flecken fließen auf hellem Gesicht zusammen; helle Federränder

Schnabel im SK dunkel

Kurzer Schwanz

► SK, ♂

Frühjahr

PK, ♀

Stochert beim Laufen im Boden

PK, ♂

PK, ♀

Ein meist häufiger, gedrungener und oft lauter Kleinvogel in Wäldern, Parks, Gärten sowie in der Kulturlandschaft. Sehr dunkel mit spitzem Schnabel, flachem Kopf, kurzem Schwanz und wackelndem Gang. Flügel im Flug dreieckig, spitz; Schwärme erinnern aus der Ferne an wabernde Rauchschwaden. Ad. schwärzlich, PK mit grünem und purpurfarbenem Glanz und gelbem Schnabel. SK gefleckt mit hellen Federspitzen, Gesicht und Kinn oft weißlich; Flügelfedern mit orangebeigen Federsäumen. JK mausbraun, mit dunkler Maske und dunklem, spitzem Schnabel. Ruft laut „schrää", bei Gefahr scharf „kjett-kjett"; Gesang abwechslungsreich aus kreischenden, ratternden, melodisch pfeifenden Tönen und Imitationen.

Pirol
Oriolus oriolus

L 24 cm | SP 35 cm | G 55 g

Sehr zurückgezogen in Baumkronen lebender Vogel der Laubwälder, Auwälder und Pappelpflanzungen. ♂ prächtig gelb und schwarz mit rosa Schnabel. Alte ♀ ähnlich, aber mit grauem Zügel, die meisten aber grün mit gelbem Bürzel und heller Unterseite. JK unterseits stärker gestrichelt. Flug schnell mit tiefen Flügelschlägen. Ruft rau „wäähk"; Gesang laut flötend „düdlio".

Tannenhäher
Nucifraga caryocatactes

L 32–33 cm | SP 52–58 cm | G 125–190 g

Ein einzigartig weiß getupfter, dohlengroßer Vogel der Nadel- und Bergwälder. Färbung schokoladebraun mit weißen Flecken und auffallend weißem Steiß; Schwanz mit schwarzer Basis und weißer Spitze. Schnabel dunkel, spitz, schlanker bei sibirischen Vögeln (wandern mitunter in größerer Zahl westwärts). Wirkt im Flug kurzschwänzig mit langem Kopf. Ruft heiser „gräääh".

WÜRGER, STARE UND KRÄHENVERWANDTE

Eichelhäher
Garrulus glandarius

L 35 cm | SP 52–58 cm | G 140–190 g

Flugweise langsam, unregelmäßig rudernd

Großes, weißes Bürzelfeld

Flügelfeld hellblau und schwarz, im JK ungleichmäßig

Schwarz und Weiß auffälliger als Blau

ad. Körper je nach Unterart rötlich braun oder grauer

Ein farbenprächtiger, vorsichtiger, oft lauter Waldvogel; Bürzel- und Flügelfeld auffallend weiß; Gefieder überwiegend rötlich braun; Scheitel hell, gestrichelt, markanter, schwarzer Bartstreif; kräftig hellblau und schwarz gebändertes Flügelfeld, weißes Flügelmittenfeld jedoch auffälliger; dicker, dunkler Schnabel. Ruft laut rätschend „räääh", leise „gahi" und ähnlich Bussard „hiä".

Unglückshäher
Perisoreus infaustus

L 30 cm | SP 40–46 cm | G 80–100 g

▶ **JK** Dunkler

ad.

Viel Rostrot an Schwanz und Flügeldecken oberseits und unterseits

Scheitel und Gesicht dunkel, dicker, kurzer Schnabel

▲▶ **ad.** Gefieder einzigartig braun, silbergrau und rostrot

ad.

Ein kleiner, dunkler Häher nordischer Taigawälder, kommt nicht selten nah heran und lässt sich beobachten. Scheitel und Gesicht dunkelbraun; Flügelabzeichen, Bürzel und Schwanzseiten rostrot; Schnabel kurz, dick. Steht ziemlich aufrecht, oft mit flauschig abstehendem Körpergefieder. Fliegt schnell und gewandt zwischen Bäumen. Ruft häufig „geäh" und fragend „kui".

Elster
Pica pica

L 44–46 cm | SP 50–60 cm | G 200–250 g

Ein häufiger Vogel des Kulturlands, an Waldrändern, in Feldgehölzen sowie in Parks, Dörfern und Städten. Schwanz lang, gestuft, Gefieder auffällig schwarzweiß. Flügel glänzend stahlblau, Außenflügel jedoch bei gespreizten Schwungfedern überwiegend weiß; Bürzel schwarz, Schwanz glänzend grün und purpurfarben. Ruft laut schackernd „schak-schak-schak …".

Blauelster
Cyanopica cyana

L 34–35 cm | SP 38–40 cm | G 70–75 g

Ein prächtiger Krähenvogel in Wäldern und Kulturland der Iberischen Halbinsel. Lebhaft, hüpft gewandt auf dem Boden, untersucht Baumstämme, klettert geschickt. Glänzend schwarze Kapuze, Flügel und Schwanz seidig hellblau; kein ausgeprägter Kontrast zwischen Flügel-, Schwanz- und Körperfärbung. Ruft häufig „schrüh", „kwit-kwit-kwit" oder ratternd „krrr …".

Alpenkrähe
Pyrrhocorax pyrrhocorax

L 39–40 cm | SP 68–80 cm | G 280–360 g

Schnabel im JK matt orange

ad., ♂ Breite Flügel, kurzer Schwanz

JK Gekerbter Schwanz

▲ **ad., ♀** Flügel schmaler, Schwanz länger

Gefieder glänzend

Eindrucksvolle Flugspiele, ausgeprägtes Spielverhalten

Schnabel rot, gebogen

ad., ♀ Flügelspitzen reichen bis zum Schwanzende

▶ **ad., ♂** Flügel überragen Schwanzende

Beine rot, Unterschwanz rau

Einer der wendigsten und rasantesten Flieger unter den Krähenvögeln; nur im Südwesten der Alpen. Gefieder glänzend schwarz, auf den Flügeln mit bläulichem Glanz; Schnabel rot, etwas abwärts gebogen, Beine rot. Im Flug Schwanz kurz, eckig; Flügel rechteckig, Spitzen tief gefingert; fliegt oft in tiefen Bögen. Ruft durchdringend „kwiarr" oder „kwiräh".

Alpendohle
Pyrrhocorax graculus

L 38 cm | SP 65–74 cm | G 250–350 g

ad., ♂ Flügelhinterrand geschwungen

ad., ♀ Schwanz kürzer

Kurzer, gelber Schnabel, rote Beine

Im Vergleich zur Dohle schlanker, langschwänziger und mit kleinerem Kopf

JK

ad.

Glatter Unterschwanz

Ein geselliger Krähenvogel des Hochgebirges. Brütet in steilen Felsen, Nahrungssuche auf Bergwiesen; oft futterzahm. Gefieder glänzend schwarz; Schnabel gelb, etwas gebogen; Beine rot. Wirkt am Boden langschwänzig; im Flug gerundeter Schwanz, Flügelspitzen nur schwach gefingert. Trupps rufen im Chor: schrill und durchdringend „kriiep", „tsi"; bei Gefahr tief „krrü".

WÜRGER, STARE UND KRÄHENVERWANDTE

Dohle
Coloeus monedula

L 33–34 cm | SP 64–74 cm | G 220–270 g

Streckenflug gleichmäßig, direkt und schnell; Trupps segeln häufig um Kirchtürme

Körper dunkelgrau, Flügel dunkler, nur wenig glänzend

Akrobatische Flugspiele um Klippen, Ruinen, hohe Gebäude

Dunkler Vorderscheitel, helle Augen

Kleiner als Raben- oder Saatkrähe; Gestalt eher taubenartig mit nach hinten gewinkelten, recht spitzen Flügeln

Kopf, Hals und Schnabel eher kurz, Schwanz recht lang

JK Schlicht, Nacken dunkler, Augen grauer

▲ ad.
Vögel aus Nordosteuropa mit helleren Partien am Hals („Halsbanddohle"); durch Abnutzung aber ähnlicher der mitteleuropäischen Form

Elsterdohle *(Coloeus dauuricus)* Seltener Ausnahmegast (NW-Europa)

Saatkrähe Dohle Saatkrähe

Dohle

Ein kleiner, lebhafter Krähenvogel mit schwarzem Vorderscheitel und kurzem Schnabel; Kopf und Flügel rundlich, Augen hell; Wangen, Nacken und Hinterhals hellgrau; übriger Körper und Flügel dunkelgrau; Beine schwarz. Vögel im Trupp jagen einander um Turmspitzen und Hausdächer, segeln über Baumkronen, unternehmen Sturzflüge an steilen Felsen und mischen sich auf Feldern unter Nahrung suchende Saatkrähen. Flug schnell, direkt mit tiefen, „energischen" Flügelschlägen; gleitet mit abgewinkelten Flügeln, segelt mit gefächertem Schwanz und gerade gehaltenen Flügeln. Ruft häufig kurz, durchdringend, aber angenehm klingend „kaja", „kia" oder „kjak", bei Gefahr heiser „tjäär"; Rufe im Vergleich zu Saatkrähenrufen höher.

WÜRGER, STARE UND KRÄHENVERWANDTE

Kolkrabe
Corvus corax

L 54–67 cm | SP 120–150 cm | G 800–1500 g

Kopf und Hals lang, Schwanz lang, keilförmig oder gerundet

Rabenkrähe
Gleicher Maßstab wie Kolkrabe oben links

▲ Hinterflügelrand geschwungen

Gespreizte Handschwingen erzeugen oft lautes, fauchendes Fluggeräusch

Längere, schmalere Flügel als Rabenkrähe (oben rechts)

Tiefe, gleichmäßige Flügelschläge; segelt häufig und ausdauernd

Im Flug meist leicht zu bestimmen, nicht aber aus der Ferne am Boden

Sehr großer, vorn gebogener Schnabel

Fliegt mitunter mit gesträubten Kopf- und Kehlfedern, wirkt dann großköpfig

ad.
Sehr groß, ganz schwarz

▼ Spitze Kehlfedern können zu einem „Bart" gesträubt werden

Rabenkrähe
Gleicher Maßstab wie links

Ein bussardgroßer, ganz schwarzer Krähenvogel größerer Waldgebiete, aber auch im besiedelten Hochgebirge, an der Steilküste und gebietsweise in der Kulturlandschaft. Schnabel lang, dick, sehr kräftig, Oberschnabel stärker gebogen als bei der Rabenkrähe. Kehlfedern lang, oft glatt und angelegt, können aber zottig abstehen – auch im Flug, dann wirkt der Kopf schwer und groß; Kopf im Flug weiter vorragend als bei der Rabenkrähe, Schwanz länger, mehr gerundet (eher wie bei der Saatkrähe) oder keilförmig. Flügel lang, tief gefingert, oft nach hinten gewinkelt. Flug kraftvoll mit regelmäßigen Flügelschlägen, segelt häufig; dreht sich im Flug häufig kurz auf den Rücken. Ruft laut, klangvoll, sonor, häufig „kroak" oder „kror".

Rabenkrähe
Corvus corone

L 45–47 cm | SP 93–104 cm | G 540–600 g

Gleichmäßiger, kraftvoller Flug, segelt kaum

Flügel und Schwanz wirken rechteckig

In allen Kleidern ganz schwarz

Kurzer, eckiger Schwanz

Dicker Schnabel, flacher Kopf

Schenkelbefiederung anliegend

Ein mittelgroßer, flachköpfiger, ganz schwarzer Krähenvogel mit kräftigem Schnabel; dieser dicker und weniger spitz als bei der Saatkrähe, Gefieder glatter, liegt dichter an; im Flug Flügel gleichmäßiger breit mit breiterer Basis. Fliegt mit steten Flügelschlägen, gleitet und segelt weniger als Saatkrähe. Schwanz eckiger als beim Kolkraben. Ruft häufig „wärr", heiser „kräh".

Nebelkrähe
Corvus cornix

L 45–47 cm | SP 93–104 cm | G 540–600 g

Größe, Gestalt und Flugweise wie Rabenkrähe

Kopf, Flügel und Schwanz schwarz; viel kontrastreicher als Dohle

▲ Mischlinge in Gebieten mit Arealüberschneidung

Oft paarweise oder in kleinen Trupps

Das Grau wirkt manchmal leicht rosa oder beige

Gegenstück zur Rabenkrähe in Nord- und Osteuropa, Irland, Nordschottland, Italien, Südosteuropa. Wie Rabenkrähe, aber Hinterhals, Mantel und Unterseite hellgrau, bei manchem Licht etwas braunstichig. Mischlinge mit viel weniger Grau und größerem, schwarzem Brustareal. Rufe ähnlich denen der Rabenkrähe, manche klingen aber nicht ganz so rau.

Saatkrähe
Corvus frugilegus

L 44–46 cm | SP 81–99 cm | G 460–520 g

Segelt häufig mit geraden, flach gehaltenen Flügeln, mitunter akrobatische Flugspiele

▲ Rabenkrähe ▲ Saatkrähe

Flügelenden der Saatkrähe bei abgewinkelten Flügeln spitzer

Brütet in Kolonien

Flügelenden recht spitz, Schwanz abgerundet oder keilförmig

▲ Rabenkrähe
Flügel und Schwanz eher rechteckig

Scheitel etwas spitz

▼ ad., ♂
Schwanz überragt die Flügel

Schlanker Schnabel, steile Stirn

▶ ad., ♀

JK

Purpurfarbener Gefiederglanz; unbefiederter, weißlicher Schnabelgrund

Federn im Schenkelbereich locker abstehend

JK   Rabenkrähe   ad.

Ein mittelgroßer, schwarzer Krähenvogel der Kulturlandschaft, in Feldgehölzen und Parks. Gefieder glänzend schwarz mit Purpurschimmer, aber unbefiederter, weißlicher Schnabelgrund; Schnabel länger, schlanker und spitzer als bei der Rabenkrähe; Stirn meist steiler, auch im JK mit ganz schwarzem Gesicht. Gefieder im Schenkelbereich etwas lockerer und mehr abstehend als bei der Rabenkrähe. Noch geselliger als Rabenkrähe (aber auch Rabenkrähen am Ruheplatz und bei der Nahrungssuche mitunter in großen Trupps). Brütet kolonieweise in Baumkronen (Rabenkrähenpaare nisten einzeln). Segelt oft, besonders über der Kolonie. Rufe recht klangvoll, variabel, meist dunkler und eher heiser als die der Rabenkrähe.

Sperlinge, Finken, Ammernverwandte

Dies sind kleine Vögel mit kegelförmigem Schnabel und kurzen Beinen.

Sperlinge wirken von Weitem schlicht bräunlich, sind aber meist kräftig gemustert, manche Arten zeigen große Geschlechtsunterschiede im Gefieder. Ihre Rufe und Gesänge sind meist schlicht tschilpend oder quäkend.

Die **Finken** sind sehr vielgestaltig – von den auf Nadelbaumzapfen spezialisierten Kreuzschnäbeln bis zu den kurzschnäbligen, Samen fressenden Arten. Ihre Gesänge sind meist gut entwickelt, jedoch etwas stereotyp, ihre Rufe sind bei der Artbestimmung hilfreich. Manche Finken brüten kolonieweise, um ein gutes Nahrungsangebot effektiv zu nutzen, während andere eher auf spärlichere Futterquellen angewiesen sind.

Die **Ammernverwandten** sind durch einen etwas anders geformten Schnabel gekennzeichnet, haben einen relativ langen Schwanz und bevölkern eine Vielzahl von eher offenen Lebensräumen. Die Männchen sind meist auffällig gefärbt, besonders im Frühjahr und Sommer, die Weibchen und Jungvögel sind jedoch viel schlichter und geben nicht selten Rätsel auf; für sorgfältige Artbestimmung achte man auf kleine strukturelle Unterschiede und Gefiederdetails sowie auf die Stimmen.

SPERLINGE, FINKEN UND AMMERNVERWANDTE

Haussperling
Passer domesticus

L 14–15 cm | SP 20–22 cm | G 25–35 g

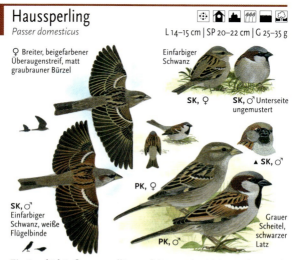

Ein (noch) häufiger, geselliger, oft lärmender Kleinvogel in Siedlungen und auf Feldern. ♂ oberseits braun, schwarz gestreift, unterseits einfarbig grau; Scheitel grau, breit rostbraun eingefasst; schwarzer Brustlatz (im PK am größten). ♀ heller, mehr gelblich braun, oberseits gestreift. Ruft „tschip", „tschirep", bei Gefahr „tscheretetet"; Gesang rhythmisch tschilpend.

Feldsperling
Passer montanus

L 13–14 cm | SP 19–21 cm | G 19–28 g

Ein kleiner, hübscher Sperling. Scheitel kräftig kastanienbraun; schmaler, weißer Halsring, weißliche Wangen mit auffälligem, schwärzlichem Fleck; kleiner, scharf abgegrenzter Kinnfleck, Unterseite graubeige; breite, helle Flügelbinden. Am Boden oft mit angehobenem Schwanz. Ruft im Flug „teck" oder „tettet"; Tschilpstrophen etwas höher als beim Haussperling („tswitt").

Weidensperling
Passer hispaniolensis

L 15 cm | SP 20–22 cm | G 20–25 g

Auffälliger Sperling SO-Europas, lokal auch im übrigen Mittelmeerraum; oft in großen, lärmenden Schwärmen; Koloniebrüter. ♂ im PK mit kastanienbraunem Scheitel, auffälligen, weißen Wangen und schwarzem Brustlatz, auf der übrigen Unterseite kräftig schwarz geflect. Im SK Gefieder etwas heller; weißer Überaugenstreif. ♀ sehr ähnlich Haussperlings-♀.

Italiensperling
Passer italiae

L 15 cm | SP 20–22 cm | G 19–25 g

Ein ansprechender Sperling Norditaliens, Korsikas und der Südschweiz. Wird auch als Unterart des Weidensperlings oder als Hybridform angesehen. ♂ mit braunem Scheitel und Nacken, weißen Wangen und Brustlatz ähnlich dem des Haussperlings; SK braune Scheitelfärbung durch graue Federspitzen verdeckt, schwarzer Latz reduziert. ♀ sehr ähnlich Haussperlings-♀.

SPERLINGE, FINKEN UND AMMERNVERWANDTE

Steinsperling
Petronia petronia

L 14 cm | SP 21–23 cm | G 20–28 g

Ein heller, streifig wirkender Sperling in warmer, felsiger Landschaft, kargen Schluchten sowie in Sand- und Kiesgruben; ehemaliger Brutvogel Deutschlands. Schwarz und beige gestreifter Kopf; großer, heller Schnabel (aus der Ferne wichtiges Merkmal). Im Flug breiter Schwanz mit weißen Spitzenflecken auffällig. Ruft nasal „wüi" oder „tietürrr"; Gesang nasal „tsle-wäit".

Wüstengimpel
Bucanetes githagineus

L 12,5 cm | SP 25–28 cm | G 17–20 g

Kleiner, heller Fink mit kurzem, dickem Schnabel; bewohnt Wüsten und felsige Gebiete. Beim ♂ im PK Schnabel und Stirn orangerot, Kopf blaugrau; Mantel bräunlich, Unterseite schwach rosa; Flügel rosa mit schwarzen Spitzen; Bürzel kräftig rosa. ♀ und SK-♂ grauer, Schnabel rosabeige, insgesamt hell und kontrastarm. Gesang wie Kindertrompete „djü djü tsi dwäääd".

SPERLINGE, FINKEN UND AMMERNVERWANDTE

Kernbeißer
Coccothraustes coccothraustes

L 18 cm | SP 29–33 cm | G 50–60 g

Ein großer, scheuer, Wald bewohnender Fink; Nahrungssuche oft am Boden, fliegt bei Störung bis in die Baumkronen hoch. Gestalt untersetzt, großköpfig und kurzschwänzig, erinnert etwas an Kreuzschnäbel. Schnabel sehr hoch, dreieckig – bei ♂ im PK blaugrau und schwarz, sonst einheitlich hornfarben bis gelblich beige. Scheitel und Wangen orangebeige, um das Auge schwarz, schwarzer Kinnfleck; Hals grau, Mantel dunkelbraun, Unterseite beigerosa; Flügel blauschwarz mit breitem, weißem Handflügelstreif. Im JK heller, unterseits gelblicher, braun gebändert. Ruft scharf „ziek" oder „zicks"; Gesang unauffällig, leise, stotternd mit quietschenden Tönen und verschiedenen rufartigen Lauten.

Bergfink
Fringilla montifringilla

L 14–16 cm | SP 25–28 cm | G 19–23 g

Ein kleiner, hübscher Fink, in Gestalt und Musterung ähnlich Buchfink. ♂ im PK: Kopf, Schnabel und Mantel schwarz, hell orangefarbenes Flügelfeld, orangefarbene Brust, weißer Bauch, schwarzweiße Flügel; langes, weißes Bürzelfeld, im Flug auffällig. Im SK Schwarz großenteils durch rostbeige Federsäume verdeckt (verschwinden im Frühjahr); erinnert an Buchfink, jedoch mit gelbem Schnabel; orangebeiges Brustband kontrastiert mit weißem Bauch. ♀ ähnlich ♂ im SK, aber schlichter, Scheitel grau mit dunkelbraunem Rand, Nacken mit hellgrauem Mittelfleck und dunklen Seiten; Schnabel gelb mit dunkler Spitze. Ruft im Flug härter als Buchfink „jäk", oft quäkend „tä-äb" oder „dschä"; Gesang ähnlich Grünfink anschwellend „dsää".

SPERLINGE, FINKEN UND AMMERNVERWANDTE

Buchfink
Fringilla coelebs

L 14,5 cm | SP 25–28 cm | G 19–23 g

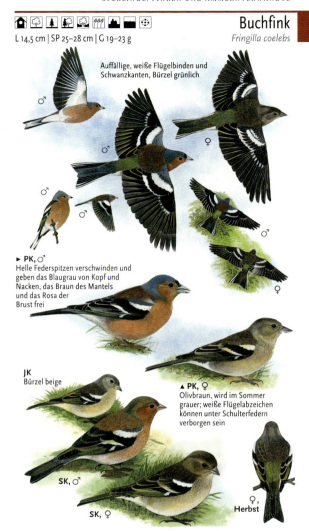

Auffällige, weiße Flügelbinden und Schwanzkanten, Bürzel grünlich

► **PK, ♂**
Helle Federspitzen verschwinden und geben das Blaugrau von Kopf und Nacken, das Braun des Mantels und das Rosa der Brust frei

JK
Bürzel beige

▲ **PK, ♀**
Olivbraun, wird im Sommer grauer; weiße Flügelabzeichen können unter Schulterfedern verborgen sein

SK, ♂

SK, ♀

♀, Herbst

Ein häufiger, oft recht vertrauter Fink der Wälder, Parks, Gärten und Feldflur mit Hecken und anderen Gehölzen. Auffällige weiße Flügelbinden, weiße Schwanzkanten. ♂ im PK Scheitel und Nacken blaugrau, Wangen rotbraun, Schnabel bläulich; Brust rotbraun, Mantel braun, Bürzel grünlich. Auffällige, weiße Binde über die Mittleren Armdecken; schmalere, aber längere untere Flügelbinde. Bei ♂ im SK Blaugrau und Rotbraun großenteils durch beigefarbene Federsäume verdeckt. ♀ mit demselben Flügel- und Schwanzmuster, jedoch unscheinbarer – hell gräulich olivfarben, am Bauch heller, weniger weiß als Bergfink. Ruft häufig „pink", „wrütt" oder weich „füid", im Flug kurz „jüb"; Gesang laut schmetternd, abfallend mit betontem Schluss.

Grünfink
Carduelis chloris

L 15 cm | SP 25–27 cm | G 25–30 g

Beim Auffliegen ist das Gelb an der Schwanzbasis auffälligstes Merkmal

PK, ♂

Gelb der Flügel am auffälligsten von der Seite

PK, ♀

SK-Paar

♂ mit mehr Gelb an Flügeln und Schwanz als ♀ im gleichen Kleid

Gedrungner Fink mit tief gekerbtem Schwanz, langen Flügeln und dickem, hellem Schnabel

PK, ♂

Schwarz an vorderem Kopf bewirkt etwas ärgerlichen Gesichtsausdruck

PK, ♀

SK, ♂

SK, ♀

SK-♂ Unterseite ungezeichnet, SK-♀ zart gestrichelt, im JK am meisten gestrichelt

♂ ♀
Äußere Handschwingen

JK, ♀ Gefieder am ausgeprägtesten braun

Ein häufiger, gedrungener Fink mit großem Kopf; lebt an Waldrändern, in Hecken, Parks und Siedlungen. Färbung matt bis kräftig grün, Flügel und Schwanz mit gelben Abzeichen; Schnabel hoch, dreieckig, hellrosa. ♂ im PK kräftig grün mit leuchtendem Gelb auf den Flügeln und mit gelben äußeren Steuerfederbasen; dunkler Bereich vor den Augen. Im SK matter gefärbt, mehr graugrün. ♀ im Durchschnitt schlichter, weniger Gelb im Flügel, im SK zart grau gestrichelt. Immat. brauner, weniger gelb, geschlossener Flügel jedoch mit schmalem, gelbem Rand; oberseits fein gestreift, unterseits diffus gestrichelt. Ruft oft klingelnd „düdüdü", nasal, ansteigend „dwääsch" oder bei Gefahr „diu"; Gesang rollend, trillernd mit gedehnten Quetschlauten.

SPERLINGE, FINKEN UND AMMERNVERWANDTE

Erlenzeisig
Carduelis spinus

L 12 cm | SP 20–23 cm | G 12–18 g

Klein, lebhaft, mit spitzem Schnabel; Schwanz gekerbt; schwarze und gelbe Flügelbinden; äußere Steuerfedern mit gelben Basen

JK, ♂
Ohne Gelb im Schwanz

PK, ♂

ad., ♀

1er W, ♂

JK, ♀

JK, ♀

▶ ad., ♂
Am meisten Gelb am Bürzel, gelbe Flügelbinde am breitesten

ad., ♀

Ein kleiner, ansprechender, Wald bewohnender Fink mit gekerbtem Schwanz und recht langem, spitzem Schnabel. Nahrungssuche in Bäumen, besucht vor allem im zeitigen Frühjahr Fütterungen in Gärten. ♂ hell gelbgrün mit diffus gestreiftem Mantel, Scheitel und Kinnfleck schwarz, Gesicht und Brust grünlich gelb, Bauch weiß, Flanken schwarz gestrichelt; Flügel schwarz mit breiter, gelber Binde; Bürzel gelb, Schwanz schwarz mit je einem gelben Seitenfeld. ♀ grauer, mit weniger Gelb, Unterseite schlicht; Flügel schwarz, gelbe Binde schmaler und heller als beim ♂. Ruft im Flug wehmütig „düli" oder „däh", bei der Nahrungssuche oft „tetetet", Gesang lebhaft und eilig zwitschernd, mit Flugrufen und Imitationen, oft im Singflug.

SPERLINGE, FINKEN UND AMMERNVERWANDTE

Girlitz
Serinus serinus

L 11,5 cm | SP 18–20 cm | G 12–15 g

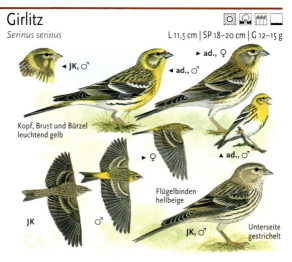

Ein sehr kleiner Fink der Parks, Gärten und offenen Kulturlandschaft. Schnabel kurz, kegelförmig. Schwanz stark gekerbt; Bürzel gelb. ♂ an Gesicht und Stirn gelb, Oberseite kräftig gestreift; schmale, gelbe Flügelbinden; Brust gelb. ♀ schlichter und streifiger. Im JK brauner. Ruft trillernd, klingelnd „girr" oder „girrlit". Gesang hoch zwitschernd und klirrend.

Zitronenzeisig
Serinus citrinella

L 12 cm | SP 18–20 cm | G 12–15 g

Ein kleiner Fink der Bergwiesen und Ränder von Bergwäldern. Gefieder grün, gelb und hellgrau, Bürzel gelbgrün. ♂ mit grüngelbem Gesicht, Nacken und Hals grau; Unterseite matt grün, ungezeichnet; Flügel schwarz mit 2 breiten, grüngelben Flügelbinden. ♀ grauer, Mantel schwach gestreift. Ruft nasal „dit-dit-dit ..."; Gesang zwitschernd, ähnlich Erlenzeisig und Stieglitz.

SPERLINGE, FINKEN UND AMMERNVERWANDTE

Stieglitz
Carduelis carduelis

L 12 cm | SP 21–25 cm | G 14–17 g

♂, **Herbst** Beigefarbene Flügelfederspitzen werden weiß

Unverwechselbar, breiter, gelber Flügelstreif

◂ **PK**, ♂ Helle Federspitzen nutzen sich ab

♀ hat weniger Rot, Gesichtsmaske weniger tiefschwarz

SK, ♂ Kopfmuster unscheinbarer durch helle Federspitzen

JK Kopf einfarbig, schlicht

Ein kleiner, gewandt kletternder Fink mit breitem, gelbem Flügelstreif; häufig an Stauden. Ad. mit rotem Gesicht, weißen Kopfseiten und schwarzem Nackenband; Körpergefieder beigebraun, Unterseite hell; Flügelspitzen schwarz mit beigefarbenen oder weißen Flecken. Im JK ohne auffälliges Muster. Ruft „stigelitt" oder „wäähi"; Gesang munter zwitschernd.

Gimpel
Pyrrhula pyrrhula

L 14,5–16,5 cm | SP 22–26 cm | G 21–27 g

♂ Mittel- und Westeuropa

♂ Nordeuropa: Größer, leuchtend rot, oberseits rosa Anflug

Weißer Bürzel, schwarzer Schwanz; schwarze Flügel mit heller Binde

JK Ohne dunkle Kopfkappe

♀

Ein großer, dicker Fink im Gebüsch an Waldrändern oder Hecken, Gärten und Parks. Auffälliger weißer Bürzel, Flügel und Schwanz schwarz. ♂ Kappe und Kinnfleck schwarz, Mantel grau, Unterseite kräftig rot. ♀ ebenso gemustert, jedoch überwiegend beigegrau. JK ohne schwarze Kappe. Ruft sanft „djü", „düp-düp" oder nasal „dääh"; Gesang unauffällig pfeifend.

Taigabirkenzeisig
Carduelis flammea

L 13–15 cm | SP 20–25 cm | G 10–15 g

Großer, heller Birkenzeisig mit breiten, etwas quadratischen Flügeln; Unterschwanzdecken und weißlicher Bürzel gestrichelt; weiße Flügelbinde

Ein großer Birkenzeisig, oberseits gräulich, unterseits weißer sowie mit weißen Flügelbinden und variabel weißlichem Bürzel; Unterschwanzdecken weiß mit dunklen Stricheln. Dunklere Vögel ähnlich Alpenbirkenzeisig, die weißesten ähnlich „Polarbirkenzeisigen", beide jedoch mit kleinerem Schnabel und an den Flanken kräftig gestrichelt. ♂ im PK mit roter Brust.

„Polarbirkenzeisige"
Carduelis hornemanni u. a.

L 13–15 cm | SP 21–27 cm | G 10–16 g

Große Birkenzeisige (3 Arten) mit breitem Kopf, schlankem Hals, kleinem Schnabel; Bürzel mit viel Weiß, weiße Unterschwanzdecken, winzige „Hosen". *C. hornemanni* am Kopf beigebraun, *C. exilipes* grauer; Flanken schwach gestrichelt; JK mit sehr wenig Weiß am Bürzel; ad.-♂ mit viel Weiß am Bürzel, hellrote Brust. *C. rostrata* groß, dunkel, kräftige Flankenstreifung.

SPERLINGE, FINKEN UND AMMERNVERWANDTE

Alpenbirkenzeisig
Carduelis cabaret

L 11,5–14 cm | SP 20–25 cm | G 11–16 g

Ein kleiner, schlanker, agiler Fink mit beigebrauner Färbung, dunkelrotem Vorderscheitel und schwarzem Kinnfleck; fliegt in dichten, koordinierten Trupps; Schnabel klein, spitz, hell; Körper lang gezogen, Schwanz tief gekerbt; breite, beigefarbene Flügelbinde; Unterseite gestreift. Typische Flugrufe nasal „tsche-tsche-tsche ..."; Gesang rau zwitschernd und schwirrend.

Karmingimpel
Carpodacus erythrinus

L 15 cm | SP 22–26 cm | G 21–27 g

Ein dickschnäbliger, rundköpfiger Fink mit auffälligen dunklen Augen im einfarbigen Gesicht; Schwanz einfarbig. ♂ mit Rot an Kopf, Brust und Bürzel; Unterseite weiß. ♀ braun, zart dunkel gestrichelt; 2 schmale, beigefarbene Flügelbinden. Im JK oliv-braun mit 2 deutlichen Flügelbinden, sonst wie ♀. Ruft „zit" oder „djüit"; Gesang pirolähnlich „si-didju-diju".

SPERLINGE, FINKEN UND AMMERNVERWANDTE

Bluthänfling
Carduelis cannabina

L 13,5 cm | SP 21–25 cm | G 15–20 g

▶ **PK, ♂**
Variable Ausdehnung von Rot an Stirn und Brust

PK, ♀
Kopf braungrau mit heller Zeichnung ober- und unterhalb des Auges sowie auf den Wangen

▶ **♂, Herbst**
Mattere Färbung durch helle Federspitzen

SK, ♀

Weiße Federränder bilden typisches Muster an Flügeln und Schwanz

JK

▶ **JK**
Am meisten gestreift, am wenigsten Weiß im Flügel

▶ **♀** Warm braun mit feinen dunklen Streifen

▶ **♂** Mantel ungestreift rötlich braun

Viel Weiß im Schwanz

Ein lebhafter, schlanker Fink mit gekerbtem Schwanz; Nahrungssuche eher am Boden als in Bäumen oder Büschen; gewöhnlich in Heidegebieten, offenen Parks und Gärten, an Trockenhängen und an der Küste. Flügel und Schwanz durch weiße Federränder weiß gestreift; Schnabel grau. ♂ mit grauem Kopf, Stirn und Brust rot, im PK ausgedehnter. Mantel einheitlich rötlich braun; Flügel schwärzlich mit weißem Feld. ♀ mit warm braunem, zart gestreiftem Mantel, beigebrauner, fein gestrichelter Brust, graubraunem Kopf mit heller Musterung über und unter dem Auge und hellem Wangenfleck. Ruft im Flug nasal, stotternd „tett-ett-ett ..."; Gesang lebhaft zwitschernd und trillernd und mit den typischen Flugrufen.

Berghänfling
Carduelis flavirostris

L 14 cm | SP 21–25 cm | G 15–20 g

Ein kleiner, unauffälliger Fink, oft truppweise am Boden oder in niedrigem Bewuchs. Färbung gelbbraun, dunkel gestreift; beige Flügelbinde ähnlich Birkenzeisig, Flügel- und Schwanzstreifen erinnern an Bluthänfling. ♂ mit rosa Bürzel und grauem Schnabel, im SK mit gelbem Schnabel und weniger Rosa; ♀ stets ohne Rosa. Ruft ähnlich Birkenzeisig, daneben nasal „twäit".

Hakengimpel
Pinicola enucleator

L 18,5 cm | SP 30 cm | G 50–65 g

Ein sehr großer, stattlicher Fink nordischer Wälder. Kopf klein, Schnabel jedoch kräftig; Schirmfederränder und Flügelbinden weiß. ♂ karminrot und grau, ♀ bronzegrün und grau, immat.-♂ mehr orangefarben. Wirkt im Flug langschwänzig. Schnabel dick, rundlich, ohne gekreuzte Schnabelspitzen. Ruft laut flötend „pütli-liü" oder „plüit"; Gesang jodelnd, ähnlich Rotdrossel.

Kiefernkreuzschnabel
Loxia pytyopsittacus

L 17,5 cm | SP 30–33 cm | G 50–70 g

Der größte Kreuzschnabel, lebt in alten, nordischen Kiefernwäldern. Kräftig gebaut, oft mit „Stiernacken"; Scheitel flach, Augen klein; Schnabel sehr dick, First gekrümmt, Schnabelspitzen nur wenig überkreuzt. ♂ orangerot mit braunschwarzen Flügeln. ♀ grünlich, Nacken grauer. Ruft meist tiefer und lauter als Fichtenkreuzschnabel: „köpp köpp köpp …".

Bindenkreuzschnabel
Loxia bifasciata

L 15 cm | SP 26–29 cm | 30–40 g

Ein zierlicher Kreuzschnabel der Lärchentaiga Sibiriens, aber auch in Fichten- und Kiefernwäldern Finnlands. Schlanker Schnabel, 2 breite, gebogene, weiße Flügelbinden, kontrastieren zu dunklen Flügeln; im frischen Gefieder auffällige weiße Schirmfederspitzen. ♂ kirschrot bis rosarot. ♀ grünlich, Mantel dunkel gefleckt. Im JK schmale Flügelbinden.

Fichtenkreuzschnabel

L 16,5 cm | SP 27–30 cm | G 30–50 g

Loxia curvirostra

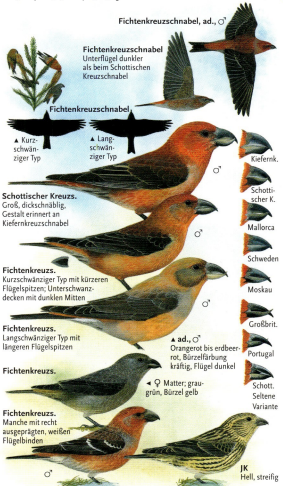

Fichtenkreuzschnabel in Europa weit verbreitet, tritt fast überall dort auf, wo Nadelbäume stehen, vor allem Fichten; **Schottischer Kreuzschnabel** *(L. (c.) scotica)* nur in Nordschottland. Beide Arten im Gefieder einander und dem Kiefernkreuzschnabel sehr ähnlich. ♂ matt orangerot mit braunen Flügeln. ♀ graugrün mit gelblichem Bürzel. Flügel typischerweise einheitlich braun, manchmal mit schmalen, weißen Binden. JK kräftig und dicht gestreift. Schnabel sehr variabel, länger oder kürzer mit langer, gebogener Oberschnabelspitze und auffällig überkreuzten Spitzen. Schottischer Kreuzschnabel mit dickerem Schnabel und etwas größerem Kopf. Ruft im Flug laute „gip"- oder „jip"-Folgen; Gesang melodisch zwitschernd und trillernd.

Grauammer
Emberiza calandra

L 18 cm | SP 26–32 cm | G 40–55 g

♂, **Herbst** Frisches Gefieder

♀ Mit schmaleren Flügeln und kürzerem Körper als ♂

PK, ♀ Gefieder abgetragen

Lässt Beine im Flug oft kurz baumeln

Gefieder graubraun und beige mit schmalen Streifen, Musterung nicht sehr kräftig

Hoher, breiter Schnabel mit s-förmigen Schneidekanten

Singt mit erhobenem, etwas nach hinten gehaltenem Kopf

Manche mit kontrastreicherem Kopfmuster

◀ **JK** Wärmer gelblich beige

♀

♂

Kein Weiß im Schwanz

Abgetragenes Gefieder, Juni

Eine weit verbreitete, aber nur gebietsweise häufige Ammer auf extensiven Feldern, Wiesenflächen und an warmen, gebüschreichen Hängen mit kleinen Kornfeldern. Steht oft auf dem Boden, auf Erdhügeln, Zäunen und Leitungsdrähten. Groß und hell, mit langem, einfarbigem, gekerbtem Schwanz ohne weiße Kanten. Geschlechter gleich, ohne auffällige Gefiedermerkmale: Überwiegend graubraun, oberseits dunkel gestreift, Bürzel heller; Unterseite hell mit dunkler Strichelung, fließt auf der Brust oft zu einem Fleck zusammen; heller Augenring; Schnabel dick, hellbeige mit dunklem First. Ruft scharf „plit" oder „pit", manchmal schnell gereiht; Gesang aus eintönig knirschenden, klirrenden Strophen.

SPERLINGE, FINKEN UND AMMERNVERWANDTE

Ortolan
Emberiza hortulana

L 16–17 cm | SP 22–26 cm | G 20–25 g

1er W, ♀

ad., ♂

Flacher Kopf, spitzer Schnabel, gelblicher Augenring, gelblicher Streif unter den Wangen

Kopf grüngrau und gelb; Unterseite orangebraun

◂ PK, ♂

◂ PK, ♀

Unterschwanz großenteils weiß

Beide äußere Steuerfedern unterseits weiß

▾ ▴ ad., ♂

♀ und immat. mit rosafarbenem Schnabel und weißlichem Augenring

1er W, ♂

1er W, ♀

♀ mit kürzerem Schwanz als ♂

Eine weit verbreitete Ammer, aber nur gebietsweise häufig; gern an buschigen Hängen und in abwechslungsreichem Kulturland. Wirkt schlank und hell, Schnabel spitz, rosa; weißlicher Augenring. ♂ im PK mit grüngrauem Kopf, Kehle und Streif unterhalb der Wangen gelb; grünliches Brustband, kontrastiert nur wenig mit orangebrauner Unterseite; Mantel braun, kräftig gestreift, Bürzel beigebraun. ♀ streifiger, Kopf grünlich grau mit hellerem, diffuserem Gelb; Brust zart gestrichen. Immat. insgesamt mehr beigebraun, Augenring hellgelblich, Schnabel orangerosa; heller Wangenfleck und gelbliche Kehle kennzeichnend. Ruft metallisch „tsi-lü" oder „psie"; Gesang ähnlich dem der Goldammer, aber kürzere Strophen, mehr klingelnd.

Goldammer
Emberiza citrinella

L 16–17 cm | SP 23–29 cm | G 24–30 g

Eine langschwänzige Ammer mit langem Körper; lebt in abwechslungsreicher Kulturlandschaft, Heidegebieten und an der Küste mit Büschen und Bäumen. ♂ variabel, jedoch stets mit leuchtend gelbem Kopf, ingwerbraunem Brustband, schwarzer Mantelstreifung und rostbraunem Bürzel; weiße Schwanzkanten, variable Ausprägung der schwarzen oder grünlichen Kopfmarkierungen, meist dunkle Zeichnung ober- und unterhalb der Wangen; Flanken gestreift. ♀ heller, matter, unterseits streifiger und insgesamt weniger gelb gefärbt als ♂, Bürzelfärbung aber gleich. Immat. mehr beige, weniger gelb. Ruft häufig scharf „tzit", „tzrik" oder kurz, metallisch „tjüff"; Gesang aus kurzen, metallisch klingenden Strophen: „sri-sri-sri-sri-sri-ziie-zü".

Zaunammer
Emberiza cirlus

L 16 cm | SP 22–26 cm | G 21–27 g

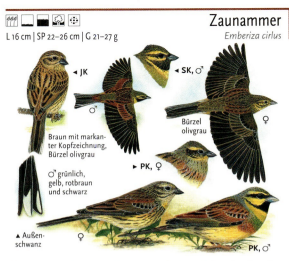

♂ ähnlich Goldammer, aber mit grünlichem Scheitel, schwarzer Kehle, breitem, schwarzem Augenstreif, grünlichem Brustband, rotbrauner Oberseite und olivgrauem Bürzel. ♀ im Vergleich zu Goldammer am Kopf mehr gestreift, Bürzelfärbung matter. Ruft scharf und hoch „zit" oder „sit"; Gesang aus monotonen, metallisch schwirrenden und klappernden Strophen.

Grauortolan
Emberiza caesia

L 16 cm | SP 23–26 cm | G 20–25 g

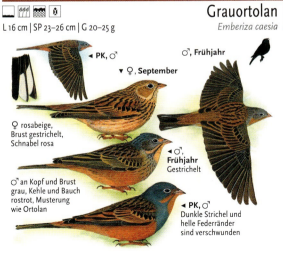

Sehr ähnlich dem Ortolan, jedoch nur in SO-Europa. ♂ mit blaugrauem, nicht grüngrauem Kopf; Kehle und Streif unter den Wangen orangefarben, nicht gelb; Unterseite tief rostbraun. ♀ ähnlich, aber unscheinbarer, heller, fein gestrichelt. Im JK bräunlich, an Nacken und Brust grauer, fein gestrichelt; weißer Augenring, Schnabel rosa; ohne gelbe Kehle des jungen Ortolan.

SPERLINGE, FINKEN UND AMMERNVERWANDTE

Kappenammer
Emberiza melanocephala

L 16–17 cm | SP 26–30 cm | G 25–35 g

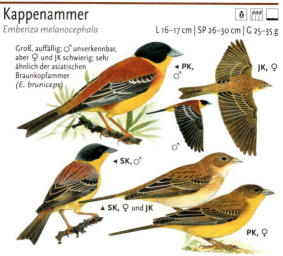

Eine große, auffällige Ammer der halboffenen Landschaft SO-Europas. ♂ kräftig gelb mit schwarzer Kapuze, rotbrauner Oberseite und schmaler, weißer Flügelbinde. ♀ heller, unauffälliger und mit grauer Kapuze. Immat. ähnlich ♀, aber oberseits fein gestrichelt; Unterseite beige, ungestrichelt, Unterschwanz gelblich. Ruft „tschüp"; Gesang ein kehliges, rollendes Zwitschern.

Weidenammer
Emberiza aureola

L 14–15 cm | SP 21,5–24 cm | G 18–24 g

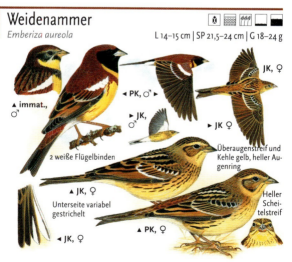

Brutvogel Nordosteuropas. ♂ im PK rotbraun mit schwärzlichem Gesicht, Unterseite gelb mit schmalem, dunklem Brustband; auffälliges, weißes Flügelabzeichen. ♀ oberseits graubeige und schwarz gestreift, Kopf kräftig schwärzlich gestreift, heller Scheitelstreif, heller Ohrdeckenfleck; dunkle Flankenstreifung. Im JK weniger gelblich. 2 weiße Flügelbinden.

SPERLINGE, FINKEN UND AMMERNVERWANDTE

Zwergammer
Emberiza pusilla

L 13–14 cm | SP 20–22 cm | G 15–18 g

Eine kleine Ammer mit spitzem Schnabel und geradem Schnabelfirst, hellem Augenring, rotbraunem Nacken und schwarzen Scheitelseitenstreifen. Ad. im PK mit rotbraunem Gesicht und schwarzer Wangenumrandung (erreicht nicht den Schnabel). JK unscheinbarer, aber mit hellem Wangenfleck; Flügeldecken matt (bei jungen Rohrammern rotbraun). Ruft scharf, leise „tik".

Waldammer
Emberiza rustica

L 14,5–15,5 cm | SP 21–25 cm | G 15–25 g

Eine rotbraune und weiße Ammer nordischer, feuchter Wälder. ♂ im PK mit schwarzweiß gemustertem Kopf und rotbraunem Brustband. ♀ ähnlich, aber Kopfmuster weniger kontrastreich. JK noch unscheinbarer, spitzer Scheitel mit heller Mitte; breiter Überaugenstreif, heller Wangenfleck, rotbrauner Bürzel, kastanienbraune Flankenstrichelung. Ruft scharf, hoch „zit".

SPERLINGE, FINKEN UND AMMERNVERWANDTE

Rohrammer
Emberiza schoeniclus

L 15–16,5 cm | SP 21–26 cm | G 15–22 g

Eine häufige, weit verbreitete Ammer. Schwanz recht lang, schwärzlich mit breiten, weißen Kanten; Oberseite schwarz, beige und rotbraun gestreift, Bürzel matt braun; Unterseite weißlich oder hellbeige, fein schwarzbraun gestrichelt; schwacher, heller Augenring; Schnabel recht rundlich, Beine rotbraun. Keine scharf tickenden Rufe. ♂ im PK mit schwarzem Kopf, auffälligem, weißem Halsband und weißem Bartstreif. ♀ mit graubraunem Kopf, Wangen dunkler; markanter, schwarzer Streif vom Schnabel zum gestreiften Brustband. Immat. mit braunen Wangen und grauerem Bürzel; breiter, heller Bartstreif auffällig. Ruft sanft, etwas abfallend „sieü"; Gesang aus kurzen, variablen Strophen mit rollendem Klang.

SPERLINGE, FINKEN UND AMMERNVERWANDTE

Spornammer
Calcarius lapponicus

L 15–16 cm | SP 25–28 cm | G 20–30 g

Bodenlebende Ammer mit langem Körper, kurzem Schwanz und kurzen Beinen sowie mit markantem Gesichtsmuster

1er W, ♀

SK, ♂

PK, ♂

▼ SK, ♀

PK, ♀

Helle Wangen mit schwarzen Ecken

1er W, ♀

Rotbrauner Nacken, rotbraunes Flügelfeld von 2 schmalen, weißen Flügelbinden begrenzt; Oberseite schwarz und beige gestreift

1er W, ♂

ad. JK JK

Eine recht große, meist am Boden anzutreffende Ammer; brütet in Nordeuropa, überwintert an den Küsten Mittel- und Nordwesteuropas. Oft zusammen mit Schneeammern; Verhalten beider Ammern ähnlich. Im SK ähnlich Rohrammer, aber mit rotbraunem, von schmalen, weißen Flügelbinden begrenztem Flügelfeld sowie mit hellem Scheitelstreif. ♂ im PK kaum zu verwechseln. ♂ im SK und ♀ mit rotbraunem Gesicht, schwarz eingefasst, sowie mit dunklen Scheitelseiten, schwarz und beige gestreifter Oberseite und komplexem Muster dunkler Flecken auf den Brustseiten. Im JK unterseits fein gestrichelt, Beine heller sowie mit arttypischem Kopf- und Flügelmuster. Ruft hell und metallisch pfeifend „tjü" oder „tikitikitikik-tjü".

Zippammer
Emberiza cia

L 16 cm | SP 22–26 cm | G 21–27 g

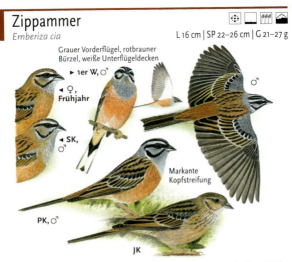

Eine unauffällige Ammer sonniger Felshänge und alter Weinberge, vor allem in Südeuropa. Oberseite rostbraun, schwarz gestreift, außer am rotbraunen Bürzel; unterseits heller rostbeige. ♂ mit markanten, schwarzen Kopfstreifen und weißem Überaugenstreif; Kopf und Brust blaugrau. ♀ am Kopf kontrastärmer. Ruft hoch und hart „zipp", daneben auch „zieh" oder „tsiü".

Schneesperling
Montifringilla nivalis

L 17 cm | SP 34–38 cm | G 33–55 g

Ein großer, langflügeliger und kontrastreicher, finkenartiger Gebirgsvogel (Familie Sperlinge). Oberseite graubraun, Unterseite weiß; Flügel weiß mit schwarzen Spitzen; Schwanz schwarz mit breiten, weißen Seiten; Mantel schwarz gestreift, anders als bei der Schneeammer; Schnabel im PK schwarz, sonst gelb. Ruft rau „pschie"; Gesang aus wiederholten Tschilplauten.

Schneeammer
Calcarius nivalis

L 16–17 cm | SP 32–38 cm | G 19–27 g

Eine langflügelige, kurzbeinige Ammer, brütet in der Tundra und im skandinavischen Fjäll; überwintert an sandigen und steinigen Küsten Mitteleuropas. ♂ im PK bis auf das Schwarz von Mantel, Flügelspitzen, Schnabel und Beinen ganz weiß. ♀ an Mantel, Scheitel und Wangen brauner. Im SK an Kopf und Brust rostorange, unterseits beige; Schnabel gelb mit schwarzer Spitze, Beine schwarz. Im JK mit mehr Grau, Kopf bis auf hellen Augenring und etwas hellere Kinnpartie einfarbig; im Winter ähnlich ad., aber ausgedehnter beigebraun, dunkel gestreift. Im Flug jüngere ♂ und ♀ mit mehr Schwarz im Außenflügel, Innenflügel aber variabel gebändert; im JK mit viel weniger Weiß. Ruft weich „piü", im Flug rollend „ptrrr-iririp".

Register

Adlerbussard 79
Alpenbirkenzeisig 301
Alpenbraunelle 219
Alpendohle 283
Alpenkrähe 283
Alpenschneehuhn 36
Alpensegler 186
Alpenstrandläufer 120
Amsel 230
Aschkopf-Schafstelze 212
Atlantiksturmtaucher 52
Auerhuhn 35
Austernfischer 111

Bachstelze 213
Balearengrasmücke 254
Balearensturmtaucher 51
Balkanlaubsänger 204
Balkanmeise 265
Balkansteinschmätzer 226
Bartgeier 71
Bartkauz 182
Bartmeise 264
Basstölpel 53
Baumfalke 93
Baumpieper 209
Bekassine 135
Bergente 24
Bergfink 294
Berghänfling 303
Berglaubsänger 246
Bergpieper 207
Beutelmeise 264
Bienenfresser 189
Bindenkreuzschnabel 304
Birkhuhn 37
Blässgans 11
Blässhuhn 106
Blassspötter 248
Blauelster 282
Blaukehlchen 223
Blaumeise 268
Blaumerle 229
Blauracke 190
Bluthänfling 302
Blutspecht 194
Brachpieper 208
Brandgans 14
Brandseeschwalbe 157
Braunkehlchen 225
Braunkopfammer 310
Brautente 23

Brillenente 29
Brillengrasmücke 252
Bruchwasserläufer 124
Buchfink 295
Buntspecht 194
Buschrohrsänger 242
Buschspötter 249

Chukarhuhn 39

Dickschnabellumme 162
Dohle 284
Doppelschnepfe 135
Dorngrasmücke 250
Dreizehenmöwe 146
Dreizehenspecht 193
Drosselrohrsänger 242
Dünnschnabelmöwe 144
Dunkler Sturmtaucher 51
Dunkler Wasserläufer 125
Dupontlerche 202

Eichelhäher 281
Eiderente 30
Einfarbstar 278
Eisente 31
Eismöwe 147
Eissturmvogel 50
Eistaucher 44
Eisvogel 189
Eleonorenfalke 91
Elster 282
Erlenzeisig 297

Fahlsegler 187
Falkenraubmöwe 141
Feldlerche 198
Feldrohrsänger 239
Feldschwirl 237
Feldsperling 290
Felsenhuhn 84
Felsenkleiber 271
„Felsenpieper" 207
Felsenschwalbe 203
Felsentaube 167
Fichtenkreuzschnabel 305
Fischadler 83
Fitis 243
Flussregenpfeifer 113
Flussseeschwalbe 154
Flussuferläufer 123

Gänsegeier 70
Gänsesäger 26
Gartenbaumläufer 270
Gartengrasmücke 256
Gartenrotschwanz 224
Gebirgsstelze 211
Gelbkopf-Schafstelze 212
Gelbspötter 247
Gerfalke 98
Gimpel 299
Girlitz 298
Gleitaar 78
Goldammer 308
Goldregenpfeifer 114
Grauammer 306
Graugans 10
Grauortolan 309
Graureiher 63
Grauschnäpper 259
Grauspecht 192
Großer Brachvogel 130
Großer Sturmtaucher 51
Großtrappe 107
Grünfink 296
Grünlaubsänger 245
Grünschenkel 127
Grünspecht 192
Gryllteiste 163

Habicht 77
Habichtsadler 85
Habichtskauz 182
Häherkuckuck 173
Hakengimpel 303
Halbringschnäpper 261
Halsbandschnäpper 261
Haselhuhn 40
Haubenlerche 201
Haubenmeise 267
Haubentaucher 45
Hausrotschwanz 225
Haussegler 186
Haussperling 290
Heckenbraunelle 218
Heckensänger 224
Heidelerche 199
Heringsmöwe 153
Höckerschwan 8
Hohltaube 168

Isabellsteinschmätzer 228
Italiensperling 291

Jagdfasan 34
Jungfernkranich 64

Kaffernsegler 186
Kaiseradler 90
Kalanderlerche 202
Kammblässhuhn 104
Kampfläufer 132
Kanadagans 9
Kappenammer 310
Karmingimpel 301
Kernbeißer 293
Kiebitz 116
Kiebitzregenpfeifer 115
Kiefernkreuzschnabel 304
Klappergrasmücke 251
Kleiber 270
Kleines Sumpfhuhn 103
Kleinspecht 193
Knäkente 21
Knutt 121
Kohlmeise 269
Kolbenente 22
Kolkrabe 285
Korallenmöwe 149
Kormoran 54
Kornweihe 74
Korsenkleiber 271
Korsenzeisig 298
Krabbentaucher 161
Krähenscharbe 55
Kranich 64
Krauskopfpelikan 66
Krickente 20
Kuckuck 172
Küstenseeschwalbe 155
Kuhreiher 61
Kurzfangsperber 78
Kurzschnabelgans 11
Kurzzehenlerche 200

Lachmöwe 142
Lachseeschwalbe 156
Lannerfalke 99
Lapplandmeise 266
Laufhühnchen 41
Löffelente 18
Löffler 61

Mandarinente 23
Mantelmöwe 152
Mariskenrohrsänger 239
Marmelente 21
Maskengrasmücke 255
Maskenschafstelze 212
Maskenwürger 276

Mauerläufer 271
Mauersegler 187
Maurensteinschmätzer 226
Mäusebussard 81
Meerstrandläufer 122
Mehlschwalbe 206
Merlin 96
Misteldrossel 233
Mittelmeermöwe 150
Mittelmeer-Raubwürger 275
„Mittelmeer-Steinschmätzer" 226
Mittelmeer-Sturmtaucher 51
Mittelsäger 26
Mittelspecht 195
Mönchsgeier 70
Mönchsgrasmücke 257
Moorente 24
Moorschneehuhn 37
Mornellregenpfeifer 117

Nachtigall 222
Nachtigallengrasmücke 255
Nachtreiher 59
Nebelkrähe 286
Neuntöter 277
Nilgans 9
Nonnensteinschmätzer 188

Odinshühnchen 136
Ohrenlerche 199
Ohrentaucher 46
Olivenspötter 248
Orientbrachschwalbe 137
Orpheusgrasmücke 255
Orpheusspötter 247
Ortolan 307

Palmtaube 167
Papageitaucher 161
Pfeifente 15
Pfuhlschnepfe 128
Pirol 280
Polarmöwe 147
Prachteiderente 29
Prachttaucher 44
Provencegrasmücke 254
Purpurhuhn 104
Purpurreiher 62

Rabenkrähe 286
Rallenreiher 58

Raubseeschwalbe 160
Raubwürger 275
Rauchschwalbe 204
Raufußbussard 80
Raufußkauz 181
Rebhuhn 40
Regenbrachvogel 131
Reiherente 25
Ringdrossel 231
Ringelgans 13
Ringeltaube 169
Ringschnabelmöwe 149
Rohrammer 312
Rohrdommel 58
Rohrschwirl 236
Rohrweihe 73
Rosaflamingo 67
Rosapelikan 66
Rosenseeschwalbe 156
Rosenstar 278
Rostgans 14
Rotdrossel 232
Rötelfalke 94
Rötelschwalbe 205
Rotflügel-Brachschwalbe 137
Rotfußfalke 92
Rothalsgans 31
Rothalstaucher 46
Rothals-Ziegenmelker 188
Rothuhn 39
Rotkehlchen 222
Rotkehlpieper 209
Rotkopfwürger 276
Rotmilan 72
Rotschenkel 126

Saatgans 10
Saatkrähe 287
Säbelschnäbler 110
Samtente 28
Samtkopf-Grasmücke 253
Sanderling 119
Sandflughuhn 166
Sandregenpfeifer 112
Sardengrasmücke 254
Schafstelze 179
Scheckente 29
Schelladler 88
Schellente 27
Schilfrohrsänger 238
Schlagschwirl 236
Schlangenadler 86
Schleiereule 176
Schmarotzerraubmöwe 141
Schmutzgeier 71
Schnatterente 17
Schneeammer 315

317

Schneeeule 183
Schneesperling 314
Schottischer Kreuzschnabel 305
Schottisches Moorschneehuhn 38
Schreiadler 88
Schwanzmeise 265
Schwarzflügel-Brachschwalbe 137
Schwarzhalstaucher 47
Schwarzkehlchen 226
Schwarzkopfmöwe 143
Schwarzkopf-Ruderente 23
Schwarzmilan 72
Schwarzspecht 191
Schwarzstirnwürger 274
Schwarzstorch 65
Seeadler 87
Seeregenpfeifer 113
Seggenrohrsänger 238
Seidenreiher 60
Seidensänger 249
Seidenschwanz 216
Sepiasturmtaucher 50
Sichelstrandläufer 122
Sichler 67
Silbermöwe 151
Silberreiher 60
Singdrossel 232
Singschwan 9
Skua 140
Sommergoldhähnchen 258
Spanischer Kaiseradler 90
Spatelraubmöwe 140
Sperber 76
Sperbereule 176
Sperbergrasmücke 256
Sperlingskauz 180
Spießente 19
Spießflughuhn 166
Spornammer 313
Spornkiebitz 111
Spornpieper 208
Sprosser 223
Star 279
Steinadler 89
Steinhuhn 38
Steinkauz 181
Steinrötel 229
Steinschmätzer 227
Steinsperling 292
Steinwälzer 117
Stelzenläufer 110

Steppenbussard 79
Steppenraubwürger 275
Steppenweihe 75
Sterntaucher 45
Stieglitz 299
Stockente 16
Strandpieper 207
Stummellerche 200
Sturmmöwe 148
Sturmschwalbe 52
Sumpfläufer 119
Sumpfmeise 266
Sumpfohreule 179
Sumpfrohrsänger 241

Tafelente 22
Taigabirkenzeisig 300
Tannenhäher 280
Tannenmeise 268
Teichhuhn 105
Teichrohrsänger 240
Teichwasserläufer 125
Temminckstrandläufer 118
Terekwasserläufer 123
Theklalerche 201
Thorshühnchen 136
Thunbergschafstelze 212
Tordalk 163
Trauerente 28
Trauerschnäpper 260
Trauerseeschwalbe 158
Trauersteinschmätzer 228
Triel 137
Trottellumme 162
Türkentaube 170
Turmfalke 95
Turteltaube 1171

Uferschnepfe 129
Uferschwalbe 203
Uhu 183
Unglückshäher 281

Wacholderdrossel 231
Wachtel 41
Wachtelkönig 102
Waldammer 311
Waldbaumläufer 269
Waldkauz 177
Waldlaubsänger 246
Waldohreule 178

Waldschnepfe 133
Waldwasserläufer 124
Wanderfalke 97
Wanderlaubsänger 245
Wasseramsel 217
Wasserralle 104
Weidenammer 310
Weidenmeise 267
Weidensperling 291
Weißbart-Grasmücke 252
Weißbart-Seeschwalbe 159
Weißflügel-Seeschwalbe 159
Weißkopf-Ruderente 23
Weißrückenspecht 195
Weißstorch 65
Weißwangengans 12
Wellenläufer 52
Wendehals 191
Wespenbussard 82
Wiedehopf 190
Wiesenpieper 210
Wiesenschafstelze 212
Wiesenweihe 75
Wintergoldhähnchen 258
Würgfalke 99
Wüstengimpel 246

Zaunammer 309
Zaunkönig 217
Ziegenmelker 188
Zilpzalp 244
Zippammer 314
Zistensänger 257
Zitronenstelze 211
Zitronenzeisig 252
Zwergadler 84
Zwergammer 311
Zwergdommel 59
Zwerggans 12
Zwergmöwe 145
Zwergohreule 180
Zwergsäger 27
Zwergscharbe 55
Zwergschnäpper 261
Zwergschnepfe 134
Zwergschwan 8
Zwergseeschwalbe 160
Zwergstrandläufer 118
Zwergsumpfhuhn 102
Zwergtaucher 47
Zwergtrappe 107

Unsere Vögel kennen lernen

Bergmann/Engländer
Die Kosmos Vogelstimmen-DVD
DVD (100 Filme, ca. 100 Min.), Begleitbuch (64 S.)
€/D 19,95* * unverbindl. Preisempfehlung
ISBN 978-3-440-11505-3

- 100 heimische Vogelarten in 100 Filmen – mit Rufen und Gesängen in „schnabelsynchronem" Originalton!

- Abspielbar nach Lebensräumen, Verwandschaftsgruppen oder alphabetischer Artenliste.

- *„Ein Meilenstein zum Kennenlernen der Vögel"* geo.de

www.kosmos.de/natur

Die Natur neu entdecken

Mit über 440 Vogelarten aus ganz Europa

Welcher Vogel ist das?
ISBN 978-3-440-10796-6

Jeder Band:
mit 256–320 Seiten,
ca. 1800–2200 Fotos
und Zeichnungen
Je € 9,95; €/A 10,30; sFr 19,10
Preisänderung vorbehalten

- Extra: Die wichtigsten Arten zum Download!
- Ideal für unterwegs – handlich und mit praktischer Plastikhülle.

empfohlen vom NABU

KOSMOS

www.kosmos.de/natur